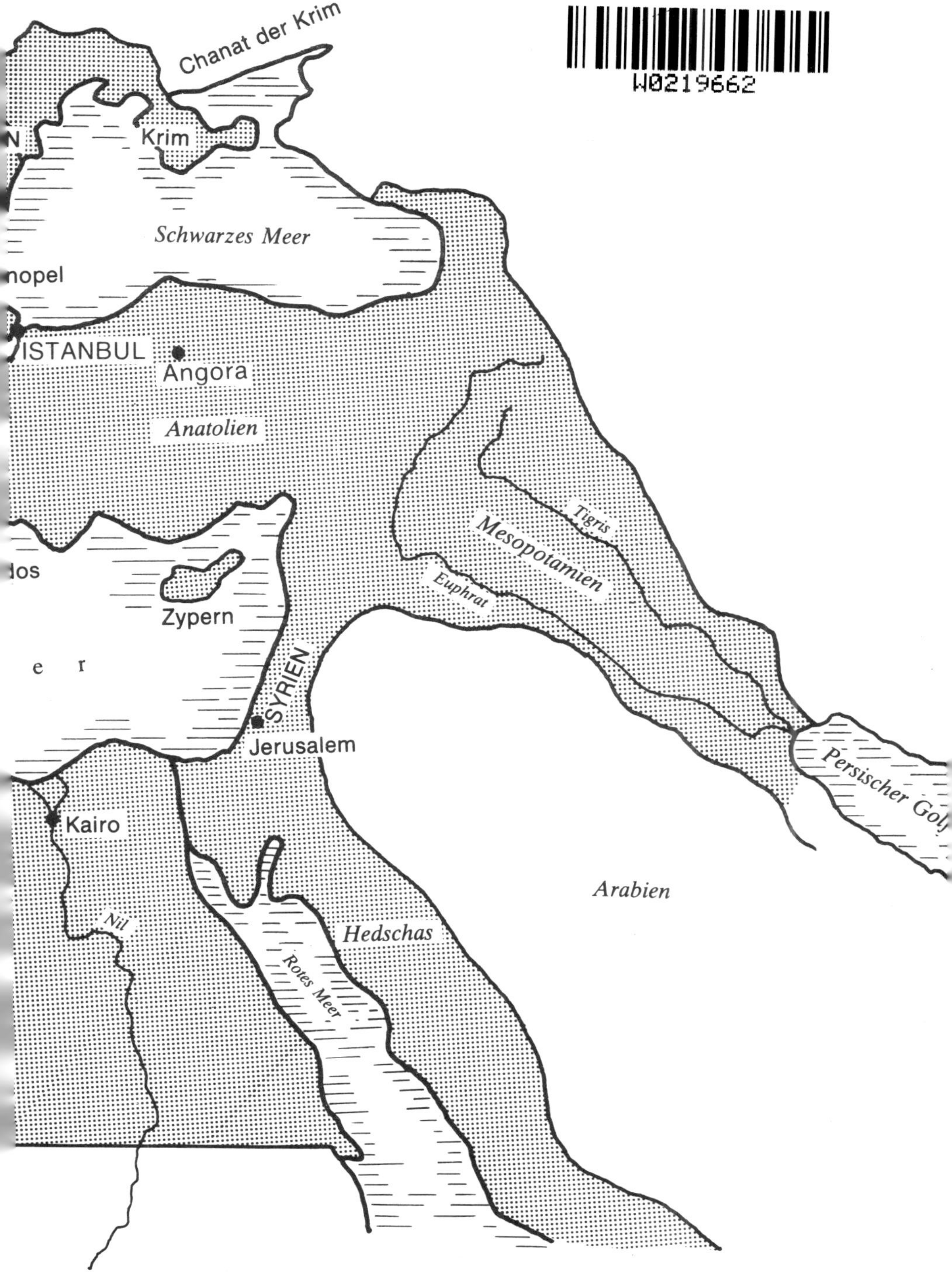
Chanat der Krim
Krim
Schwarzes Meer
ISTANBUL
Angora
Anatolien
Mesopotamien
Tigris
Euphrat
Zypern
SYRIEN
Jerusalem
Persischer Gol
Kairo
Arabien
Nil
Hedschas
Rotes Meer

Fernand Salentiny · Soliman der Prächtige

Fernand Salentiny

Soliman der Prächtige

und das Osmanische Reich

WLV

W. Ludwig Verlag

„Während der sechsundvierzig Jahre seiner Herrschaft machte er sich die Welt untertan und achtzehn Herrscher tributpflichtig. Ordnung und Recht stellte er in seinen Landen her, durchzog als Sieger die sieben Weltgegenden, mehrte die Schönheit der von ihm mit der Waffe eroberten Gebiete und hatte Erfolg in allem, was er unternahm."

Evliya Celebi

ISBN 3-7787-2039-2

Satz und Druck: Ilmgaudruckerei Pfaffenhofen
Printed in Germany

Vorwort

Mehrere Reisen nach Istanbul und das gründliche Studium der osmanischen Geschichte und ihrer Interpretation durch die christlichen Verfasser der überlieferten spätmittelalterlichen Chroniken veranlaßten mich, die Lebensgeschichte von Soliman dem Prächtigen zu schreiben. Ich war von dem Wunsch beseelt, die einseitigen und in vielerlei Hinsicht falschen Darstellungen der Historiker des 16. und 17. Jahrhunderts zu widerlegen und die umstrittene Gestalt dieses großen Mannes ins rechte Licht zu rücken.

Insbesondere durfte die Behauptung, Soliman wäre ein Antichrist gewesen, nicht unwidersprochen bleiben. Nein, er verfolgte nicht die Christen; im Gegenteil respektierte er Andersdenkende. So erlaubte er beispielsweise spanischen Juden, die dort wegen ihrer Religion verfolgt wurden, in Istanbul alle Freiheiten, ja sie durften an seinem Hof Ämter ausüben, die ihnen an westeuropäischen Fürstenhöfen versagt waren. Auf die Mitarbeit christlicher Ratgeber – „Technokraten" würde man sie heute nennen – legte er großen Wert. Undenkbar, daß ein Muslim im Gefolge Karls V., Solimans bedeutendem Gegenspieler in dem Schachspiel der europäischen Politik, zu Ansehen gelangt wäre.

Je mehr ich mich mit diesem – von der Geschichtsschreibung so ungerecht beurteilten – Sultan beschäftigte, desto klarer wurde mir seine überragende Einstellung zu den Problemen seiner Zeit. Ihm schwebte eine Koexistenz der beiden großen Religionen vor, eine verbindende Kraft zwischen dem Islam und dem Christentum. Das Abendland ignorierte seine Bemühungen. Sicherlich wären wir heute nicht in einer so weltgeschichtlichen Misere, so mit der Konfrontation des Islams in Persien belastet, hätten sich damals die Religionen einander angenähert. Die Beziehungen zwischen ihnen aber blieben auf Unverständnis beschränkt.

Andererseits gab es für Soliman keinen Grund, Christ zu werden. Die Lehre von dem Gottessohn überzeugte ihn nicht. Obschon er leidenschaftlich ein Muslim war, erhob er – im Gegensatz zur christlichen Kirche – niemals den Anspruch, den Islam als die einzig richtige, allein seligmachende Religion auf Erden anzusehen.

Kein Zweifel: er ist der größte aller Herrscher der Osmanen gewesen. Als Zeitgenosse bedeutender, genial veranlagter Persönlichkeiten – denken wir nur an Karl V. von Spanien, an Franz I. von Frankreich, an Heinrich VIII. in England und an Ferdinand I. von Habsburg – regierte er in einer ereignisreichen Epoche. Martin Luther leitete mit der Reformation die christliche Glaubensspaltung ein. Die katholische Gegenreformation formierte sich noch zu Solimans Lebzeiten.

Zugleich war es die Zeit der sensationellen geographischen Entdeckungen und erstaunlicher technischer Erfindungen. Neue Maßstäbe und Lebensformen lösten das Mittelalter ab, die Völker wurden von Kriegen und Seuchen gleichermaßen heimgesucht. Halten wir uns einmal vor Augen, daß Soliman II. in den 46 Jahren seiner Regierungszeit ein riesiges Reich zu schaffen vermochte. Er beherrschte ein Territorium, das sich vom Nil bis zur Donau erstreckte. Während seine Vorfahren noch in armseligen Hirtenzelten „residiert" hatten, hielt er am Bosporus in prunkvollen Palästen Hof.

Werfen wir einen kurzen Blick auf die Anfänge, als das heutige Istanbul noch den Namen Bursa trug. Hier gründete Osman I. die Dynastie, deren größter Repräsentant Soliman II. werden sollte. Bursa: eine Metropole mit berühmten Thermalbädern, ausgestattet mit vielen Brunnen und Basaren . . .

Es ist nicht meine Absicht, Soliman eine unkritische Huldigung darzubringen. Er war ein Mann voller Widersprüche. Als ein weitblikkender und toleranter Sultan hatte er brauchbare Gesetze für seine Untertanen geschaffen. Das Haus Osman erreichte mit ihm die Höhe seiner Machtentfaltung.

Er suchte die Nähe des gebildeten Standes und war für Kunst und Wissenschaft aufgeschlossen. Er brach mit der überlieferten Auffassung von der Frau und führte mit der – angeblich aus Rußland stammenden – Sklavin Roxelana bis zu seinem Tod eine geradezu vorbildliche Ehe.

Andererseits war er den Lebensgenüssen, wie alle Regenten seiner Epoche im Orient und Okzident, nicht abgeneigt. Tugend und Laster prägten seine Natur kaum weniger als beispielsweise seinen Zeitgenossen Heinrich VIII.: Auch er schreckte nicht vor einem Mord zurück, wenn ihn seine Machtbefugnisse dazu verleiteten.
So ließ er – vermutlich auf Drängen von Roxelana – seinen Sohn Mustafa hinrichten, der der ersten Ehe mit Gulbehar („Frühlingsrose") entstammte. Der tragische Schlußpunkt einer langen Intrige, denn Roxelanas Sohn Selim konnte endlich die Stelle des Erstgeborenen einnehmen.
Sehen wir es also zeitbezogen. Im christlichen Abendland wurden von der Kirche unzählige Menschen als Ketzer und Hexen gefoltert, verbrannt. Die Grausamkeit war auch eine Waffe der Yeni-Tscheri, der Janitscharen, die Soliman auf ihren Feldzügen nach Europa hinein mit eiserner Strenge befehligte. Zugleich aber ließ der Potentat durch seinen Chefarchitekten Sinan prächtige Moscheen und religiöse Stiftungen errichten. Noch heute ist die Süleymaniye-Moschee, die auf der Kuppe des Höhenrückens über dem Goldenen Horn, oberhalb der Galatabrücke, erbaut und 1557 vollendet wurde, der beherrschende Blickpunkt der Millionenstadt. Soliman, als Feldherr und Politiker ein kühler Realist, schrieb mit dem gleichen Eifer poetische Gedichte.
Um seine kriegerischen Aktivitäten zu begreifen, müssen wir auch die machtpolitischen Verhältnisse in Europa zu jener Zeit richtig einschätzen. Da gab es recht merkwürdige Gegensätze in der Einstellung zu dem Sultan. Karl V. von Spanien und sein Nachfolger und Sohn Philipp II. waren von Haß gegen Soliman den Prächtigen beseelt. Franz I. dagegen, immerhin als „le roi très catholique", als der „sehr katholische König" in die Geschichte eingegangen, schloß mit dem Sultan 1535 ein Freundschaftsabkommen. Und die anglikanische Königin von England, Elisabeth II., bot ihm freimütig Waffenhilfe gegen den „Götzendiener" Karl V. an.
Die Zeitläufe haben ihren eigenen Rhythmus und nehmen auf die Konfrontation von Freund und Feind keine Rücksicht. Soliman starb in der Nacht vom 5. auf den 6. September 1566 während seines letzten Waffenganges gegen Kaiser Maximilian II. im Alter von 72 Jahren.

Acht Jahre zuvor war das Leben seines größten Widersachers, Karl V., zu Ende gegangen. Seine Zeitgenossen Franz I. und Heinrich VIII. ruhten bereits seit 19 Jahren in ihren Gruften. Er selbst wurde, Symbolgestalt für eine Ära voller Widersprüche, in der Türbe an der Rückfront der Süleymaniye-Moschee hoch über Istanbul bestattet. In einem herrlichen Sarkophag, der noch heute jeden Besucher beeindruckt.
Möge mein Buch dazu beitragen, die Existenz dieses Repräsentanten einer großen, unruhigen Epoche dem Leser unserer Zeit begreiflich zu machen.

Luxemburg 1980 *Der Autor*

Der geographische Schauplatz

Als Soliman der Prächtige am 5. September 1566 das Zeitliche segnete, umfaßte sein Herrschaftsbereich die ungeheure Fläche von 14 893 000 km². 1 988 000 km² lagen in Europa, 4 169 000 km² in Asien; und der Rest in Nordafrika. Ein Gebiet, das sich von Algier über Tunis, Tripolis, Nordägypten, Anatolien, über den Bosporus bis zu den Flüssen Drau und Maros in Ungarn und bis zum Bug und Dnepr in Südwestrußland ausdehnte. Der Khan der Krim war Solimans Vasall.

Das Kernland jedoch, auf dem sich die Geschichte des Osmanenreiches abspielte, ist das uralte Anatolien – türkisch: Anadolu –, das im 11. Jahrhundert von islamisierten Türken-Stämmen aus Innerasien bewohnt wurde. Hier begründete Osman I. das Osmanenhaus.

Über Anatolien, den asiatischen Teil der Türkei, führten bereits lange vor der Ankunft der asiatischen Türken – für die Alten begann die Geschichte Anatoliens mit Homers Darstellung des Trojanischen Krieges – Völkerwege von Ost nach West und von West nach Ost und machten es zur großen Völkerbrücke zwischen Orient und Okzident und umgekehrt.

Aus dem Innern Asiens gelangten Gewürze, Duft- und Färbstoffe, Drogen und Perlen über Bagdad und Aleppo, über Täbris und Erzerum zu den Häfen Trapezunt und Lajazzo. Fernkaufleute aus Ragusa, Venedig und Genua nahmen die Waren in Empfang und sorgten für ihre Weiterbeförderung. Falls in Lajazzo kein Schiff zur Verfügung stand, brachten die Karawanen die asiatischen Luxuswaren über Tarsus, Eregly, Karaman, Konya, Kara Hisar, Kütahya und Bursa nach Konstantinopel, um von dort aus durch das thrakische Tiefland und weiter durch das Innere der Balkanhalbinsel in den Donauraum transportiert zu werden. Die Meerengen des Bosporus und der Dardanellen waren schon immer vielbenutzte Handelswege.

Anatolien gliedert sich in ein zentrales Hochland und eine Reihe unterschiedlich hoher, gebirgiger Randlandschaften. Inneranatolien (oder Zentralanatolien) stellt ein vom Meer weit entferntes, in 800 bis 1000 Meter hoch gelegenes Steppenhochland dar, das im Süden vom Taurus, im Norden vom Pontinischen Gebirge und im Osten von einem mächtigen Gebirgsland begrenzt ist.
Im Westen fällt das zentralanatolische Hochland ziemlich abrupt zum Ägäischen Meer ab. Inneranatolien, größtenteils eine Steppe oder Halbwüste, ist von Natur aus baumarm, ja oft ganz baumlos.
Nur im Wüstensteppengebiet um den großen Salzsee nordöstlich von Konya ist Inneranatolien eine Ebene, ansonsten beherrschen die kahlen Gebirgszüge die Landschaft. In der Gegend von Ürgüp, das in der berühmten Landschaft mit hohen Erdpyramiden in Tuff mit Höhlenwohnungen und Kirchen liegt – die vom 7. bis 14. Jahrhundert erbauten Höhlenkirchen von Göreme sind vor allem wegen ihrer Fresken kunstgeschichtlich bedeutend – sind weite Gebiete mit dem Tuff und der Lava des mächtigen Vulkans Erciyas Daği (3916 m) bedeckt.
Kalte Wintertage, an denen es Temperaturen von 20 Grad unter dem Gefrierpunkt geben kann, dann plötzlich glutheiße und staubtrockene Sommertage mit Wettersturz am Abend: Das sind die Hauptmerkmale des an sich kontinentalen Klimas Zentralasiens. Gewöhnlich sind die Niederschläge, die wolkenbruchartig fallen und verheerende Schäden anrichten können, spärlich. Innerhalb von Minuten werden monatelang trocken gelegene Flußläufe zu reißenden und alles wegspülenden Strömen. Sowohl zur Zeit der Osmanen als auch heute war und ist Zentralanatolien die Heimat des Reiters und des Hochlandbauers. Ein harter und stolzer Menschenschlag.
Von Zentralanatolien, dem Land der unendlichen Weite, gelangt man in Richtung Osten nach Ostanatolien, das teils von tiefen Tälern zerfurcht ist, teils von vulkanischen Eruptionen geprägt wurde. Ostanatolien – Armenien und Kurdistan – ist ein wildes, typisches Hochgebirgsland mit nicht weniger als 23 Gipfeln von über 3000 Metern Höhe.
Bei Hakkari erreicht der Cilo Daği 4119 Meter; und der Große Ararat, der in den assyrischen Inschriften Urartu genannt wird, ist der höchste Berg Anatoliens. Er ist 5165 Meter hoch und vergletschert. Sein

zweigipfliger Vulkan Ararat gilt als erloschen. In Ostanatolien liegt ebenfalls der größte See Anatoliens, der Vansee (3764 km^2), der durch den Ausbruch des Vulkans Nemrut Daği zum abflußlosen See wurde. Charakteristisch ist ebenfalls der Lauf der beiden Flüsse, die in Ostanatolien ihre Quellen haben.

Nur wenige Kilometer voneinander entfernt liegt das Quellgebiet des westlichen Euphrats und des Aras. Während der West-Euphrat zum Persischen Golf fließt, strebt der Aras – der Araxes der Antike – dem Kaspischen Meer zu. Die Winter im wilden, unzugänglichen Ostanatolien sind hart und lang. Das Thermometer kann bis zu 30, in extremen Wintern bis zu 40 Grad unter den Gefrierpunkt fallen. Der Schnee bleibt dann manchmal bis zu acht Monaten liegen.

Während Kurdistan und Armenien in frühgeschichtlicher Zeit noch mit Wäldern bedeckt waren, sind sie heute fast kahl. In einigen Tälern Ostanatoliens ist es den Bewohnern gelungen, dem kargen, gebirgigen Boden Getreide und Obst abzutrotzen. Durch die weltfernen Täler winden sich die wenigen Straßen, die das Gebiet mit der Zivilisation verbinden.

Der Westen des asiatischen Teils der heutigen Türkei, Westanatolien, umfaßt die maritime Region der Ägäis und die sich daran angliedernde Grabenzone, die weiter westlich in das zentralanatolische Hochland übergeht. Im Norden gliedert sich das Küstengebiet südlich des Marmarameeres an, während sich im Süden die westlichen Ausläufer des Taurus vorschieben.

Das zentrale ägäische Küstengebiet mit seinen weiten Ebenen zwischen den Gebirgszügen entlang der Küste gehörte bereits unter Soliman zum Lebensraum des Osmanischen Reiches. Das Gebiet um Smyrna (früher: Izmir) war damals einer der am dichtesten besiedelten Landesteile. Smyrna – der griechische Historiker Strabo bezeichnete es einst als die schönste aller Städte in der Antike. Wie eh und je reifen in den Weingärten des Tales von Gediz nehri die Trauben, die hauptsächlich zu Sultaninen getrocknet werden, liefern die Ölbaumhaine am Golf von Edremit mehr als 50 % des türkischen Olivenöls und werden die Feigen der Täler von Büyük und Küçük Menderes nehri nach Europa exportiert.

Im Bereich der Ägäis und der Meerengen des Bosporus und der Dardanellen berühren Anatolien und die Balkanhalbinsel, die einst zum osmanischen Besitz gehörte, einander. Doch gibt es zwischen diesen beiden Teilen keine Grenzlinie. Sowohl im Osten als auch im Westen finden wir dieselben Buchten und Ketten von Inseln. Beide Teile sind fast ganz entwaldet, hüben und drüben herrschen warme und fast regenlose Sommer, wachsen Feigenbäume, Weinsträucher und gedeihen die typischen ägäischen Oliven.
Die Ägäis trennt nicht, sie verbindet. Während Inneranatolien die Welt des Reiters ist, ist die Ägäis die Welt des Seefahrers. An den Ufern des Marmarameeres ist es etwas frischer als weiter im Süden der Ägäis. Hier im Norden nähern sich die Festlandsküsten bis auf etwa 1350 Meter an der engsten Stelle der Dardanellen und auf 660 Meter am Bosporus. Wer sich vor der vom Marmarameer nach der Ägäis ziehenden starken Strömung nicht fürchtet, kann hier ohne Schiff übersetzen.
Südlich vom Taurosgebirge liegt Anatoliens heißester Landesteil. Ein schmaler Küstenstreifen, der sich nach Osten zu in die – heute den Namen „Tschukurowa" tragende – Küstenebene ausdehnt. Die Schwarzmeerküste ist die fruchtbarste und regenreichste Landschaft Anatoliens. Hier beherrschen üppige Wälder die Flora: Fichten, Buchen, Eichen und Kiefern, aber auch Hasel- und Walnußbäume.
An beiden Küsten, sowohl am Schwarzmeer als auch am Mittelmeer, gibt es kaum Häfen. Anders als in der Ägäis gab es hier keine Schiffahrt.
Auf diesem uralten Territorium Anatolien, mit seiner so kontrastreichen Bodenkultur, setzte sich die sechshundertjährige Geschichte des Hauses Osman in Szene; ihren Höhepunkt erreichte sie in der Regierungszeit von Soliman dem Prächtigen.

Von Ertogrul über Osman und Mehmet II. Fatih bis zu Selim I. – Vom Herrscherclan zum Großreich

Gegen Ende des 12. Jahrhunderts hatte das Reich der Seldschuken von Rum – wie ihr Staatswesen in Anatolien genannt wurde – mit der Hauptstadt Konya und den wichtigen Hafenstädten Alanya und Antalya im Süden und Sinope im Norden seine größte politische Machtentfaltung erreicht. Seit dem Sieg von 1176 über den Basileios von Konstantinopel, Manuel I., waren die Seldschuken für eine Reihe von Generationen von keinem äußeren Feind mehr ernsthaft bedroht. Die türkischen Fürsten an den Grenzen des Seldschuken-Reiches waren von Konya zu gehorsamen Vasallen gemacht worden.

Nach dem Sieg der Mongolen im Jahr 1243 über die Seldschuken – zwei Jahre zuvor waren ein deutschpolnisches Ritterheer auf dem Schlachtfeld bei Liegnitz und ein ungarisches Heer unter dem ungarischen König Andreas IV. auf der Ebene von Mohi von den Mongolen vernichtend geschlagen worden – begann der steile Abstieg dieser einst so glanzvollen Dynastie.

Ihre Herrscher hatten byzantinische Prinzessinnen geheiratet; sie pflegten zu Konstantinopel enge kulturelle Bindungen. Im ersten Jahrzehnt des 14. Jahrhunderts verschwanden sie nach ihrer Unterwerfung unter die Ilkhane von Persien aus der Geschichte Anatoliens, um dem Herrscherclan der Osmanen Platz zu machen.

Ertogrul, ein Anführer regierungstreuer Bauern, hatte auf seiten des Seldschuken-Sultans Alaeddin Keykubat I., der von 1219 bis 1236 in Konya regierte, gegen die Mongolen und die Byzantiner gekämpft. Als Belohnung war er mit dem nordwestanatolischen Grenzgebiet zur

Verteidigung gegen Byzanz belehnt worden. Über Ertogrul, der als Urvater der Osmanen-Dynastie gilt, wissen wir nur, daß er politisch so gut wie unabhängig war und mit Hilfe seiner wackeren, zahlenmäßig jedoch geringen Kämpferschar sein Randfürstentum des Seldschuken-Reiches innerlich zu festigen suchte.

1288 oder 1290 starb er, nach einem langen Glaubenskrieg mit Byzanz. Er hinterließ drei Söhne. Einer von ihnen, Osman, wohl der tapferste und geschickteste, folgte dem Vater auf den Thron.

Osman I. (auch Osman der Siegreiche, Osman Gazi und Osman Khan genannt) machte sich selbst als Emir (Herrscher) einer Kriegergemeinschaft (Gazid) zum Sultan und gründete 1301 das Osmanen-Reich, dem er seinen Namen gab. Es gilt als sicher, daß Osman, der angeblich weder lesen noch schreiben konnte, der die Tochter des gelehrten Scheichs der Derwische, Edebali, geheiratet hatte, sich bei der Machtübernahme mit all seinen Untertanen zum Islam bekannte.

Durch ständigen Zuzug türkischer Krieger mit ihren Familien aus dem asiatischen Hinterland, dem Iran und Westturkestan gelang es Osman I., seinen Herrschaftsbereich bis zu der Stadt Jenischehir auszudehnen.

Weil die Städte Brussa, Isnik und Ismit, die ihm den Weg nach Byzanz und nach dem Marmara-Meer versperrten, zu stark befestigt waren, griff er zu einer taktischen Kriegslist. Er begnügte sich nicht damit, das unbefestigte Vorfeld dieser Städte zu besetzen und dort Befestigungen anzulegen. Langsam, aber konsequent schnitt Osman ihnen die Lebensmittelzufuhr ab. Im Jahre 1317 übergab er seinem Sohn Orhan (auch Urchan genannt) das Oberkommando über die Armee; und neun Jahre später erschien der Feldherr vor den Toren von Brussa, dem Bursa der Türken, am Fuße des Mysischen Olymps.

Nach der Einnahme der Festung Edrenos durch seine Truppen zeigte sich der Stadtkommandant verhandlungsbereit. Nach Bezahlung eines Lösegeldes von 30000 Goldstücken durfte er Brussa unbehelligt mit seinem Besitztum verlassen. Die Nachricht von der Eroberung Brussas soll Osman auf dem Sterbebett erreicht haben. Jetzt trat Orhan die Nachfolge des Sultanats an.

Das Jahr 1326, in dem Osman starb und Orhan die byzantinische Stadt

Brussa eroberte, ist für die Geschichte des Osmanenreiches bedeutungsvoll. Die Zeit, in der die Osmanen als Lehensleute im Dienst der aus der Geschichte abgetretenen Seldschuken standen und ein rustikales Kulturleben führten, war nun endgültig vorbei. Die alte Kulturstadt Brussa, die nun den Namen Bursa erhielt, entwickelte sich in Kürze zur führenden Stadt des Islam. Von nun an gehorchten die ehemaligen Untertanen der Seldschuken den Osmanen, die Bursa zu ihrer Hauptstadt erkoren und sie alsbald mit prachtvollen Baudenkmälern versahen.

Es sollte allerdings noch ein Vierteljahrhundert dauern, bis sich der junge Osmanenstaat nach der Besetzung der Städte Nikomedia, Nikaia und Ankara sowie des Gebietes des türkischen Fürstenhauses Karasi mit den Städten Balikesir und Bergama, das im Südwesten des osmanischen Herrschaftsbereiches lag, über alle anderen türkischen Fürstentümer Anatoliens erheben konnte.

Orhan setzte die Eroberungspolitik seines Vaters fort. Zwischen 1331 und 1337 fielen ihm die wichtigen Städte Nikaia (Iznik) und Nikomedia (Izmit) in die Hände. So gelangte er an die Küste des Marmara-Meeres. Alsdann knüpfte der Osmane Beziehungen zum Byzantiner Johannes VI. Kantakuzenos an, der ihm seine Tochter Theodora zur Frau gab, ungeachtet dessen, daß er bereits ein vornehmes griechisches Burgfräulein geehelicht hatte.

Diese Verbindung sollte aber keinesfalls bedeuten, daß Orhan seine Machtgelüste auf Byzanz aufgegeben hatte. Im Gegenteil! Vorerst aber zeigte sich der schlaue Orhan dem Basileios behilflich, indem er ihm einen Trupp Reiter im Kampf gegen Stefan Duschan, der sich im Jahre 1346 zum „Kaiser der Serben und Griechen“ in Skopje ausrufen ließ, zur Verfügung stellte.

Orhan durchschaute den selbstherrlichen Kaiser, der den Balkan beherrschen und Byzanz seiner Macht unterwerfen wollte. Zu diesem Zeitpunkt überquerte übrigens der Osmanenprinz Soliman erstmals mit 60 oder 70 Reitern auf Flößen die Dardanellen: Ein erster Vorstoß in Richtung Westeuropa war getan.

Als 1352 in Byzanz Unruhen ausbrachen, ergriff Orhan Partei für Johann Palaiologos gegen Johann VI. Kantakuzenos. Unter dem

Vorwand, Johann Palaiologos zu Hilfe zu kommen, eroberte Orhan die Stadt Tzympe (Djimenlik). Zwei Jahre später nutzte er die Panik aus, die durch ein Erdbeben ausgebrochen war, um Gallipoli, Ipsala, Bolayir, Konurhisar, Malkala und Tekirdagh zu erobern.

Orhan, der Enkel jenes berühmten Scheichs der Derwische Edebali, der sich bis zu 140 Kilometer an Byzanz herangeschoben hatte, war nicht nur eine starke militärische Persönlichkeit, sondern profilierte sich mit Hilfe seines Bruders Alaeddin als der erste namhafte Staatsmann und Organisator des Reiches. Orhan führte sowohl eine neue Währung ein – dies gilt als sicheres Zeichen nationaler Unabhängigkeit –, als auch das nationale Kopfbedeckungssymbol: den Fes, eine glatte Mütze aus Filz. Neu war die völlige Umgestaltung der Armee, die bisher aus einem ziemlich undisziplinierten Haufen nomadischer Krieger bestand. Neben der Reiterei, den Sipahi (oder Spahi, die Renegaten waren) und der Infanterie, der Piyade, wurde 1330 die Neue Truppe, die Yeni-Tscheri („Janitscharen“) geschaffen. Bei den Yeni-Tscheri, die anfangs lediglich aus 1000 Mann bestanden, handelte es sich um Mitglieder eines türkischen Männerbundes, der sich ausschließlich aus Kriegsgefangenen, später aus Söhnen christlicher Eltern zusammensetzte. Der Lebenszweck der Yeni-Tscheri war der Krieg. Und sicherlich lockte der Ruhm, einer der besten Truppen anzugehören, die es auf der Welt gab.

Die Yeni-Tscheri, die von den Derwischen zu fanatischen Muslimin erzogen und hart und sorgfältig ausgebildet wurden – sie vermochten ihre Pfeile achthundert Meter weit zu schießen – wurden schon bald nach ihrer Gründung zum Schrecken Westeuropas. Diese ottomanische Fremdenlegion wurde wohl ebenso gefürchtet wie Attilas und Dschingis-Khans Horden.

Ein Jahr nach seiner Überquerung der Dardanellen starb Orhans ältester Sohn Soliman bei einem Sturz vom Pferd. Der Vater überlebte den Tod des Sohnes nicht lange. Orhan, der sich gerne als „Sultan der Eroberungen und Herr aller Gläubigen“ anreden ließ, starb im Jahr 1359 (oder 1361?). Er fand seine letzte Ruhestätte in der von ihm gegründeten Moschee zu Bursa, einem bescheidenen Bau, deren ursprüngliches Bild wir nicht mehr besitzen, wohl aber die Inschrift, die er dort anbringen ließ. Sie lautet: „Sultan, Sohn des Sultans des Gazi,

Gazi, Sohn des Gazi, Markgraf der Horizonte, Held der Welt". Orhans Nachfolger wurde Murad I., der aus der Ehe mit der vornehmen Griechin Nilüfer, „Frau Seerose", stammte. Er entsprach dem Wunschbild des Vaters und erfüllte alle Erwartungen. Ihm stand eine Armee zur Verfügung, die mit eiserner Disziplin für den „Herrn aller Gläubigen" kämpfte. Er, der vom Vater ein politisch geordnetes Staatswesen geerbt hatte, nutzte alle ihm zur Verfügung stehenden Machtmittel, um aus dem jungen Osmanen-Staat ein dynamisches militant-religiöses Gemeinwesen zu schaffen.

Gleich nach seiner Thronbesteigung mußte Murad I. in Ankara eine von den Karamiden-Fürsten inszenierte Revolte niederschlagen. Kurz danach erfuhr der christliche Westen, daß Murad mit einem Fuß in Anatolien und mit dem anderen in Europa stand. Es war auch kein Zufall, daß Solimans Leichnam nicht nach Bursa, der Wiege des Islam überführt, sondern im Mausoleum von Bolayir, auf der Halbinsel Gallipoli, bestattet wurde.

Den Reigen seiner „Europapolitik" eröffnete Murad mit der Eroberung der beiden auf europäischem Boden gelegenen Städte Didymotichon, von den Türken Demotika oder Dimetoka genannt, eine starke Festungsstadt; und Adrianopel, das Edirne der Türken. Edirne löste, wahrscheinlich im Jahr 1367, (im Jahre 1362 oder 1363 war es erobert worden) das anatolische Bursa als europäisch-balkanische Hauptstadt ab. Achteinhalb Jahrzehnte lang blieb Edirne die Hauptstadt der Sultane von Bursa, bis sie am 29. Mai 1453 von Istanbul als Osmanen-Hauptstadt entthront wurde.

Bis zum Fall von Adrianopel hatten die christlichen Herrscher des Abendlandes die Vorstöße der Osmanen in Richtung Europa tatenlos hingenommen. Dann sollte es anders werden. Um den Siegeszug der „Ungläubigen", wie die Christen die Türken in religiöser Engstirnigkeit bezeichneten, zu stoppen, taten sich der Papst Urban V., der König von Ungarn, Ludwig von Anjou, die Herrscher von Bosnien, Serbien und der Walachei zu einer Koalition gegen Murad I. zusammen.

Die ziemlich undisziplinierten christlichen Truppen, von höchst eigenwilligen Heerführern befehligt, stellten sich in der Nähe von Adrianopel an der Maritza, unweit des Ortes Tschirmen, den fanatisch

kämpfenden Yeni-Tscheri und Spahis entgegen und wurden vernichtend geschlagen.
Nach diesem militärischen Debakel des Christenheeres an der Maritza schien Murads Siegeszug auf dem Balkan nicht mehr aufzuhalten zu sein. 1371 fielen Serrai, Drama und Kavala, 1375 Nisch, 1382 Sofia und 1386 Saloniki in die Hände der Türken. Als im Jahr 1387 ein serbisch-bulgarisches Heer den Türken eine Niederlage beibrachte, schwor Murad den Christen Rache.
Am 20. Juni 1389 prallte ein christliches Heer, das unter der Führung des serbischen Königs Lazar von Raszien stand und in dem bosnische und bulgarische Kontingente mitkämpften, mit den Türken auf dem Amselfeld bei Kossowo aufeinander. Die Schlacht endete mit der Vernichtung des serbischen Adels. Doch hatten auch die Yeni-Tscheri und Spahis ihren obersten Anführer verloren: Murad wurde von dem Serben Miloch Kobiliwitsch, dem es gelungen war, sich in das Zelt des Sultans einzuschleichen, ermordet.
Durch diesen türkischen Sieg wurde Serbien für mehrere Jahrhunderte vom christlichen Westen abgespaltet. Nach Murads Tod befanden sich Thrakien, Makedonien, ein großer Teil von Bulgarien und Serbien fest in türkischer Hand. Byzanz war dem Zugriff der Osmanen ausgesetzt. In Anatolien gab es nur noch wenige Kleinfürsten, die sich der Autorität des Sultans entzogen. Während Anatolien in fünf Provinzen, „Sanjaks" genannt, aufgeteilt wurde, wurden die dem Ottomanen-Reich einverleibten europäischen Gebiete den Spahis als Lehen übergeben. Die Verwaltung des Reiches oblag einem Groß-Wesir (türkisch: wezir = Minister).
Auf Murad I. folgte sein Sohn Beyazid I. Jildirim („der Blitzstrahl"), ein stolzer Krieger und ein prunksüchtiger und grausamer Despot in einer Person. Beyazids erste „Tat" bestand darin, seinen Bruder Yakub, angeblich mit einer seidenen Bogensehne, ermorden zu lassen. So war er sicher, daß niemand ihn vom Thron stürzen konnte. Dieses makabre Schauspiel sollte sich im Lauf der Geschichte der Osmanen sehr oft wiederholen. Beyazid I. hatte die jüngste Tochter des Serbenkönigs Lazar von Raszien, Prinzessin Militsa, geheiratet.
Der tatendurstige Beyazid trat nach seiner Thronbesteigung in die

kriegerischen Fußstapfen des Vaters. Durch die Siege seines Sohnes Soliman Tschelebi und des Großwesirs Ali Pascha über die Bulgaren bei Tirnowo (der damaligen Hauptstadt Bulgariens) und bei Nikopolis fiel 1394 ganz Bulgarien in die Hand der Osmanen. Erst zwei Jahre später entschlossen sich der Luxemburger Sigismund, Kaiser von Deutschland, der ein slawisches Großreich plante, sowie deutsche und französische Ritter und Ungarn zu einem Kriegszug gegen Beyazid, den manche Historiker den „letzten Kreuzzug" nennen.

Ein zweites Mal unterlagen die selbstherrlichen Ritter den disziplinierten Yeni-Tscheri des Sultans bei Nikopolis. Nach diesem einzigartigen Sieg soll Beyazid ausgerufen haben: „Ich will meine Pferde im Petersdom Hafer fressen lassen." Dorthin war es allerdings ein hindernisreicher und langer Weg, den Beyazid noch zu gehen gedachte. Nach seinem glänzenden Sieg bei Nikopolis, dem heutigen Nikopol in Bulgarien, fiel der „Blitzstrahl" mit seinen schnellen und beweglichen Truppen in die Steiermark ein, eroberte Larissa und Patras und ließ im wiedereroberten Athen den letzten dort regierenden Fürsten florentinischer Abstammung hängen.

Im Osten Anatoliens fielen nacheinander die Städte Konya, Aksaray, Tokat, Sivas und Kayseri in Beyazids Hand; und im Jahr 1400 standen seine Truppen am Euphrat. Im selben Jahr schrieb der überschwengliche und hochmütige Beyazid an Kaiser Manuel II., der von 1391 bis 1425 in Byzanz regierte, einen Brief mit folgendem Wortlaut: „Wenn du unser Freund sein willst, so ziehe von dannen, und ich werde dir eine Statthalterschaft geben – wenn du dies nicht willst, dann werde ich, bei Allah und seinem großen Propheten, euch alle zugrunde richten."

Der Byzantiner dachte nicht daran, sich eine Statthalterschaft vom „Blitzstrahl" geben zu lassen, obschon Byzanz kaum imstande gewesen wäre, einem massiven Ansturm von Beyazids Truppen standzuhalten. Er wußte durch venezianische Spione, daß er einen unerwarteten Verbündeten hatte, der urplötzlich aus dem Fernen Osten kam: Timur „der Lahme" (Tamerlan), der sich anschickte, den jungen Osmanenstaat zu zertrümmern. Ganz in der Nähe von Ankara fand die Begegnung statt. Die turkmenischen Truppen, die Beyazid gegen Tamerlan zu kämpfen gezwungen hatte, gingen zu ihrem „Herrn" über.

Der Stolz der türkischen Armee, die Yeni-Tscheri wurden vernichtet. Beyazid war kein Feigling. Er kämpfte wie ein Löwe und wurde schließlich überwältigt und gefangengenommen. Timur behandelte den noblen Gefangenen mit Respekt. Beyazid wurde jedoch mit dieser Demütigung nicht fertig. Er starb wenige Monate nach der Niederlage von Ankara.

In Byzanz, aber auch in Wien und Rom jubelte man. Timur hatte den Fall des politisch morschen Kaiserreiches von Byzanz, das sich nur noch auf Konstantinopel beschränkte, lediglich um ein halbes Jahrhundert hinausgeschoben, wie wir bald sehen werden.

Der mongolische Eroberer hätte ohne weiteres Bursa und Adrianopel besetzen können; doch wandte er sich China zu, einer für ihn weit wichtigeren Beute. Hung-wu, der erste Ming-Kaiser, hatte einst Timurs Huldigung gefordert. Nun galt es, diese Schmach zu tilgen. Zu dieser Eroberung sollte es jedoch nicht mehr kommen. Timurs Lebensenergie war verbraucht. Er starb 1405, mitten in den Kriegsvorbereitungen. Wie durch ein Wunder war das junge Osmanenreich der totalen Vernichtung entgangen.

Trotz der nun folgenden zwölfjährigen Wirren, während derer sich osmanische Prinzen und Heerführer um Anatolien stritten, und das junge, noch unfertige osmanische Staatsgefüge bedrohlich erschütterten, gelang es Mehmet I., nach der Entthronung seines Bruders Musa im Jahre 1413, den Staat der Ottomanen wieder zu vereinigen. Wohl knüpfte der friedliebende Mehmet I. Beziehungen zu Konstantinopel an und weilte mehrere Male in der alten Kaiserstadt; er verlor sie niemals aus den Augen, denn die Eroberung dieser von Griechen aus Megara gegründeten Metropole, die mehr als 1100 Jahre lang Kaiserstadt gewesen war, war der höchste Preis, den es für die Osmanen zu erringen galt. Als Mehmet I. 1421 starb, waren sowohl Staat und Armee wieder bereit, neue kriegerische Unternehmungen gegen Konstantinopel und Westeuropa zu unternehmen.

Murad II., der seinem Vater Mehmet I. im Jahr 1421 auf den Thron folgte, mußte sich gleich nach seiner Machtübernahme gegen den Prätendenten Mustafa wehren, den der Basileios Manuel II. als legitimen Sultan anerkannt hatte. Als Mustafa, der sich vor Murad nach

der Walachei geflüchtet hatte, dann plötzlich starb, hielt Murad II. die Zeit für günstiger denn je, gegen Konstantinopel zu marschieren.
Die Byzantiner wußten jedoch schon lange, was Murad im Schilde gegen sie führte. Sie hatten die große Gefahr erkannt, die durch den Bau der Festung Güzel Hissari („Schönes Schloß", von Beyazid errichtet) auf dem asiatischen Ufer des Bosporus, drohte. Sie würden unweigerlich in eine zupackende Zange geraten. Doch die Bosporusstadt hielt den Anstürmen der Yeni-Tscheri und Spahis im August 1422 stand. Es fehlte den osmansichen Strategen noch an der nötigen Erfahrung, um mit so mächtigen Befestigungswerken fertigzuwerden.
Nach diesem Mißerfolg schloß Murad II. mit Johann VIII. von Konstantinopel, Sigismund von Ungarn, und mit Stephan Lazarewitsch von Serbien Frieden (1424). Sechs Jahre später entriß Murad den Venezianern die Stadt Thessaloniki (Saloniki); 1431 die Stadt Joannina, dann besetzte er einen Teil Albaniens, das vom albanischen Nationalhelden Georg Kastriotis, genannt Skanderberg, mutig gegen die Eindringlinge verteidigt wurde. Im Jahr 1440 machte Murad einen Vorstoß gegen Belgrad, das er vergeblich belagerte und berannte.
Nach der Unterzeichnung eines Friedensvertrags mit dem serbischen Despoten Georg Brankovic und nach einigen mißlungenen Feldzügen gegen den Ungarn Johann Hunyadi und den Karamaniden-Herrscher kam es zu einem zehnjährigen Waffenstillstandsabkommen zwischen Murad und Hunyadi, der Karamaniden-Herrscher konnte besiegt werden. Nach der Sicherung des Reiches gegen Europa hin dankte Murad zugunsten seines Sohnes Mehmet ab.
Hunyadi, der in dem Herrscherwechsel vermutlich eine militärische (und politische) Schwäche erkannte, brach das Waffenstillstandsabkommen und fiel in Transylvanien und Bulgarien ein. Sofort stellte sich Murad wieder an die Spitze des Staates und vernichtete Hunyadis Kreuzheer am 10. November 1444 bei Warna. Ein zweites Mal zog sich Murad zugunsten seines Sohnes von den Regierungsgeschäften zurück. Doch schien es, als ob niemand ihm Ruhe gönnte.
Ein Jahr nach Warna brach in Adrianopel eine Revolte der Yeni-Tscheri aus. Erneut übernahm Murad die Zügel der Regierung und schlug die Rebellion blutig nieder. 1446 – im selben Jahr war Johann Hunyadi zum

Reichsverweser gewählt worden – eroberte Murad den Peloponnes, dessen lokale Fürsten Tribute an Edirne entrichten mußten, und 1447 kämpfte er, allerdings erfolglos gegen Skanderberg. 1448 besiegte Murad den Ungarn Hunyadi ein zweites Mal (bei Kossovo); und ein zweites Mal unterzeichneten beide ein Waffenstillstandsabkommen, diesmal aber nur für die Dauer von drei Jahren.

Alsdann „kümmerte“ sich Murad um die inneren Angelegenheiten Konstantinopels, wo er dem Basileios Konstantin XI. bei der Thronbesteigung „behilflich“ war, wie es in den türkischen Annalen heißt. Konstantin XI. sollte der letzte Kaiser der bereits todgeweihten Stadt sein, denn nach dem Debakel von Warna unternahm der Papst keinen Versuch mehr, Konstantinopel zu entsetzen.

Murad II. starb 1451, kurz nachdem er seinen Sohn Mehmet mit der Tochter des Emirs von Dulkadir verheiratet hatte. Er hinterließ einen geordneten Staat und ein Heer, das stärker als je zuvor war. Konstantinopel dagegen befand sich in einer verzweifelten Lage und konnte kaum noch auf die Hilfe des christlichen Westens zählen. In den europäischen Hauptstädten war Konstantinopel abgeschrieben worden.

Am 18. November 1451 bestieg Mehmet II. „der Eroberer“ als siebter Sultan den Osmanenthron. Mehmet gilt als der geschickteste, aber auch als der skrupelloseste Herrscher, der seit Ertogrul herrschte. Sofort nach der Thronbesteigung ließ er, gemäß seinem neuen Hausgesetz, daß jeder Sultan „um der Ordnung der islamischen Welt willen“ seine Brüder umzubringen habe, seinen Bruder Ahmed töten.

Zum ersten Mal in der Geschichte der Osmanen verlangten die Yeni-Tscheri Geschenke als Abfindung für ihre Unterstützung bei der Thronbesteigung. Mehmet beugte sich der Forderung, weil er ohne diese Elitetruppen seine Machtpolitik nicht ausführen konnte.

Sofort nach seiner Inthronisierung, die unter großem Pomp stattfand, huldigten alle anatolischen Vasallen – bis auf einen, der Herrscher der Karamaniden, der aber schnell zur Raison gebracht wurde – dem neuen „Herrn aller Gläubigen“ zu Edirne. Um ihre wirtschaftlichen Interessen zu wahren, begaben sich Vertreter von Venedig und Ragusa nach Edirne und baten Mehmet II. höflichst um Erneuerung oder Verlängerung von Wirtschaftskonzessionen. Gewichtige Gesandtschaften aus

Serbien, der Walachei und Ungarn wetteiferten mit Geschenken an Mehmet II.

Selbst der Großmeister der Ordensritter von Rhodos, der Vorkämpfer der Christen gegen den Islam im östlichen Mittelmeer, fand es nicht unter seiner Würde, bei Mehmet II. vorzusprechen. Er gelobte dem Kaiser von Byzanz, sein Staatsgebiet nicht anzutasten und ihm obendrein noch jährlich 3000 Aspers zu zahlen. Der Mönchsrepublik auf dem Berg Athos versicherte er, ihre Selbständigkeit zu garantieren. Es hatte den Anschein, als ob die Türkengefahr für Europa vorbei war. Doch das erwies sich als eine Illusion. Der neue Kaiser von Byzanz, Konstantin XI. wußte genau, was Mehmet im Schilde führte. Wenn wir den türkischen Geschichtsschreibern Glauben schenken dürfen, dann hatte Mehmet bereits im Alter von zwölf Jahren den Plan zur Eroberung von Konstantinopel gefaßt. Konstantin XI. setzte alle Hebel in Bewegung, um Europa auf die bitteren Folgen des Falls von Konstantinopel aufmerksam zu machen. Doch alle seine Bemühungen waren umsonst.

Kaiser Friedrich III. war zu sehr mit seiner Kaiserkrönung in Rom beschäftigt, die für 1452 vorgesehen war und die die letzte sein sollte, die ein Papst in Rom vornahm. Außerdem erhob er Ansprüche auf die Kronen von Ungarn und Böhmen; darum war er prinzipiell nicht gewillt, mit Hunyadi, dem Regenten seines Nebenbuhlers, des Knaben Ladislaus V., zusammen gegen die Türken wegen Konstantinopel zu kämpfen.

Der französische König Karl VII., dessen Kassen nach dem Hundertjährigen Krieg leer waren, hatte in seinem verwüsteten und wirtschaftlich zugrunde gerichteten Land genug zu tun, um es wieder aufzubauen. Außerdem stand er mit seinem Vetter Philipp von Burgund auf schlechtem Fuß. Philipp war zwar ein begeisterter Kreuzfahrer, fand es aber im Augenblick nicht für opportun, das Land zu verlassen und gegen Mehmet zu kämpfen.

Vom englichen König Heinrich VI., vom König von Schottland oder gar von den Herrschern aus Skandinavien war keine Hilfe zu erwarten. Die Könige von Kastilien und Portugal hatten auf eigenem Boden die „Ungläubigen“ zu bekämpfen. Nur Alfonso V. von Aragon, der 1443

König von Neapel geworden war, zeigte Interesse für Konstantinopel: er wollte selbst Basileios werden. Papst Nikolaus V. war ein Gelehrter; er vertrat die Meinung, daß man sicherlich mit Mehmet ins Gespräch kommen könnte. Im übrigen glaubte er, Mehmet sei ein unbedeutender Staatsmann, waren doch seine Anfänge als Regent alles andere als vielversprechend.

Unter den wenigen, die die heikle Lage Konstantinopels erkannt hatten, befand sich der Italiener Francesco Filelfo von Tolentino, der Wortführer der griechischen Flüchtlinge in Rom. Er bat den französischen König Karl VII. eindringlich, gegen Mehmet einen Kreuzzug zu unternehmen. Doch der antwortete ihm nicht einmal auf seinen Brief. Keiner wollte sich für Konstantinopel engagieren.

Das Großfürstentum Moskau lebte sozusagen noch am Rande der europäischen Politik, so daß auch von dieser Seite nichts zu erwarten war. Die gesamte Hilfe, die aus dem christlichen Westen kam, soll sich auf siebenhundert Mann belaufen haben.

Die Belagerung Konstantinopels durch Mehmets Truppen begann am 5. April 1453. Es standen ihm 12 000 Mann Elitetruppen, die „Wunderwaffe“ Artillerie, sowie eine Flotte von 350 Schiffen zum Sturm auf die Stadt zur Verfügung. Mehmets Angriff auf Konstantinopel war mit aller Sorgfalt vorbereitet worden. Weil eine Reihe von anschaulichen Büchern über die Eroberung Konstantinopels, u. a. das Buch von Steven Runciman „Die Eroberung von Konstantinopel 1453“ geschrieben wurde, brauchen hier nur die Hauptphasen der Erstürmung Konstantinopels erörtert zu werden: ein erster Angriff der Yeni-Tscheri am 18. oder 19. April gegen die Stadt schlug fehl; am 20. April gelang es vier (oder drei?) genuesischen Schiffen, die türkische Sperre zu durchbrechen.

Wegen der hohen Verluste, die Mehmet erlitten hatte, soll er, türkischen Quellen zufolge, nahe daran gewesen sein, das Unternehmen abzubrechen. Es gelang den Verteidigern immer wieder, die von der türkischen Artillerie geschlagenen Breschen auszubessern. Dann brachte es Mehmet fertig, siebzig Schiffe über den Landvorsprung zwischen Bosporus und dem Goldenen Horn an Galata und der Sperrkette vorbei bis zum inneren Hafen der Stadt zu transportieren; am 23. Mai schlug Mehmet

Konstantin XI. die ehrenhafte Kapitulation vor. Der Basileios jedoch lehnte ab.
In der Nacht vom 28. auf den 29. Mai erfolgte der Generalangriff der Türken auf die verzweifelte Stadt: ein erster Angriff, der von den Baschibazuken, einer aus Russen, Ungarn, Deutschen und Italienern bestehenden Truppe geführt wurde, und ein zweiter Anlauf anatolischer Truppen schlugen fehl. Erst der dritte Ansturm der Yeni-Tscheri brachte die Entscheidung: Konstantin XI. fiel als letzter Kaiser von Konstantinopel in der Schlacht um seine vielgeliebte Stadt. Sein Leichnam wurde niemals wiedergefunden.
Drei Tage lang wurde die Stadt geplündert; und drei Tage lang wurde gemordet, gefoltert und gestohlen. Erst am vierten Tag zog Mehmet, „der Eroberer“ in Konstantinopel ein und befahl das Ende der Plünderungen. Der Traum der Osmanen, einmal Konstantinopel zu besitzen, war endlich in Erfüllung gegangen, wenn auch die Verluste an Menschen sehr hoch waren. Aber was lag dem Sultan schon an einem Menschenleben. Ob er sich nun als osmanischer Kaiser der Römer fühlte? Wir wissen es nicht.
Der Fall von Konstantinopel traf die Christenheit wie ein Schock. Papst Nikolaus V. bezeichnete Mehmet als „Antichrist“. Jetzt, als es längst zu spät war, verlangte er einen sofortigen Kreuzzug gegen die Türken. Doch das war nur ein Ruf in der Wüste. Zwei Jahre nach dem Fall von Konstantinopel starb Papst Nikolaus V. Kein christlicher Fürst in Westeuropa trauerte Nikolaus V. nach. Alle waren froh, den lästigen Mahner loszusein.
Sein Nachfolger, Kalixtus II., stellte zwar eine Flotte auf, die gegen Mehmets Schiffe im östlichen Mittelmeer operierte und er gewann die Ungarn für einen Kreuzzug gegen die Türken, die dann auch vor Belgrad erfolgreich waren. Zu einer Auflehnung des gesamten Europas gegen Mehmet kam es jedoch nicht.
Wohl hatte der Doge von Venedig begriffen, welchen moralischen, vor allem wirtschaftlichen Verlust das Abendland 1453 erlitten hatte; doch traf die Regierung von San Marco mehr im wirtschaftlichen als im militärischen Bereich ihre Entscheidungen.
Auch fiel der Plan des Böhmenkönigs Georg Podiebrad, der Venedig

und König Ludwig XI. von Frankreich ein Angebot machte, um Mehmet aus Konstantinopel zu vertreiben, ins Wasser. Die von ihm geplante militärische Großaktion der gesamten Christenheit gegen die Türken stand nicht im Einklang mit Rom, das dem Hussiten Podiebrad seine christliche Gesinnung abstritt.

Fünf Jahre später träumte Enea Silvio Piccolomini, als Papst Pius II. auf dem Stuhl Petri, davon, Konstantinopel wieder zu erobern. Er hatte sogar vor, Mehmet zum Christentum zu bekehren! Doch 1464 brach sein Traum zusammen, als er einem Leiden erlag. Nach dem Tod dieses großen Abendländers waren die Zeiten eines Kreuzzuggedankens und die Initiative für einen gesamteuropäischen Vorstoß gegen Konstantinopel endgültig vorbei.

Die beiden Handels- und Seestädte Venedig und Genua stellten sich auf die neue Situation ein. Wohl mußten die Genuesen auf Galata einen osmanischen Gouverneur akzeptieren, die Befestigungen mußten geschleift und alle Kirchenglocken entfernt werden, doch blieben ihre Wirtschaftsprivilegien weitgehend bestehen. Venedig erhielt das Recht, einen Konsul (Bailo) nach der neuen osmanischen Hauptstadt zu entsenden.

Überdies erklärten sich die Fürsten des Peloponnes, Georg Brankovic von Serbien († 1456), der griechische Herrscher von Trapezunt sowie die genuesischen Handelsherren der Inseln Chios und Lesbos bereit, Mehmet alljährlich Tribute zu zahlen. Am 6. Januar 1454 wurde auf Geheiß des Sultans der Grieche Gennadios zum Patriarchen der orthodoxen Kirche zu Istanbul gewählt. Zahlreiche Christen, vor allem aber Juden ließen sich in den nächsten Jahren nach der Eroberung in Istanbul nieder, keiner von ihnen wurde an der Ausübung seines Glaubens gehindert.

Um das alte Konstantinopel wieder mit frischem Leben zu erfüllen, zwang Mehmet einen Teil der Bevölkerung der von ihm eroberten tributpflichtigen Städte nach Istanbul zu ziehen. So wurden Hunderte von Familien aus Trapezunt, der Krim und aus Armenien nach Istanbul umgesiedelt. Als Mehmet 1483 starb, war Istanbul zum politischen und wirtschaftlichen Spiegel der osmanischen Weltmacht geworden. Im Jahr 1470 (oder 1471) war ebenfalls Istanbuls religiöses und architektonisches Wahrzeichen, die Eroberermoschee (heute Fatih Camii genannt) fertiggestellt.

Von seiner neuen Hauptstadt aus unternahm Mehmet eine Reihe großangelegter Eroberungszüge. Die Zeit arbeitete für ihn. Fast gleichzeitig starben seine beiden stärksten Feinde, Johann Hunyadi und Georg Brankovic. Ganz Serbien, mit Ausnahme der Stadt Belgrad, fiel an Mehmet (1459). Kurz danach wurde Skanderbeg zur Unterzeichnung eines Friedensvertrages mit dem Sultan gezwungen. Nahezu 70 % der albanischen Bevölkerung bekehrte sich zum Islam. 1461 fielen nacheinander Sinope, der ehemalige Schwarzmeerhafen der Seldschuken, Amasra, Genuas Flottenstütztpunkt, sowie Mistra und Trapezunt, die beiden letzten Städte byzantinischer Prägung, in die Hände der Osmanen.

In der Walachei ließ Mehmet den Prinzen Wlad („den Pfähler" oder „Dracula"), ein „zu großer" Freund der Ungarn, mit Hilfe des Fürsten der Moldau, Stephan III. des Großen (auch „Athlet Christi" genannt) entthronen und durch den Pro-Osmanen Radul ersetzen. 1462 besetzte Mehmet die Insel Lesbos, die den Genuesen gehörte. Ganz Bosnien wurde osmanisch. Der letzte Herrscher von Bosnien, Stephan Tomaschewitsch, wurde mitsamt seiner Familie nach Istanbul gebracht und dort enthauptet. Ein vom Karamaniden-Prinzen Ibrahim inszenierter Aufstand gegen Mehmet wurde grausam niedergeschlagen.

Es sollten allerdings noch zwölf Jahre vergehen, bis das ehemalige Gebiet der Karamaniden befriedet war. In Albanien probte der Nationalheld Skanderbeg mit Hilfe des Papstes ein weiteres Mal den Aufstand gegen Mehmet. Nach seinem Tod im Jahr 1467 erlosch die Flamme des Widerstandes gegen die Osmanen. Das thrakisch-illyrische Restvolk der Albaner und die im 11. Jahrhundert eingewanderten Vlachen wurden osmanische Untertanen. Im Jahre 1471 bemächtigte sich Mehmet der beiden genuesischen Besitzungen in Südrußland, Kaffa (Krim) und Asow am Asowschen Meer. Drei Jahre später mußte der Krim-Khan die Oberherrschaft des Sultans anerkennen.

Von Bosnien aus fielen die türkischen Spahis in blitzschnellen Attacken in weite Gebiete der Herzogtümer Krain, Steiermark und Kärnten ein und zogen sich wieder zurück, nachdem sie die Ernten vernichtet und

Gefangene gemacht hatten. Ein intermittierender Krieg zwischen Venedig und Mehmet endete mit einem Friedensabschluß (1479). Gegen die Zahlung eines Tributes von 100 000 Dukaten behielt Venedig seine Eroberungen und seine Handelsprivilegien.

Im christlichen Westeuropa gab es keinen Feldherrn mehr, der den Kampf gegen den Islam als ritterliches Ideal und als politisches Ziel ansah. Jetzt, da sich der Islam mit seiner noch ungebrochenen Kampfmoral und seinem Elan anschickte, den gesamten Balkan zu islamisieren, wäre er dringend gebraucht worden.

Mehmet, der die nördlichen Grenzen seines Reiches bis an Save und Donau vorgeschoben hatte, gab sich mit seinen bisherigen Landeroberungen nicht zufrieden. Zwei Ziele hatte er noch im Auge: die Eroberung der stark befestigten Johanniterritter-Stadt Rhodos und des Mamelukensultanats Ägypten. Bevor er mit seiner Flotte zum Sturm auf Rhodos ansetzte, ließ er im Hafen von Otranto im Königreich Neapel ein Expeditionskorps landen. Die Stadt wurde im Sturm genommen und die Umgebung verwüstet.

Ganz Süditalien war vor Schrecken wie gelähmt. Niemand wußte, was Mehmet noch in Bezug auf Italien im Schilde führte. Nach diesem Schlag ließ er eine Flotte von 160 Schiffen gegen die Inselfestung Rhodos segeln. Es wurde eine Niederlage. Die Johanniterritter schlugen alle Angriffe der Türken ab; und die Seekriegsführung der Türken erwies sich als unfähig (1480).

Weil der siegesgewohnte Mehmet diese Blamage nur schwer verkraften konnte, plante er Anfang 1481, seine Flotte persönlich gegen Rhodos zu führen, um den Johannitern einen Denkzettel zu verpassen. Doch „der Vater der Eroberung und der Heiligen Kriege“, wie er in den türkischen Annalen genannt wird, starb am 3. Mai 1481, mitten in den Vorbereitungen eines neuen Vorstoßes gegen Rhodos.

Zur Zeit seines Todes gehörte die bäuerlich-kriegerische Herkunft der Osmanen längst der Vergangenheit an. Die klarblickenden Fürsten des Abendlandes hatten entdeckt, daß Mehmet und sein Volk nicht fähig oder willens waren, die letzte Schlacht herbeizuführen und das Abendland auszulöschen. Die Erschütterung über den Fall Konstantinopels war geschwunden. Mehmet war kein Antichrist, wie ihn Papst

Nikolaus V. bezeichnet hatte. Anders als im Abendland, wurden die Juden im Reich der Osmanen nicht verfolgt. Nicht umsonst kamen sich zahlreiche Juden in Mehmets Reich wie im „Paradies“ vor, denn niemand hinderte sie an der Ausübung ihrer Religion.
Mehmet „der Eroberer“ war der erste osmanische Feldherr, der erkannt hatte, daß die Artillerie eine Art „Wunderwaffe“ war und daß nur sie, nicht die Reiterei oder die Infanterie, die zukünftigen Schlachten zu entscheiden vermochte. Es dauerte allerdings lange, bis Mehmets Gegner, die Christen, dies begriffen hatten. Trotz der zahlreichen Kriege, die Mehmet führte, hatte er noch Zeit, sich um seinen Staat zu kümmern. Einige Geschichtsschreiber legten Mehmet den Beinamen Kanuni, d. h. Gesetzgeber, zu. Es gilt heute als sicher, daß Mehmet nicht die gesamte osmanische Gesetzgebung erneuerte, sondern die Gesetzbestimmungen in einem Gesetzbuch zusammenfaßte und sie der neuen politischen Situation des Reiches anpaßte.
Mehmets Nachfolger war sein ältester Sohn Beyazid, der ihm unter dem Namen Beyazid II., „der Weise“, auf den Osmanenthron folgte. Beyazid war ein friedliebender Mann, ein Literat und Philosoph, den die Umstände jedoch zwangen, die Macht zu übernehmen und Kriege zu führen. Nach der Ausschaltung seines Bruders Djem, der mit Hilfe des Großwesirs Mehmed Karamani die Macht übernehmen wollte, erneuerte Beyazid die Friedensverträge, die sein Vater mit Venedig und Ragusa (heute Dubrovnik) geschlossen hatte.
Mit Matthias I. Corvinus, dem König von Ungarn, der sicher einer der bedeutendsten Herrscher der ungarischen Geschichte ist und der Wien zu seiner westlichen Hauptstadt gemacht hatte, schloß Beyazid einen fünfjährigen Waffenstillstand ab. Er ermöglichte es ihm, die beiden Städte Kilia und Akkerman im Fürstentum Moldau zu erobern. 1485 fiel der Mamelukensultan von Ägypten in Kilikien ein. Beyazid zog ihm mit seiner Armee entgegen und wurde besiegt. Erst sechs Jahre später gelang es Beyazid, mit Ägypten Frieden zu schließen. Der Tod des ungarischen Königs Matthias I. Corvinus verleitete Beyazid dazu, Belgrad anzugreifen.
Aber seine Truppen hatten kein Glück. Belgrad fiel nicht in die Hand des Sultans. 1495 schloß Beyazid mit König Vladislav II. Jagello ein

zehnjähriges Waffenstillstandsabkommen ab. Vier Jahre später kam es wieder zum Krieg zwischen Beyazid und dem Dogen, als türkische Truppen die venezianischen Besitzungen Lepanto, Modon, Navarin und Koron eroberten. Um dem türkischen Vorstoß Einhalt zu gebieten, taten sich der Papst, Venedig, Ungarn, Frankreich und Spanien zu einer Liga zusammen.

Doch blieben die militärischen Aktionen der alliierten Flotte auf einige erfolglose Unternehmen gegen osmanische Küstenstädte Südanatoliens beschränkt. Aus wirtschaftlichen Gründen entschloß sich der Doge 1502, mit dem Sultan Frieden zu schließen, dem sich Ungarn 1503 unter Vladislav II. Jagello anschloß. Der Adel hatte ihn in Wahrheit fest in der Hand. Mit der Sefewiden-Dynastie, die Persien beherrschte, hatte Beyazid gute Beziehungen angeknüpft.

Von 1504 bis 1512, dem Todesjahr des Literaten- und Philosophen-Sultans, war es an den Grenzen des Osmanreiches ruhig. Schwierigkeiten für Beyazid entstanden ihm in der eigenen Familie. Zweimal, 1509 und 1511 versuchte Selim, Beyazids jüngster Sohn und nicht designierter Nachfolger, Aufstände gegen den Vater. Beyazid hatte drei Söhne: Korkud, ein weltabgewandter Literat, kam für den Thron nicht in Frage; Ahmed, Beyazids zweiter Sohn, war der vorgesehene Nachfolger des Sultans. Selim, der jüngste, hatte bei seinem Ringen um die Macht die Yeni-Tscheri auf seiner Seite und gerade diese Hilfe sollte den Ausschlag bei der Thronfolge geben.

Im März 1512 war es dann soweit. Nach einem erneuten und wiederum mißlungenen Aufstand gegen Beyazid flüchtete der machthungrige und kriegerische Selim auf die Krim. Kurz danach erschien er mit einer kleinen Streitmacht wieder in Anatolien. Am 25. April gelang es ihm mit Hilfe der Yeni-Tscheri, seinen Vater zur Abdankung zu zwingen. Als Beyazid sich in Begleitung seiner Getreuen nach Demotika begab, um in der Geburtsstadt seine letzten Tage zu verbringen, starb er plötzlich bereits auf der Reise. Verschiedene Historiker nehmen an, daß Selim den Vater vergiften ließ, um einer etwaigen Machtübernahme Beyazids zuvorzukommen.

Wenige Tage nach seiner Thronbesteigung ließ Selim I., „der Schreckliche“, seine beiden Brüder umbringen und belohnte die Yeni-Tscheri mit einem fürstlichen Geldgeschenk für ihre wertvolle Hilfe bei der „Machtübernahme". Nach der Erneuerung der Friedensverträge mit Ungarn, Ragusa und Venedig wandte sich Selim gegen den Sefewiden-Herrscher, Schah Ismail von Persien. Nach offizieller Darstellung soll Selim gegen Schah Ismail zu Felde gezogen sein, weil er einem Neffen Selims Asyl geboten hatte, der des Sultans Familien-Massaker entgangen war. In Wirklichkeit jedoch dürfte das Motiv des Einmarsches in Persien durch Selim religiöser Natur gewesen sein. Selim war nämlich Sunnite und Schah Ismail war Schiite.

Am 23. August 1514 vernichteten Selims Streitkräfte Schah Ismails Armee bei Tschaldiran zwischen Urmia-See und Täbris. Am 5. September zog Selim in Täbris, der Hauptstadt des Schahs, ein, plünderte sie und verließ sie mit der Beute bald wieder, um sich nach Anatolien zu begeben. Die Hauptgefahr des Schahs Ismail (seit 1499 Schah = König), der in kürzester Zeit seine Herrschaft über West-Iran (Persien) ausgebreitet hatte, schien nun vorüber zu sein. Ein Jahr nach der Einnahme von Täbris bemächtigte sich Selim des noch mehr oder weniger unabhängigen Fürstentums von Dsulkadir-Oghlus mit den beiden Städten Marasch und Melitene. Ganz Südost-Anatolien oder Kurdistan befand sich jetzt in Selims Hand.

Bevor Selim das Reich des Sefewiden Ismail ganz zu erobern gedachte, reorganisierte er seine Yeni-Tscheri (Janitscharen). An der Spitze dieser Elitetruppe stand ein Aga, ein Oberbefehlshaber und ihm zur Seite standen sieben hohe Offiziere.

Angesichts einer so einzigartigen „Waffe" änderte Selim seinen ursprünglichen Plan. Anstatt das Reich der Sefewiden ganz zu unterwerfen, wandte er sich gegen die Mameluken in Ägypten. Nach Selims Auffassung war der Mameluken-Sultan Qansuh-al-Ghuri von Ägypten seiner Aufgabe als Vormacht des sunnitischen Islam untreu geworden, weil er mit dem Schiiten Ismail paktierte. Für diese zweideutige Haltung sollte er bestraft werden. Anfang des Jahres 1516 setzte sich Selim mit seinen reorganisierten Yeni-Tscheri und der schlagkräftigen Artillerie in Richtung Ägypten in Marsch.

Am 24. August wurde die ägyptische Reiterei bei Mardsch-Dabik, unweit von Aleppo, vollständig besiegt. Der hochbetagte Mameluken-

Fürst Quansuh starb während der Schlacht, angeblich vom Schlage getroffen. Nacheinander öffneten sich ihm dann die Tore von Aleppo, Hama, Homs und Damaskus. Weil die in Damaskus zwischen Selim und dem neuen Mameluken-Sultan Tuman-Bey geführten Verhandlungen erfolglos verliefen, zog Selim nach Ägypten. Nach der Einnahme von Ramala, Ghazza, Nabulus und Jerusalem wurden die Mameluken am 22. Januar 1517 bei Ridania, in der Nähe von Kairo, vernichtend geschlagen.

Am 30. Januar zog Selim siegreich in Kairo ein. Tuman-Bey floh, wurde jedoch nach einer erneuten Niederlage bei Gise von einem arabischen Freund verraten, an Selim ausgeliefert und von ihm am 12. (oder am 13.) April 1517 am Bab Zuwela (Tor) in Kairo gehenkt. Alle diese militärischen Erfolge verdankte Selim der Artillerie, die seine Gegner noch gar nicht oder nur in unzureichendem Maße besaßen.

Selim war von nun an unbestrittener Herrscher des ehemaligen Mamelukenreiches, das Ägypten, Syrien und den Hedschas mit Mekka und Medina umfaßte. Kampflos war ihm die Schutzherrschaft der beiden heiligen Städte des Islams, Mekka und Medina, zugefallen. Nach diesen gewaltigen Eroberungen war das Osmanenreich die Vormacht in der islamischen Welt geworden.

Es behauptete seine Stellung bis zum Jahre 1918, allerdings ging ihm Ägypten – es wurde 1882 von den Briten besetzt – verloren. Aber immerhin: Das Reich bot nun der sunnitischen Orthodoxie seinen Schutz.

Am 25. Juli 1518 war Selim mit seinen Yeni-Tscheri triumphal in Istanbul empfangen worden. Wenige Tage später leitete er die Vorbereitungen zur Eroberung von Rhodos ein. Doch der Tod ereilte ihn, bevor er das Zeichen zum Angriff geben konnte. Er hatte achteinhalb Jahre regiert und war nur fünfzig Jahre alt geworden. Bei seinem Tod reichte das Osmanenreich vom Nil über den Euphrat bis zur Donau. Er hatte sein Machtgebiet um rund 4 Millionen Quadratkilometer vergrößert. Dieses gewaltige Erbe, das auf drei Kontinenten lag, wartete nun auf seinen einzigen Sohn Soliman, den die christlichen Geschichtsschreiber „den Großen“ oder „den Prächtigen“, die türkischen „den Gesetzgeber“ nennen würden . . .

Jugend und Thronbesteigung

Werfen wir zuerst einen kurzen Blick auf Geschichte und Bedeutung der Stadt, in der Soliman Ende 1494 oder Anfang 1495 – die Annalen geben da keine ganz präzise Auskunft – geboren wurde. Adrianopel, das Edirne der Türken, wurde in der Antike von dem römischen Kaiser Hadrian gegründet. Erst seit 1361 ist die Stadt türkisch. Heute zählt sie rund 40000 Einwohner und ist ein Mittelpunkt der Teppich- und Lederindustrie.

Im Jahre 1451, als der junge Emir Mehmet II. den Osmanenthron bestieg – er bereitete damals unverzüglich die Belagerung von Konstantinopel vor –, konnte sich Edirne an Größe und architektonischer Bedeutung durchaus mit der Prachtentfaltung der Hauptstadt Bursa messen.

Unter der Herrschaft von Mehmet I. und Murad II. entstand bereits das eindrucksvolle orientalische Stadtbild, wie wir es heute noch bewundern können. Zahlreiche Moscheen wurden auf ihren Befehl in Edirne erbaut, von denen die „Alte Moschee", die Selimiye-Moschee besondere Erwähnung verdienen.

Über Solimans Jugendjahre wissen wir nichts. Seine Mutter, Hafsa Kathun, soll eine schöne, begabte Frau gewesen sein. Über ihre Herkunft lassen sich nur Vermutungen anstellen. Man nimmt an, daß sie eine Kaukasierin, Georgierin oder Tscherkessin war. Möglicherweise die Tochter des Krim-Tataren-Khans, denn in Kaffa auf der Krim genossen sie und ihr Gemahl Selim I. großes Ansehen.

Wir dürfen also annehmen, daß sich der junge Soliman öfter bei den Angehörigen der Mutter im – damals genuesischen – Kaffa aufgehalten und dabei schon früh die Sitten und Gebräuche der Krim-Tataren kennengelernt hat, die seit 1475 dann unter Oberhoheit der Hohen Pforte standen.

Im Alter von 16 Jahren ernannte ihn Sultan Beyazit II., Selims Vater, zum Gouverneur von Boli, einem Distrikt zwischen Amasia und Istanbul. Seine frühe Karriere setzte sich dann, auf Befehl des Vaters, in Manasia – im Hinterland der Ägäis – und in seiner Geburtsstadt Edirne fort. Sicherlich sollte er sich, fern vom Hofe mit seinen Intrigen, in die Kunst des Regierens eingewöhnen.
Auch über diese Zeit wissen wir kaum etwas. Überliefert ist aber, Soliman fand, was in jener Epoche selten gewesen sein muß: einen Freund. Es handelte sich um den aus Griechenland stammenden Ibrahim. Den ursprünglichen Namen dieses Mannes, der einmal Großwesir werden wird, kennen wir nicht. Ibrahim war von osmanischen Seeräubern bei einer Razzia an der Ionischen Küste aufgegriffen und kurzerhand an eine türkische Witwe verkauft worden.
Sie mußte seine Begabung erkannt haben, denn sie ließ ihm Sprachunterricht geben. Er lernte türkisch, italienisch, persisch und griechisch. Unter welchen Umständen er dann an den Osmanenhof kam, ist unbekannt. Jedenfalls nahm ihn Soliman in sein prinzliches Gefolge auf. Fortan waren sie unzertrennlich. Sie speisten zusammen, gingen gemeinsam auf die Falken- und Wildgänsejagd im Sumpfgebiet rings um Edirne. Sie nächtigten im gleichen Zelt, wenn sie an einem der Kriegszüge des Sultans teilnehmen mußten. Kann es verwundern, daß man die beiden einer homosexuellen Beziehung verdächtigte? Es gibt darüber keine glaubwürdigen Beweise; sicherlich handelte es sich um eine Ausgeburt des üblichen Hofklatsches.
Solimans Verhältnis zum Vater muß nicht sonderlich ausgeprägt gewesen sein. Es ist verbürgt, daß Selim mit dem Sohn regelmäßig Briefe wechselte. So teilte er ihm 1514 seinen Sieg über den Schah Ismail von Täbriz mit. Eine Nachricht, die er übrigens auch dem Dogen von Venedig, dem Mameluken-Sultan von Ägypten und dem Khan der Krim-Tataren zukommen ließ.
Das Gerücht, Selim habe seinen einzigen Sohn ermorden wollen, entbehrt jeder Grundlage. Angeblich soll er ihm einen mit Gift durchtränkten Mantel geschenkt haben, in der Hoffnung, der Anschlag würde ihn aus der Welt schaffen. Andererseits ist es durchaus verständlich, daß Selim von seinem Sohn einen Staatsstreich fürchten mußte. Es

war ja denkbar, daß sich wiederholen könnte, was Selim selbst mit dem eigenen Vater gemacht hatte, als er ihn mit Hilfe der Janitscharen zur Abdankung zwang. Einen Monat später starb der abgesetzte Regent unter mysteriösen Umständen.

Als Selim schließlich – mitten in den Vorbereitungen für die Erstürmung der Inselfestung Rhodos – am 20. September 1520 starb, war Soliman gerade 26 Jahre alt. Er konnte von Glück reden, daß er der einzige Sohn war; so blieb ihm die Versuchung des Brudermordes, den das Gesetz der Moslems in der Tat befürwortet, wenigstens erspart. Wir sehen, welche Ränke sich in der damaligen Zeit schmieden ließen. Nicht nur im Machtbereich des Islam, sondern auch, wie wir aus der Geschichte wissen, an den europäischen Königs- und Fürstenhöfen.

Als Soliman an die Macht kam, war er in Westeuropa noch völlig unbekannt. Dort war man viel zu sehr mit den eigenen Querelen beschäftigt. Wie üblich, wurde der Tod des Sultans geheimgehalten, bis der neue Herrscher in Istanbul im Topkapi Sarayi (Kanonentor-Serail) eingetroffen war, um die dynastische Kontinuität zu wahren. Diesmal dauerte das nur zehn Tage lang.

Am 30. September 1520 wurde Soliman als neuer Sultan von den Janitscharen zu Istanbul stürmisch begrüßt. Sofort nach diesem Zeremoniell aber verlangte die Elitetruppe, als Preis für ihre Treue, ein ansehnliches Geldgeschenk. Nachdem Soliman sie fürstlich belohnt hatte, zog er sich in den großen Palast der Sultane, den Topkapi Sarayi (Kanonentor-Serail) zurück, wo er die Granden des Reiches in Audienz zu seiner Huldigung empfing. Am folgenden Tag nahm er an einem feierlichen Gottesdienst zu Ehren seines verstorbenen Vaters teil, der anschließend in der Türbe hinter der Selim-I.-Moschee beigesetzt wurde. Nach Evliya Celebi gibt es keines Herrschers Grab, das den Besucher so mit Staunen erfüllt, wie das Selims. Die Selim-I.-Moschee wurde 1522 in der Regierungszeit Solimans fertiggestellt.

Wenige Tage später ließ Soliman sechshundert ägyptische Kriegsgefangene frei, die von seinem Vater nach Istanbul verschleppt worden waren. Gleichzeitig entschädigte er eine Gruppe Istanbuler Kaufleute, die mit Persien in Geschäftsverbindungen gestanden hatten und deren Waren von Selims Behörden beschlagnahmt worden waren. Die

Hinrichtung einiger Verbrecher durch Soliman wenige Tage nach seiner Thronbesteigung ließ deutlich erkennen, daß der neue Herrscher nicht nur zu vergeben bereit war.
Soliman begann seine Regierung unter recht günstigen Vorzeichen. Dem damaligen orientalischen Aberglauben zufolge, erschien am Anfang eines jeden Jahrhunderts ein großer Mann, „der die Dinge bei den Hörner anpackte", wie es in Istanbul hieß. Soliman hatte im Jahre 900 der Hedschra (Aufbruch Mohammeds von Mekka nach Medina im Jahre 622 n. Chr.: Beginn der mohammedanischen Zeitrechnung) das Licht der Welt erblickt, also genau im ersten Jahr des Jahrhunderts. Ferner war die Zahl zehn in der islamischen Welt „die glücklichste und vollkommenste Zahl" aller Zahlen. Soliman war der zehnte Sultan des Geschlechts der Osmanen und der erste, der als ein Soliman oder Salomon Sultan wurde. Allerdings hatte schon einmal ein Kronprinz den gleichen Namen. Er wurde dadurch bekannt, daß er 1356 Gallipoli eroberte. Er starb seinerzeit noch vor seinem Vater Orhan. Im ganzen Orient genoß der Name Soliman also hohe Verehrung.
Trotz solcher günstigen Vorzeichen hatten einige osmanische Granden Bedenken, als Soliman den Thron bestieg. Sie fürchteten, daß er wegen seines jungen Alters in politischen Dingen noch zu unerfahren und außerstande sein könnte, ein Riesenreich erfolgreich zu führen. Doch wurden diese Zweifler bald eines Besseren belehrt. Hier muß hervorgehoben werden, daß das Schicksal Westeuropas damals ebenfalls in den Händen einer ganz jungen Generation von Herrschern lag: Franz I. von Frankreich hatte mit sechsundzwanzig Jahren, Heinrich VIII., mit neunundzwanzig Jahren, Karl V. mit zwanzig und Ludwig von Ungarn und Böhmen sogar mit vierzehn Jahren den Thron bestiegen.
Außerdem hatte der junge Sultan während der immerhin zehn Jahre als Gouverneur in verschiedenen Provinzen des Reiches die Kunst des Regierens erlernt sowie die Probleme des Landes und seiner Leute erkannt. Aber was damals am wichtigsten war: im ganzen Reich herrschte Friede; und politisch stand es, sowohl nach innen als nach außen hin, auf festen Füßen.
Aus der frühesten Regierungszeit Solimans des Prächtigen besitzen wir eine Beschreibung, die von der Feder des Italieners Bartolomeo

Contarini stammt. Contarini schrieb am 15. Oktober 1520 über den Sultan: „Er ist fünfundzwanzig Jahre alt, groß aber sehnig und hat eine zarte Gesichtsfarbe. Sein Hals ist ein wenig zu lang, aber sein Gesicht ist schmal; er hat eine Adlernase, einen Schatten von Schnurrbart und einen kleinen (Backen-) Bart. Nichtsdestoweniger hat der Sultan eine angenehme Miene, obwohl seine Haut zur Blässe neigt. Man sagt von ihm, daß er ein weiser Herrscher sei und jeder erwartet eine gute Regierung von ihm."

In der Tat genoß Soliman vom Anfang seiner Regierungszeit an, besonders in Istanbul, wo alle politischen Fäden des Reiches zusammenliefen und wo alle Ränke geschmiedet wurden, hohes Ansehen, das fast ununterbrochen bis zu seinem Ableben anhielt. Anders als bei seinem Vater war Solimans politischer Blick nach Europa gerichtet. Obwohl er sich nicht für persische Philosophie und Literatur interessierte, hatte er eine große Begeisterung für Alexander den Großen. Er liebte es, stundenlang mit seinen Offizieren – die meisten von ihnen hatten das Licht der Welt auf dem Balkan erblickt – in ihren Dialekten über die militärische und politische Geschichte Südost-Europas zu diskutieren. Er wartete dabei mit einem erstaunlichen Wissen auf.

Er hatte weder Interesse, muslimische Ketzer zu verfolgen, noch sah er eine besondere „Aufgabe" darin, die Christen auszulöschen, obwohl manche europäische Fürsten ihn bei der Thronbesteigung als Christenhasser und einen ihrer Verfolger darstellten. Alle diese Behauptungen gehören ins Reich der Fabel. Soliman war kein Fanatiker, doch nahm er sein religiöses Amt als „Oberkommandierender aller (muslimischen) Gläubigen" sehr ernst.

Weil Solimans Vater „vorsorglich" alle Thron-Prätendenten hatte umbringen lassen, bestand nach Solimans Thronbesteigung keine Gefahr, daß irgendein Sprößling des Osmanen-Hauses ihn vom Throne stürzen konnte. Nur einer, ein gewisser Ghazali, ein Bey, wagte in einer Ecke des Riesenreiches eine Rebellion. Unter Selims Herrschaft hatte Ghazali den Dienst des Mameluken-Sultans von Ägypten quittiert und war von Selim für diese Geste mit dem Gouverneursposten von Syrien belohnt worden.

Ghazali nutzte die Thronfolge zu Istanbul, um sich politisch selbständig zu machen und seinen territorialen Herrschaftsbereich auf Solimans Kosten zu erweitern. Binnen kurzer Zeit hatte er die Städte Damaskus, Tripolis (Libanon) und Beirut erobert. Die Besatzung von Aleppo jedoch hielt seinen Attacken solange stand, bis der gefürchtete dritte Wesir des Reiches, Ferhad Pascha, in Aleppo eintraf und die Stadt entsetzte. Ghazali floh nach Damaskus, wo er von Solimans Truppen gefangengenommen wurde. Bei einem Fluchtversuch soll er von einem seiner Anhänger umgebracht worden sein.

Ghazalis Aufstand gegen den jungen Sultan fand Ausdruck in der Person seines Siegers, des (dritten) Wesirs Ferhad Pascha. Er mißbrauchte seine Befugnisse, indem er den Gouverneur eines Sandjaks (Provinz) in der Nähe von Damaskus mit seinen vier Söhnen hinrichten ließ, mit der Begründung, sie hätten ihm ihre Hilfe im Kampf gegen Ghazali verweigert. Als Soliman davon hörte, ließ er den selbstherrlichen und arroganten Wesir sofort nach Istanbul kommen, um von ihm Rechenschaft über die Hinrichtung zu verlangen.

Inzwischen aber hatte Ferhad Paschas Frau, Solimans Schwester, die Handlung ihres Mannes so geschickt vor ihrem Bruder verteidigt, daß er von der höchsten Strafe absah und ihn stattdessen als Gouverneur nach der Balkan-Provinz Semandria schickte. Durch diesen Gnadenakt hatte Soliman gehofft, den unbezähmbaren Wesir zur Vernunft zu bringen. Alle Bemühungen des jungen Sultans in dieser Sache waren umsonst. Am 1. November 1524 sandte Soliman seine Scharfrichter nach Semandria: sie richteten den unbändigen und aufrührerischen Wesir hin. wie im „Fall“ Ghazali hatte der junge und entschlossene Soliman bewiesen, daß er weder Unbotmäßigkeit noch Auflehnung in seinem Reich wünschte und der alleinige Gebieter in Sachen Politik und Religion war.

Es sollte nicht lange dauern, bis Solimans östliche Nachbarn die neuen Akzente verstanden, die der Sultan nach seiner Thronbesteigung in seinem politischen Handeln gesetzt hatte. So war sich Schah Ismail von Persien bereits einige Zeit vor Ferhad Paschas Versetzung nach Semandria der Bedeutung der neuen Politik des Sultans bewußt geworden und hatte ihm mit fürstlichen Geschenken und Ehrerbietungen gehuldigt.

Und wie dachte man an den westeuropäischen Fürstenhöfen über den Herrscherwechsel zu Istanbul im Jahre 1520, dem Krönungsjahr Karl V. zu Aachen? Anders als Schah Ismail von Persien und zahlreiche andere orientalische Potentaten, hielten sich die Mächtigen Westeuropas in der Würdigung des neuen Sultans (noch) zurück. Um ihre abwartende Haltung zu verstehen, müssen wir ein wenig zurückblenden.
Als Mehmet Fathis Sohn Beyazit II. regierte, hatte der französische König Ludwig XII. zwei militärische Expeditionen gegen die osmanischen Besitzungen in der Levante geschickt. Beide Unternehmen waren fehlgeschlagen, weil Venedig seine Hilfe versagte. Dann gelangte Selim „der Schreckliche" oder „der Gestrenge" auf den Thron. Von nun an hatte man an den westeuropäischen Fürstenhöfen Angst vor dem Halbmond. Sie war in der Tat vollauf berechtigt.
Die christlichen Heere, die Ludwig XII. gegen den schwachen Sultan geschickt hatte, waren besiegt worden. In den westeuropäischen Hauptstädten stellte man sich die Frage: was sollte nun geschehen, wenn die christlichen Streiter gegen die Janitscharen eines starken Sultans, wie Selim „des Gestrengen", ziehen würden?
Um der drohenden Gefahr entgegenzutreten, vor allem aber: um den Westeuropäern wieder Mut einzuflößen, befürwortete Papst Leo X. einen Kreuzzug gegen die „Ungläubigen". Als Selim in Ägypten und Persien Krieg führte, glaubte Leo X. den richtigen Zeitpunkt für einen Kreuzzug gegen den Sultan gekommen, denn nach Meinung des Papstes konnte Selim einen Zweifrontenkrieg nicht durchhalten. Der eifrigste Verfechter eines Kreuzzuges war der französische König Franz I. Nach dem Tod Maximilians aber stellte er eine Bedingung für die Teilnahme an einem solchen Unternehmen: die Wahl zum deutschen Kaiser durch die Kurfürsten in Frankfurt.
In Westeuropa aber wußte jeder kluge Politiker, daß Franz I. gegen Karl bei der Kaiserwahl keine Chance hatte. So fiel der Plan notgedrungen ins Wasser, obwohl zahlreiche westeuropäische Fürsten sich zur Teilnahme am Kreuzzug bereit erklärt hatten. Schon bald gingen, Anfang 1519, in Europa Gerüchte um – und es handelte sich diesmal nicht nur um Gerüchte, sondern um die Wahrheit –, daß Selim einen Großangriff auf die Festung Rhodos plane.

Zur gleichen Zeit hatte sich das Idol aller Korsaren des Mittelmeeres, Cheyreddin („Barbarossa"), der ungekrönte König von Algier, zum Vasall des Sultans erklärt. Gleich nach der Bekanntgabe der neuen Allianz tauchte der Gedanke auf, Selim könnte mit starken Kräften nach Spanien übersetzen, um dort die islamisch-arabische Herrschaft von Granada wiederherzustellen. Zu diesem Zeitpunkt traf in Westeuropa die Nachricht vom Tod Selims „des Schrecklichen" ein. Der Papst war vom Ableben des Sultans begeistert: er ließ in allen Kirchen Roms die Litanei singen und ordnete an, daß alle Bürger barfuß durch die Straßen der Ewigen Stadt gehen sollten.

Über den Nachfolger Selims schrieb ein unbekannter Chronist, „daß ein sanftes Lamm auf den wilden Löwen gefolgt sei und daß der junge Soliman, angesichts seiner politischen Unerfahrenheit, nur Ruhe und Frieden bringe". Das christliche Westeuropa aber sollte bald erfahren, daß Selim weder ein „sanftes Lamm" noch einen unerfahrenen Politiker als Nachfolger hatte.

Nun, um 1520 wußte man in Westeuropa so gut wie nichts von Soliman. Weder der spanische noch der französische und englische König kannten Selims Nachfolger persönlich und wußten über seine politischen Fähigkeiten Bescheid. Wie sollten sie auch, denn jeder dieser Herrscher hatte genug mit sich zu tun: Im Jahr 1521 überschlugen sich in Europa die Ereignisse. In Worms fand der Reichstag statt, Luther wurde von Karl empfangen. Es begann der erste unvermeidliche Krieg zwischen Karl V. und Franz I. Doch gibt es kaum eine Regel ohne Ausnahme. In zwei europäischen Staaten, in Venedig und in Ungarn, dürfte Soliman als junger Gouverneur ziemlich bekannt gewesen sein. Beide Mächte waren es auch, die, ihren Kräften gemäß, den Vorstoß der Sultane nach Westeuropa und dem Mittelmeer in Grenzen gehalten hatten.

Beide Länder, die Republik Venedig und das Königreich Ungarn, pflegten seit langem schon einen engen Kontakt zu den Osmanen, während Spanien, Frankreich und England schon geographisch weit entfernt von der Türkei lagen. Überdies hatte sich Selims Interesse in seiner Regierungszeit einzig auf den Vorderen Orient gerichtet.

Dabei überstürzten sich die Ereignisse in Europa auf geradezu alarmie-

rende Weise. 1508 wurde in der französischen Stadt Cambrai eine „Allianz zum Kampf gegen die Ungläubigen“ – also gegen die islamischen Türken – mit einem feierlichen Dekret bestätigt. Ihr schlossen sich auch die Spanier, der Papst, sowie die Herzöge von Savoyen, Ferrara und Mantua an. Diese Allianz aber richtete sich in Wahrheit gegen Venedig und seine Machtentfaltung.
Schon ein Jahr darauf fielen französische Truppen in venezianisches Gebiet ein; der Papst belegte die Lagunenrepublik mit seinem Bann. Zugleich nützten die Portugiesen die kritische Lage und entrissen Venedig die Vorherrschaft auf dem indischen Gewürzmarkt. Die Epoche war von Kraftproben und dem Drang nach Expansion gekennzeichnet. Immerhin behauptete die Republik Venedig standhaft ihre Seemacht, die die Nachbarstaaten an den Küsten des Mittelmeeres fürchten mußten. Aber es begannen sich immer deutlicher die Konturen neuer, radikaler Veränderungen in Politik und Wirtschaft durchzusetzen.
Im Jahre 1531 erneuerte Soliman in einem Vertrag mit dem Dogen in Istanbul die Handelsprivilegien. Auch weiterhin wurden über die Levante Gewürze aller Art in beträchtlichen Mengen in Europa eingeführt; und die wichtige Insel Zypern war seit 1489 fest in venezianischer Hand.
In Ungarn waren zu der Zeit die Machtverhältnisse weniger stabil. Noch bis zum Tod des Königs Matthias Corvinus 1490 konnten sich die Ungarn militärisch gegen die Osmanen behaupten. Immerhin hatte der Regent in der Ära seiner Macht nicht nur die luxemburgischen Erblande der Habsburger, sondern auch die Steiermark und Kärnten erobert. Der König konnte es riskieren, seine Residenz nach Wien zu verlegen, weil es ihm niemand streitig zu machen wagte.
Nach seinem plötzlichen Ableben wünschten sich die hochmütigen ungarischen Adligen einen König, der nicht ihr Herr, sondern ihr Diener zu sein hatte. Ihre Wahl fiel auf Wladislaw II. von Böhmen, Sohn Kasimirs IV. von Polen. Der schwache Wladislaw erkannte 1491 im Frieden von Preßburg die habsburgischen Erbansprüche an. Seine Herrschaft war durch blutige Adelskämpfe und Bauernaufstände gekennzeichnet, bei denen 50000 Ungarn ihr Leben verloren.

Auch unter dem neuen König Ludwig II., von dem man ironisch sagte, daß er „zu früh geboren wurde, zu früh geheiratet hatte und zu früh König geworden war", erzwangen die Magnaten neue Feudalrechte. Er konnte es nicht verhindern, daß Ungarn bald zum Schlachtfeld, und daß damit eines der blühendsten Länder des christlichen Europa dem ökonomischen Verfall preisgegeben wurde. Das Ungarn des überragenden Matthias Corvinus war endgültig tot.
Um dem kämpferischen Islam und der Politik des großen Soliman, die weit über die reine Eroberungspolitik hinausging, erfolgreich die Stirne bieten zu können – Solimans Plan bestand darin, mit Hilfe der europäischen Uneinigkeit und Rivalität sein Reich auf dem Balkan bis nach Wien und Budapest, möglicherweise bis nach Prag hin auszudehnen und zu festigen –, bedurfte es einer starken Persönlichkeit. Nur einer hatte das Format dazu: Karl V., König von Spanien und seit 1520 deutscher Kaiser.
Der Auftrag aber, die furchtbare Kriegsmaschinerie der Osmanen an der Donau aufzuhalten und Europa vor dem Triumphzug des Islams zu bewahren, fiel Karls Bruder Ferdinand I. zu. Karl hatte ihm 1519 die österreichischen Erblande überlassen. Dem neuen österreichischen Landesherrn fielen eigentlich zwei schwere Aufgaben gleichzeitig zu: als Fremder – er war zwar ein Habsburger, aber kein Deutscher und beherrschte die deutsche Sprache nicht – mußte er Österreich regieren, das er kaum kannte. Er war erst 1516 nach Wien gekommen; als Vorkämpfer der Christenheit mußte er die Stoßkraft der Osmanen brechen.
Im westlichen Mittelmeer machte Solimans Vasall Cheireddin laufend die Häfen der spanischen Königreiche Sardinien und Neapel unsicher, kreuzte vor den Balearen auf und lieferte der spanischen Flotte verlustreiche Gefechte. So besiegte er 1519 – im selben Jahr war Cortez in Mexiko gelandet und Magellan hatte seine Weltreise begonnen – den spanischen Admiral Don Hugo de Moncada, als dieser versuchte, Algier einzunehmen. Von Valona, Durazzo und Alessio, im damaligen osmanischen Albanien gelegen, war es für Solimans Flotte nur ein kleiner Sprung nach Otranto und Bari und Südost-Italien.
1521 war es dann soweit. Die türkische Armee setzte sich in Richtung

Ungarn in Bewegung. Es war der erste Schritt eines Glaubenskrieges zwischen dem Islam und dem Christentum. Ausgerechnet in dem gleichen Jahr wurde auf dem Wormser Reichstag Martin Luther in Reichsacht gelegt. Während die Katholiken scharenweise in sein Lager überliefen, zog er sich auf die Wartburg zurück und begann mit seiner Bibelübersetzung.

Feldherr wider Willen: Belgrad, Rhodos, Mohacs und Wien

Die Schuld, daß Ungarn erneut zu einem riesigen und blutigen Schlachtfeld wurde und daß Soliman bereits kurz nach seiner Thronbesteigung die furchtbare osmanische Kriegsmaschinerie in Bewegung setzte, lag allein bei Karl V. In Gent hatte der einundzwanzigjährige ehrgeizige Anführer der Christenheit 1521 vor seinen Beratern unumwunden zugegeben, daß ein friedliches Nebeneinander von Christentum und Islam zur Zeit nicht möglich sei.

Obwohl die Hohe Pforte weder in diplomatischen noch in konsularischen Beziehungen zu irgendeinem westeuropäischen Land stand, mit Ausnahme von Venedig, war ihr Karls Äußerung noch im Laufe des Jahres in Istanbul zu Ohren gekommen. Man darf annehmen, daß venezianische Spione für die schnelle und prompte Übermittlung der Nachricht gesorgt hatten. Für Soliman kam diese Nachricht nicht überraschend. Er wußte, daß Karl ein erklärter und unversöhnlicher Feind des Islams und daß zwischen den Habsburgern und den Ottomanen kein Kompromiß in bezug auf religiöse Koexistenz möglich war. Also mußten die Waffen entscheiden.

Aus mehreren Gründen ging die Initiative von Soliman aus. „Stadt und Festung" Belgrad am Zusammenfluß der Donau und Save, das antike Singidunum, welches Attila bereits zum Opfer gefallen war, hatte nicht nur strategische und wirtschaftliche Bedeutung für die Hohe Pforte – von Istanbul aus führte eine große Handelsstraße über Nisch, Belgrad, Pettau, Marburg, Graz und Bruck a.d.M. nach Wien –, sondern sie erinnerte Soliman an einige schändliche Niederlagen, die seine Vorfahren vor Belgrad erlitten hatten und die es wieder gutzumachen galt. Murad II. hatte Belgrad vergebens belagert, und der große Sultan Mehmet Fatih, der Eroberer von Konstantinopel, war von Johann

Hunyadi und einem Kreuzfahrerheer unter Johann Capistrano 1456 vor Belgrad geschlagen worden. Er hatte obendrein noch seine gesamte Artillerie verloren. Ferner blockierte Belgrad Solimans Weg nach Karls österreichischen Erblanden, wo sein Bruder Ferdinand ihn vertrat. Soliman wußte, daß der Fall von Belgrad die „Türkengefahr" in Europa noch weiter vergrößern würde. Um den europäischen Herrschern einmal seine militärischen Fähigkeiten zu beweisen, brauchte Soliman einen Sieg, der Aufsehen erregte: die Eroberung Belgrads kam ihm, vom militärischen und psychologischen Standpunkt aus gesehen, gerade recht. Außerdem arbeitete die Zeit für ihn.

In Spanien gärte es nach dem Aufstand der Communeros (Gemeinden) noch immer, zwischen Karl V. und Franz I. hatte der erste Krieg begonnen und Ferdinand hatte sich in Österreich noch nicht richtig eingelebt. Das Ungarn Ludwigs II., das die Hauptlast des Kampfes zu tragen hatte, war militärisch geschwächt, und Soliman wußte über die verwirrenden Rivalitäten im christlichen Europa genau Bescheid. Von einer sogenannten christlichen „Solidarität" konnte keine Rede sein, jedenfalls nicht im Jahre 1521.

Eine der ersten Handlungen Solimans nach seiner Thronbesteigung den Ungarn gegenüber bestand darin, daß er ihnen einen Gesandten namens Bahram schickte, der sie wissen ließ, er würde ihnen unter einer Bedingung Frieden anbieten: sie müßten bereit sein, ihm einen jährlichen Tribut zu entrichten. Gleichzeitig aber gab Soliman seinen Truppen den Befehl, Angriffe auf ungarische Grenzposten durchzuführen. Ob er tatsächlich glaubte, daß die Ungarn bei dieser Taktik die Waffen vor einem Angriff strecken würden, wissen wir nicht.

Es steht fest, daß die Ungarn über Solimans unverblümtes Friedensangebot derart aufgebracht waren, daß sie Bahram ins Gefängnis warfen. Anderen Berichten zufolge sollen die Ungarn Solimans Gesandten mit abgeschnittenen Ohren und Nase nach Istanbul zurückgeschickt haben; oder er soll ermordet worden sein. Wie dem auch war, jedenfalls suchte Soliman nicht mehr lange nach einem Kriegsgrund und traf alle militärischen Vorbereitungen, um Belgrad zu erobern.

Es ging ihm vor allem darum, dem gesamten christlichen Europa eine Lehre zu erteilen. Die Ungarn wußten, daß sie ohne die Hilfe des christlichen Westens Solimans Armee nicht aufhalten konnten. In dieser höchsten Bedrängnis schickten sie Abgesandte zu Papst Leo X., zum Dogen von Venedig, zum Polenkönig und zu Karl V. Der Papst zeigte zwar volles „Verständnis“ für die mißliche Lage der Ungarn, doch gab er unumwunden zu, daß eine militärische Hilfe von seiten des Kirchenstaates wegen finanzieller Schwierigkeiten augenblicklich nicht möglich sei und daß sich die Ungarn mit moralischer Hilfe begnügen müßten. Damit war den Ungarn allerdings nicht gedient.

Der Doge gab zu verstehen, daß Venedig nicht allein handeln könne, doch werde er alle christlichen Herrscher anspornen, den Ungarn zu helfen. In Wirklichkeit suchte Venedig die wirtschaftlichen Privilegien zu erhalten, die es bei der Hohen Pforte genoß. Sigismund I., seit 1506 polnischer König, ließ die Ungarn wissen, daß er in diesem Konflikt neutral bleiben und kein Risiko eingehen wolle.

Blieb noch Karl V. übrig, von dem sich die Ungarn eine materielle Hilfe erwarteten. Dabei machte ihr Gesandter Hieronimus Balbus in einer eindringlichen Rede auf dem Reichstag zu Worms am 4. April 1521 Karl V. und alle Anwesenden auf die drohende Türkengefahr aufmerksam und bat sie, seinen bedrängten Landsleuten militärische Hilfe zu leisten. Seine Bitte blieb unerfüllt. Im Monat April des Jahres 1521 mußte sich Karl V. mit weit wichtigeren Dingen als mit der Forderung der Ungarn nach Hilfe gegen die Hohe Pforte beschäftigen.

Am 18. April hatte Luther seine berühmte Rede vor dem Reichstag gehalten und Karl lag mit dem Reichstag wegen der Zusammensetzung des Reichs-Regentschaftsrates in Streit. Enttäuscht kehrten die ungarischen Bittsteller in ihre Heimat zurück. Die Ungarn, die Jahrzehnte lang den Türken die Stirne geboten hatten, um ihnen den Weg nach der ungarischen Tiefebene zu versperren, wurden jetzt, in der Stunde der größten Not, schändlich im Stich gelassen. Von dieser christlichen Uneinigkeit konnte nur Soliman profitieren.

Noch ehe die ungarischen Gesandten alle nach Hause zurückgekehrt waren, hatte König Ludwig II. den Kronrat einberufen lassen. In diesem Kronrat sollte die Verteidigungsbereitschaft von Belgrad und Schabatz (in Schabatz kann man noch heute Reste von osmanischen Befestigungswerken sehen) erörtert werden. Beide Festungsstädte aber wurden von stolzen und arroganten ungarischen Adligen befehligt, die jede Einmischung des Königs in die Befestigungs- und Verteidigungstaktik ablehnten.

Sie erklärten dem Kronrat, daß sie sich mit den osmanischen Streitkräften messen könnten, wenn man ihnen genügend Geld, Munition, Lebensmittelvorräte, vor allem aber Artillerie zur Verfügung stellen würde. Bei der ungarischen Donau-Flottille sah es allerdings schlecht aus. Seit Monaten hatten die Matrosen keinen Sold mehr erhalten. Als sie dann in Budapest bei Ludwig II. deswegen vorstellig wurden, vertröstete man sie auf die „nächsten Monate". Zahlreiche Matrosen der Donau-Flottille desertierten.

Unterdessen bereiteten sich viele Adelige auf ihre Reise nach Preßburg vor, wo Ludwig II. seine habsburgische Braut im Juni heiraten sollte. Ihnen schien es gleichgültig zu sein, was dem Königreich Ungarn drohte.

Soliman, der von der „Solidarität" des christlichen Lagers genau unterrichtet worden war, verließ am 16. Februar 1521 Istanbul in Richtung Belgrad. In Sofia stieß Ferhad Pascha mit 3000 Kamelen, die schwere Artillerie-Munition schleppten, zu Solimans Streitkräften. 10000 Kamellasten an Futter und Lebensmitteln mußten von der christlichen Bevölkerung von Sofia, Nisch und Umgebung als Tribute aufgebracht werden. Solimans mittlere und schwere Artillerie bestand aus 300 Geschützen. Ferner hatte er 40 Schiffe auf der Donau ausrüsten lassen.

In Nisch wurden die osmanischen Streitkräfte halbiert. Der eine Teil – Soliman folgte ihm einige Tage später nach – stand unter dem Befehl von Ahmed Pascha, dem Beglerbeg (Gouverneur) von Rumelien. Er ließ sein Kontingent nach Schabatz an der Save, etwa 50 Kilometer westlich von Belgrad, marschieren. Der andere Teil, unter der Führung des Groß-Wesirs Piri Pascha, zog direkt nach Belgrad. Die irreguläre, also nicht zum Heer gehörende Kavallerie hatte Soliman ebenfalls aufgegliedert. Einige Einheiten dienten der Hauptarmee als Späher, die restliche Reiterei unternahm einen Raubzug nach Transsylvanien.

Trotz der Übermacht der osmanischen Truppen leistete der Kommandant von Schabatz mit seinen Soldaten den Angreifern hartnäckigen

Widerstand. Am 7. Juli erfuhr Soliman, daß Schabatz nach heroischer Verteidigung gefallen war. Er besuchte die schwerbeschädigte Stadt und Festung Schabatz und befahl den Bau neuer Festungswerke mit einem Burggraben. Durch den Fall von Schabatz war Belgrads westliche Flanke durchbrochen worden. Der Weg nach Belgrad war frei.
Am 31. Juli erblickte der Sultan „Stadt und Festung" Belgrad. Groß-Wesir Piri Pascha hatte bereits einen Monat vorher vor den Mauern von Belgrad mit seinen Truppen Stellung bezogen. Noch bevor der Hauptangriff auf die Stadt begann, hatte der Groß-Wesir die Stadt Semlin erobert. Somit war die südliche Seite der Donau vom Westen her blockiert. Den ganzen ersten August überlegte Soliman, welche Angriffstaktik am besten anzuwenden sei. Am zweiten August gab er den Befehl zum ersten Großangriff, der dann von der ungarischen Besatzung zurückgeschlagen wurde.
Dieser Angriff soll ihn zwischen 500 und 600 Tote gekostet haben. Dann befahl er, die Stadt mit aller verfügbaren Artillerie zu beschießen. Dadurch entstanden in Belgrad zahlreiche Brände, und die Verteidiger zogen sich in die Zitadelle zurück, wo sie noch drei Wochen den Angriffen der osmanischen Infanterie standhielten.
Mehrere Umstände zwangen dann den Kommandanten, vor Soliman zu kapitulieren: die Besatzung hatte mehr als die Hälfte ihrer Soldaten verloren, die serbischen Söldner lehnten es ab, noch weiter unter ungarischem Befehl zu kämpfen. Es war den osmanischen Pionieren gelungen, den Hauptturm der Zitadelle in die Luft zu sprengen. Am 28. August hißte die Besatzung von Belgrad die weiße Fahne.
Soliman hatte den Ungarn freien Abzug versprochen. Ob er Wort hielt, wissen wir nicht. Die serbischen Söldner sowie eine gewisse Zahl von Belgrader Bürgern siedelte Soliman in ein von ihm gegründetes Dorf Belgrad in einem ausgedehnten Buchen- und Fichtenwald nahe Istanbul um. Ihnen oblag die Instandhaltung der Wasserreservoire sowie die Erhaltung dieses Waldgebietes, das nicht der Holzgewinnung dienen durfte. Eine Tafel erinnert den Touristen daran, daß die Belgrader 1898 ausgesiedelt wurden, weil sie ihren „Pflichten" nicht nachkamen.
Nach dem Fall von Belgrad fiel Soliman noch eine Reihe von kleineren Festungen um Belgrad herum in die Hände, deren ungarische Besatzun-

gen desertiert waren. Belgrad selbst wurde „osmanisiert“. Die christlichen Kirchen wurden in Moscheen umfunktioniert, die Stadt bekam eine osmanische Verwaltung. 3000 Soldaten seiner Elitetruppen blieben als Besatzung da.

Soliman kehrte am 19. Oktober als Triumphator in seine Hauptstadt zurück. Zwei seiner Kinder waren in der Zwischenzeit gestorben, ein drittes fiel zehn Tage nach seiner Ankunft den Blattern zum Opfer. Der Tod dieser drei Kinder schien ihn nicht sonderlich betrübt zu haben, wenn wir den Chronisten Glauben schenken wollen. Gegen Schicksalsschläge war der Sultan gefeit. Von Bedeutung war für ihn einzig die Einnahme von Belgrad gewesen. Sie wurde sogleich jedem Gouverneur seines Reiches stolz mitgeteilt.

Eine besondere Gesandtschaft überbrachte dem Dogen zu Venedig die Nachricht von der Eroberung der „Stadt und Festung“ Belgrad. Er übergab ihr ein Geschenk für Soliman im Wert von 500 Dukaten. Gleichzeitig schrieb er an den Gesandten seiner Majestät Heinrich VIII. einen Brief mit folgendem kurzen Inhalt: „Soliman hat sämtliche Artillerie in jenen Teilen des Landes (d.h. in Belgrad) gelassen, um im Frühjahr wiederzukehren und seinen Sieg zu vervollständigen. Diese Nachricht ist beklagenswert und für die gesamte Christenheit von Wichtigkeit.“ Doch schien die Christenheit dies noch immer nicht ganz begriffen zu haben.

Soliman, der nach der Eroberung von Schabatz und Belgrad von seinen Janitscharen und dem Volk als großer Feldherr gefeiert wurde, wandte sich bereits ein Jahr nach seinem Sieg einem größeren und weit schwierigeren Unternehmen zu: der Eroberung der starken Inselfestung Rhodos, der Heimat der Johanniterritter (von Jerusalem). Dieser Orden stand im Jahre 1522 unter der Leitung des Ordensmeisters Philippe Villiers de l’Isle d’Adam, eines Franzosen. Der Orden war, nach dem Fall von Akkon im Jahr 1291, nach Zypern und schließlich nach Rhodos vertrieben worden. Der letzte Großmeister sollte übrigens der einzige Deutsche dieses Ordens werden: Ferdinand von Hompesch. Er übte sein Amt nur ein Jahr aus, von 1797–1798.

Diese religiöse Bruderschaft der Johanniter, die sich zu Beginn des 13. Jahrhunderts zu einer paramilitärischen Organisation entwickelt hatte, ließ sofort nach ihrer Niederlassung auf der lieblichen Insel Rhodos starke Bergfriede oder Haupttürme mit konzentrierten Verteidigungsringen anlegen. Dieses starke Bollwerk lag direkt vor der Nase der osmanischen Militärmacht. Als Konstantinopel dann 1453 gefallen war, gelangte jeder weitblickende Stratege in Westeuropa zu der Einsicht, daß Rhodos als vorgeschobener Posten der Christenheit im islamischen Raum unhaltbar geworden war. Diese Auffassung hatte ebenfalls Selim I., Solimans Vater, dem Diwan (Regierung) gegenüber vertreten. Doch war Selim I. mitten in den Vorbereitungen zur Belagerung von Rhodos gestorben.

Um die Insel zu erobern, brauchte Soliman nicht lange nach einem triftigen Kriegsgrund zu suchen. Seit mehr als einem Jahrhundert war Rhodos, der letzte Stützpunkt des Römischen Reiches im Osten und der christlichen Königreiche Europas, eine Zufluchtsstätte christlicher Korsaren, die im Verein mit den Johannitern osmanische Handelsschiffe in der Ägäis kaperten und islamische Pilger ausraubten, die sich von Istanbul über Alexandrien nach Mekka begaben.

Als Soliman dem Diwan bekanntgab, daß er kurzfristig die Eroberung von Rhodos plane, soll es zwischen ihm, dem obersten Kriegsherrn der osmanischen Heeresmacht und einigen Regierungsmitgliedern, die Rhodos für uneinnehmbar hielten, zu Meinungsverschiedenheiten gekommen sein. Schließlich setzte sich Soliman mit seinen Heerführern nach weiteren Beratungen mit dem Diwan durch.

Ob Soliman ein Jahr vor seinem Feldzug gegen Rhodos mit dem Großmeister des Ordens, Philippe Villiers de l'Isle Adam, im Schriftverkehr gestanden hat, wie verschiedene osmanische Geschichtsschreiber behaupten, um das „Rhodos-Problem“ auf friedliche Art zu lösen, muß mangels überzeugender Beweise bezweifelt werden. Die meisten osmanischen Historiker stimmen darin überein, daß es sich bei diesem sogenannten Schriftwechsel um Apokryphen handelt.

An dieser Stelle muß deutlich gemacht werden, daß weder Soliman noch der Großmeister des Ordens an einer friedlichen Lösung des „Rhodos-Problems“ kaum interessiert sein konnten.

Der Großmeister hatte unter der Leitung des tüchtigen Festungsbau-

Ingenieurs aus Brescia, Gabriele Martinengo, die Befestigungen der Insel zwischen 1520 und 1522 laufend ausbauen lassen. Er konnte sich bei der Verteidigung der Inselfestung auf 700 Johanniter-Ritter, 500 Kreter und annähernd 5000 Griechen, die auf Rhodos und den benachbarten Inseln wohnten, verlassen.

Doch wußte der kriegserfahrene Großmeister auch, daß weder die starken Befestigungen, noch die Mannschaftsstärke und ihre Tapferkeit die fanatisch kämpfenden Janitscharen und Hilfstruppen des Sultans Rhodos auf die Dauer retten konnten. Dazu fehlten ihm zwei wichtige Voraussetzungen. Zum einen reichten Munition und Pulver nicht aus, um einer monatelangen Belagerung erfolgreich widerstehen zu können und andererseits versagte die Hilfe aus dem christlichen Lager – wie bei Belgrad – völlig.

Papst Hadrian VI. machte geltend, daß die schlechte Lage seiner öffentlichen Finanzen es ihm nicht erlaube, Hilfe nach Rhodos zu schicken. Der Großmeister mußte sich von seiten des Oberhauptes der katholischen Kirche mit einem „moralischen" Beistand begnügen. Die Venezianer, die mit den Johannitern niemals in guten Beziehungen gestanden hatten, und die in Istanbul besondere Handelsprivilegien genossen, rüsteten eine Flotte aus, die dann auch Kurs nach der Ägäis nahm, denn der Doge vermutete, daß Soliman gleichzeitig einen Feldzug gegen das venezianische Zypern führen und nur eine starke Flotte ihn von einem solchen unbesonnenen Schritt abhalten könnte. Doch hatte der Kapitän der Flotte vom Dogen strikten Befehl erhalten, nicht in die Kämpfe einzugreifen. Als dann in Istanbul die Entscheidung zur Eroberung von Rhodos gefallen war, drehte die venezianische Flotte vor der griechischen Küste ab und segelte nach Hause zurück. Immerhin kam noch die militärische Hilfe von Karl V. infrage. Doch hatten die beiden katholischen Könige Karl V. und Franz I. von Frankreich ihre Differenzen auf dem Schlachtfeld von Bicocca, 238 Tage vor der Kapitulation von Rhodos, ausgetragen, wo Franz I. zwar eine Schlacht, aber noch nicht den Krieg verloren hatte. Weil Karl genau wußte, daß ein neuer Waffengang mit Franz I. bevorstand (1524 besetzte Franz I. Mailand und verbündete sich mit dem Papst gegen Karl V.), war es ihm (angeblich) unmöglich, Truppen nach Rhodos zu schicken. So arbeiteten wieder die Zeitumstände für Soliman; und die Johanniter waren, ähnlich wie die Ungarn in Belgrad, auf sich selbst angewiesen.

Nachdem Soliman, den Vorschriften des Koran gemäß, seinen Feind, den Großmeister Philippe Villiers d'Isle Adam, aufgefordert hatte, sich zu ergeben, bevor er ihn angriff, – eine Aufforderung, die natürlich zurückgewiesen wurde –, verließ die osmanische Flotte am 18. Juni Istanbul in Richtung Rhodos. Die Flotte von vermutlich 300 Kriegs- und Transportschiffen, die annähernd 10000 Mann an Bord hatte und die unter der Leitung des Wesirs Mustafa Mascha stand, erreichte bereits nach fünf Tagen ihr Ziel Rhodos.

An dieser Stelle müssen einige wichtige militärisch-strategische Fragen gestellt werden: Warum ließ der Großmeister die osmanische Flotte mit annähernd 10000 Mann nur wenige Kilometer von der Stadt und Zitadelle Rhodos entfernt, unbehelligt an Land gehen? Weshalb befahl er keinen konzentrierten Artillerie-Angriff auf die osmanische Flotte, wo sie doch als lohnendes Ziel in Reichweite lag? Wollte er die Masse der osmanischen Armee bis an die Mauern des Bollwerks herankommen lassen und dann vernichten? Alle dies Fragen werden wohl niemals konkret beantwortet werden können.

Am 24. Juni, am Fest des heiligen Johannes des Täufers, begannen die Osmanen mit dem Ausschiffen ihrer Truppen. Ohne daß auf beiden Seiten ein Schuß fiel, suchten die osmanischen Pioniere nach geeigneten Stellen, um ihre schwere Artillerie in Stellung zu bringen.

Am 26. Juli hatte Soliman mit einer starken Armee (die Zahlen schwanken zwischen 40000 und 100000 Mann) den kleinen Hafen Marmaris erreicht, der etwa 20 Kilometer von Rhodos entfernt an der türkischen Südwest-Küste liegt. Zwei Tage später befand sich Soliman auf Rhodos, wo er auf dem Hügel von San Stefano sein Hauptquartier errichtete. Am 29. Juli begann die Belagerung, die genau 145 Tage lang dauern sollte.

Sie dürfte sich so abgespielt haben: Nachdem Soliman seine schwere Artillerie in Stellung gebracht und mit der Beschießung der einzelnen Forts angefangen hatte, gelang es seinen Pionieren am 4. und 10. September, durch zwei Minen das von den englischen Johanniter-

Rittern verteidigte Bollwerk zu beschädigen. Darauf versuchten die Truppen zwischen dem 13. und dem 23. September in die von den Minen geschlagene Bresche zu gelangen, um das Fort zu stürmen. Alle Angriffe wurden unter schweren Verlusten für die Türken von den Johannitern zurückgeschlagen.

Am 23. September sind die Bollwerke, die die spanischen und italienischen Johanniter verteidigten, durch Minen schwer beschädigt worden. Obwohl es dem Aga (Anführer) der Janitscharen zeitweise gelang, sein Banner auf die Mauern des von den spanischen Johanniter-Rittern verteidigten Bollwerks zu pflanzen, und obwohl beide Seiten schwere Verluste durch das stundenlang dauernde Gemetzel erlitten hatten, gelang es den Verteidigern, die Angreifer zurückzuweisen.

Nach dieser Niederlage ließ Soliman mehrere Heerführer sowie den Admiral der Flotte, Mustafa Pascha, ihrer Ämter entheben. Es ging sogar in den Reihen der Johanniter das Gerücht, daß er den Abbruch der Belagerung plante. Doch für Soliman kam eine Aufhebung der Belagerung nicht in Frage, blickten doch die ganze Christenheit und der gesamte Islam nach Rhodos. Er mußte die Insel, auch wenn die Verluste noch so hoch waren, erobern. Um den Johannitern den klaren und deutlichen Beweis zu erbringen, daß er dazu gewillt war, ließ er sein Hauptquartier auf San Stefan, das aus einem großen Zelt bestand, in Stein erbauen und aus Syrien und Ägypten mehrere Janitscharen abziehen.

Bis in den November hinein begnügte sich Soliman mit örtlichen Angriffen gegen Rhodos. So führten seine Janitscharen am 12. Oktober einen Angriff gegen die von den englischen Johannitern und am 29. Oktober gegen die von den französischen Johannitern verteidigten Bastionen durch. Ende November jedoch ließ Soliman, trotz des strömenden Regens, zwischen 4000 und 5000 Soldaten gegen die Bastionen der italienischen und spanischen Johanniter gleichzeitig antreten.

Ob er durch diese massive Attacke eine Wende im Kriegsgeschehen herbeiführen wollte, wissen wir nicht. Bei dem grausamen Gemetzel soll es 3000 Tote und Verwundete gegeben haben. Über die Verluste der Johanniter liegt kein Bericht vor. Wir wissen jedoch, daß die Lage der

Belagerten immer aussichtsloser wurde. Das Pulver war knapp, die Lebensmittelvorräte schwanden dahin und die Zahl an Gefallenen und Verwundeten nahm ständig zu.
Vor allem aber stimmte Martinengos Feststellung, die Festung würde keinen weiteren türkischen Großangriff mehr aushalten, die Belagerten pessimistisch. Gefangene und Überläufer erzählten Soliman, die Kampfmoral sei besonders bei den griechischen und kretischen Soldaten hart angeschlagen. Die Widersacher erkannten, daß die Kriegswende in greifbarer Nähe lag. Doch wer würde den ersten Schritt tun?
Am 10. Dezember erspähten die Belagerten eine weiße Fahne in Solimans Lager. Dies war ein Zeichen, daß der Osmane mit den Johannitern zu verhandeln bereit war. Wenig später erschienen dann zwei seiner Offiziere und übergaben dem Großmeister einen persönlichen Brief des Sultans. Hierauf sandte der Großmeister einen Johanniter und einen Bürger aus Rhodos zu Soliman, um seine Vorschläge zur Lösung der „Rhodos-Frage“ zu erfahren. Solimans Bedingungen zur Beendigung des Konfliktes waren in Wirklichkeit nicht zu hart und daher für die Johanniter annehmbar. Als Preis für die zwar schmerzliche Aufgabe der Inselfestung durch die Johanniter – ihre neue Heimat stand um diese Zeit noch nicht fest – sicherte Soliman ihnen freien und ehrenhaften Abzug zu, unter Mitnahme von Hab und Gut. Auch die Griechen, welche die Insel verlassen wollten, durften gehen. Wer auf der Insel bleiben wollte, dem garantierte der Sultan die Bewahrung seines Eigentums, die freie Ausübung seiner Religion und eine Tribut-Abgabefreiheit von 5 Jahren.
Dann erbat sich der Großmeister eine Waffenpause von drei Tagen, Soliman war damit einverstanden. Angeblich spielte der Großmeister noch mit dem Gedanken, Soliman dennoch zur Aufhebung der Belagerung zu bewegen, ohne Bedingungen zu stellen. Philippe Villiers d'Isle Adam schickte nämlich zwei Johanniter mit einem Brief Beyazit II. (1481–1512) zu Soliman. In diesem Brief hatte Beyazit II. den Johannitern den freien Besitz von Rhodos solange zugesichert, wie das Haus Osman über die Türken regierte.
Hierauf soll Soliman (oder der Oberbefehlshaber?) den Brief zerrissen haben. Den beiden Johannitern sollen Nasen und Ohren abgeschnitten

worden sein. Dann wurden sie zur Festung zurückgeschickt. Ob dieser Vorfall sich tatsächlich abgespielt hat, wissen wir nicht. Jedenfalls unternahmen die Janitscharen dann am 18. Dezember einen Großangriff auf die spanische Bastion und es gelang ihnen, sich zum ersten Mal innerhalb der Festungsmauern festzusetzen.

Mit der Eroberung der spanischen Bastion war die Entscheidung in diesem unbarmherzigen Kampf gefallen. Auf Drängen der Stadtbevölkerung, deren Maß an Leiden ohnehin voll war, und die sich vor einem Massaker fürchtete, sandte der Großmeister zwei Johanniter zu Soliman mit der Bitte, die Übergabe der Inselfestung anzunehmen. Sodann wurden auf beiden Seiten Geiseln ausgetauscht und die Masse der osmanischen Streitkräfte zog sich aus der Nachbarschaft der Festung zurück. Nur einem kleinen Trupp von Janitscharen wurde die Erlaubnis erteilt, sich in die Festung zu begeben, um provisorisch Besitz von der Stadt zu nehmen.

Obschon Soliman den Soldaten ausdrücklich verboten hatte, sich an Hab und Gut der Stadtbewohner zu vergehen, kam es dennoch zu Kirchenschändungen und Mißhandlungen von Stadtbewohnern.

Am Weihnachtstag hielt Soliman seinen triumphalen Einzug in der Stadt. Obwohl der Großmeister den Sultan mehrmals um eine Audienz gebeten hatte, mußte er stundenlang warten, bis er von Soliman empfangen wurde. Dann standen sich beide Gegner wortlos gegenüber und musterten sich forschend. Soliman brach dann als erster das Schweigen. Er bekundete dem Besiegten sein Beileid für den Verlust der Inselfestung, gab ihm aber gleichzeitig zu verstehen, daß es nun mal das Los vieler Herrschenden wäre, Städte und Königreiche zu verlieren.

Eine Woche später suchte der Großmeister – am Vorabend seiner Abreise – Soliman auf. Er küßte ihm die Hand und überreichte ihm als Geschenk vier kleine Schiffe aus purem Gold. Der Sultan soll sich ihm gegenüber so geäußert haben: „Es tut mir sehr leid, daß ich Sie als Christen zwingen muß, in Ihrem hohen Alter Heimstätte und Besitztum zu verlassen."

Am 1. Januar 1523 – im selben Jahr war Klemens VII. Medici zum Papst gewählt worden – verließ Philippe Villiers de l'Isle Adam mit nur noch 180 Johannitern und rund 1500 Söldnern und bewaffneten Bürgern von

Rhodos mit bedrücktem Herzen die Inselfestung für immer. Zwar nahm der Gouverneur von Kreta die Johanniter freundlich auf, doch gab er ihnen nach ihrer Ankunft unverblümt zu verstehen, daß Kreta keine Heimat für sie werden konnte.

Über Sizilien gelangte die religiöse Bruderschaft der Johanniter, die fast vier Jahrhunderte lang das Heilige Land gegen den Islam verteidigt hatte, nach Rom. Erst im Jahr 1528 konnte Phillipe Villiers de l'Isle Adam Karl V. dazu bewegen, den Johannitern die Inseln Malta und Gozo als ewiges Lehen zu überlassen.

Sofort nach dem Abzug der Johanniter aus Rhodos ließ Soliman osmanische Garnisonen dorthin und auf die benachbarten Inseln Sim, Chalki und Tilos verlegen. Der kleine Hafen Bodrum am Golf von Kerme wurde zum Marine-Stützpunkt ausgebaut und diente künftig zur Überwachung der Schiffahrt in der südöstlichen Ägäis. Auf Rhodos hatte Soliman des Prinzen Jem, Beyazit II. Bruder und Thronprätendenten, vermutlich mit stillschweigendem Einverständnis des Großmeisters der Johanniter, habhaft werden können. Im Einklang mit den Gesetzen der Moslems ließ er ihn mitsamt seinen Kindern umbringen.

Soliman hatte die Eroberung der Inselfestung Rhodos mit hohen Verlusten erkaufen müssen, denn man kann ohne Übertreibung behaupten, daß die Verluste der Osmanen immerhin das Vierfache der Christen betrugen. Doch wußte Soliman von der Höhe des Preises, den er für die Einnahme des letzten vorgeschobenen Postens der Christen im östlichen Mittelmeer zu entrichten hatte. Von nun an konnten seine Schiffe ungehindert in der Ägäis operieren; und niemand belästigte die islamischen Pilger, die sich von Istanbul nach Mekka begaben. Weit mehr noch: der militante Islam hatte sich auf dem Schlachtfeld dem Christentum überlegen gezeigt und dies zweimal innerhalb von knapp zwei Jahren.

Das zerstrittene Lager der Christen war mit bloßen Worten, nicht mit Taten gegen das Lager der türkischen Mohammedaner gezogen. Nach dem Fall der fast uneinnehmbaren Inselfestung Rhodos wußte jeder klarblickende Herrscher im christlichen Europa, daß von nun an Soliman ein Mitspracherecht in der Europapolitik hatte. Kein politischer Entschluß von Tragweite in bezug auf Mitteleuropa und das östliche Mittelmeer konnte ohne Solimans Zustimmung von den christlichen Fürsten gefaßt werden.

Am 6. Januar, fünf Tage, nachdem die Johanniter Rhodos endgültig verlassen hatten und das Banner des Halbmondes über der Inselfestung wehte, hielt Soliman einen noch triumphaleren Einzug in Istanbul als nach dem Sieg von Belgrad. Das Volk feierte den jungen Sultan als den größten osmanischen Feldherrn aller Zeiten. Kein Zweifel: er übertraf mit seiner Macht und Persönlichkeit den jungen Alexander, dessen Ruhm unvergessen war.

In der Zwischenzeit war Schah Ismail von Persien gestorben und Schah Tahmasp hatte die Nachfolge angetreten. Um nicht von seinem mächtigen Nachbarn buchstäblich erdrückt zu werden, wandte sich der Schah an Ludwig II. von Ungarn und an Karl V. Beide Monarchen, so glaubte er, wären bereit, ihm, dem Mohammedaner und Feind Solimans, bei einem Angriff der Hohen Pforte auf Persien behilflich zu sein. Er schien nicht zu wissen, daß beide Herrscher weder militärisch fähig noch gewillt waren, in einen solchen Konflikt einzugreifen.

Gleichzeitig war ein französischer Gesandter am Hof des Sultans vorstellig geworden, der Soliman bat, im Auftrag des französischen Königs Ludwig II. von Ungarn anzugreifen, um Ferdinands I. Schwierigkeiten im Land der Magyaren noch zu vergrößern, mit denen er fertig zu werden hatte. So waren zu der Zeit, als alle Augen auf Rhodos blickten, sonderbare Kontakte hergestellt worden: zwischen Soliman und Franz I. einerseits und zwischen Schah Tahmasp von Persien und Ludwig II. und Karl V. andererseits.

Nach dem Fall von Rhodos dauerte es immerhin drei Jahre, bis Soliman seine gefürchtete Kriegmaschinerie wieder gegen Europa in Gang setzte. Es waren die Jahre, in denen der kometenhafte Aufstieg von Solimans intimsten Freund, Ibrahim, begann. Franz I. besetzte Mailand, verbündete sich mit dem Papst, wurde von Karl V. bei Pavia besiegt und gefangengenommen, dann wieder freigelassen (1526). Sogleich erklärte er den Friedensvertrag für nichtig.

Durch die Eroberung von Belgrad und Rhodos war reiche Kriegsbeute nach Istanbul geflossen. Istanbul war von einem ungeheuren wirtschaftlichen Aufschwung erfaßt worden. In der Hauptstadt des Osma-

nenreiches gaben sich die osmanischen Granden alle Mühe, in der Zurschaustellung ihres Gepränges sich gegenseitig zu übertreffen.
Am 24. Juni 1524 heiratete Ibrahim des Sultans (wahrscheinliche) Schwester. Die Hochzeit fand unter noch nie dagewesenem Pomp statt. Wenige Monate später schickte Soliman seinen Großwesir nach Ägypten, wo der dortige Mamelukenherrscher den Aufstand gegen die Hohe Pforte schürte. In wenigen Monaten hatte Ibrahim die Lage wiederhergestellt und war im Triumphzug in Kairo eingerückt. Mit Venedig hatte Soliman einen Wirtschaftsvertrag abgeschlossen, durch den die Venezier ihre alten Handelsprivilegien in der osmanischen Metropole behielten und dem Bailo, dem Vertreter des Dogen in Istanbul, weitgehende Gerichtsbarkeit über die Venezier in der osmanischen Hauptstadt zugestand.
Der Besitz Zyperns kostete Venedig allerdings jährlich 10000 Dukaten, die es als Tributleistung an die Hohe Pforte abführen mußte. 1523 wurde ein Gesandter des Großfürsten Vasilij III. von Moskau bei Soliman mit der Bitte vorstellig, der Sultan möge künftig die Raubzüge der unter seiner Oberherrschaft stehenden Krim-Tataren in das Moskauer Herrschaftsgebiet unterbinden. Soliman schickte den Gesandten mit dem lauen Versprechen nach Moskau, daß er versuchen werde, seine Krim-Tataren von solchen Unternehmungen in Zukunft abzuhalten. Noch hatte Moskau kein Mitspracherecht in der europäischen Politik. Mit Polen erneuerte Soliman den Waffenstillstandsvertrag für weitere fünf Jahre. An Schah Tahmasp von Persien sandte Soliman einen Brief, dessen vollen Wortlaut wir zwar nicht kennen, von dem wir aber wissen, daß es sich um eine einzige Kriegsdrohung handelte. Für Soliman waren die Hilferufe eines Mohammedaners an die Christen unverzeihlich. Als der Sultan dann 1525 große Kriegsanstrengungen machte und sein Heer auf die nächste Kampagne vorbereitete, glaubte man in Europa, daß er zuerst gegen Tahmasp ziehen und Europa vorläufig mit Krieg verschonen würde. Ob Soliman diese Täuschung bewußt inszeniert hatte, wissen wir nicht.
Die Gründe, die Soliman zu Kriegshandlungen den Ungarn gegenüber veranlaßte, waren diesmal etwas anderer Natur als von Belgrad und Rhodos. Ende März 1525 hatten die Janitscharen, die seit Rhodos

„arbeitslos“ waren und denen das Kasernenleben nicht behagte, gegen Soliman revoltiert und die Villen einiger Anführer der Janitscharen geplündert und in Brand gesteckt. Soliman, der keinerlei Aufbegehren gegen seine Person duldete, griff mit starker Hand und mit Milde gleichzeitig durch.

Während er den Aga der Janitscharen (oberster Anführer) sowie eine gewisse Zahl von rebellischen Anführern hinrichten ließ, verteilte er zugleich 200 000 Dukaten unter die gesamte Truppe, um die unruhigen Geister zu besänftigen. Diese Revolte hatte Soliman gezeigt, daß die Janitscharen, seine Elitetruppen, die für ihn Belgrad und Rhodos erobert hatten, nur dann zuverlässig und der Dynastie treu ergeben waren, wenn sie periodisch in den Krieg ziehen und reichliche Beute machen konnten. Ein Leben ohne diese Privilegien machte die Janitscharen schnell rebellisch, was für den Sultan eine ständige Gefahr bedeutete.

Manche Historiker sind der Meinung, daß Soliman auf Bitten (und Drängen?) Franz I. gegen die Ungarn in den Krieg gezogen sei, um Ferdinand I. in Bedrängnis zu bringen, besonders jedoch um Franz I. auf dem französisch-spanischen Kriegsschauplatz zu entlasten. Doch muß gleich an dieser Stelle hervorgehoben werden, daß es zwischen Soliman und Franz I. 1525 noch kein festes Bündnis gab, er hatte also keine Veranlassung, auf eine Bitte von Franz I. gegen die Ungarn zu Felde zu ziehen.

Zugleich gingen die Feindseligkeiten zwischen den Ungarn und den Osmanen auch nach dem Fall von Belgrad ununterbrochen weiter. Nicht immer waren die osmanischen Truppen siegreich. So wurde 1524 unter dem Oberbefehl des kämpferischen und patriotischen Erzbischofs von Kalosca, Paul Tömöri, eine osmanische Armee, die aus 4000 leichten Reitern bestand (die Zahlen schwanken allerdings zwischen 3000 und 15 000!) vollständig vernichtet. Der Kopf des osmanischen Heerführers wurde nach Buda geschickt, wo er tagelang auf dem Marktplatz öffentlich zur Schau gestellt wurde.

1525 zwang der ungarische Adlige italienischer Abstammung, Christoph Frangipani, die Osmanen, die Belagerung der nordbosnischen Stadt Jajce, am Zusammenfluß von Vrbas und Pliva, aufzuheben. Die

Stadt fiel jedoch 1527 wieder in die Hand der Hohen Pforte, um dann mehr als zwei Jahrhunderte lang eine osmanische Stadt zu bleiben. So brauchte Soliman wiederum nicht lange nach einem Kriegsgrund zu suchen, um gegen die Ungarn zu ziehen.
Nach dem Fall von Belgrad war das ungarische Volk von einer Welle von Patriotismus und nationalem Bewußtsein erfaßt worden. Doch war das Ungarn des Jahres 1525 in zwei Lager gespalten: auf der einen Seite stand die „Hof-Partei" mit dem schwachen und gutmütigen König Ludwig II. und seiner energischen Frau Maria, der Schwester Karl V., und Ferdinand I. und auf der anderen Seite die „Nationale Partei" mit dem Wojwoden von Siebenbürgen, Johann Zapolya.
Beide Gruppen waren sich der tödlichen Gefahr vollauf bewußt, die vor der Tür stand, zumal die osmanische Armee von einem der bemerkenswertesten Sultane der osmanischen Geschichte angeführt wurde. Doch keine der beiden Gruppen übernahm die volle Verantwortung, um Ungarn aus dieser noch nie dagewesenen Krise herauszuführen.
Über die verwirrende Rivalität der beiden ungarischen „Parteien" wußte Soliman Bescheid. Er wußte auch, daß Delegierte des einst so blühenden Ungarn des Matthias Corvinus den Reichstag zu Speyer und Nürnberg 1523 und 1524 um militärische Hilfe gebeten hatten und abgewiesen worden waren. Er erkannte, daß deren Horizont zu eng war, um über die eigenen Grenzen zu sehen und gar bis zum Bosporus zu blicken und sie selbst in große Gefahr brachte.
Und wie stand es mit der Hilfe der christlichen Herrscher in Europa? Polen und Venedig wollten sich unbedingt aus dem Konflikt heraushalten. Venedig pochte auf die Erhaltung seiner Wirtschaftsprivilegien in Istanbul. Die Polen fürchteten, im Falle einer Allianz mit Ungarn, Solimans nächstes Opfer zu sein. Heinrich VIII. soll den Ungarn finanzielle Hilfe versprochen haben, doch wissen wir nicht, ob sie jemals geleistet wurde.
Franz I. von Frankreich kam für einen Beistand gar nicht in Frage, denn seit seiner Gefangennahme nach der Niederlage von Pavia hatte er den Kampf gegen das Haus Österreich zur Grundlage seiner Politik gemacht und sich Rückendeckung in Solimans Lager verschafft. Papst Klemens VII. unterstützte die Ungarn mit 50000 Dukaten. Obwohl

Karl V. begriffen haben dürfte, daß Soliman und der kämpferische Islam eine ernstzunehmende Gefahr für das christliche Europa waren, sah er der kommenden Auseinandersetzung der Osmanen und der Ungarn mit Gelassenheit entgegen. Vorerst ging es ihm darum, die Vorherrschaft im christlichen Lager zu sichern.

Wohl saß Franz I., sein Nebenbuhler und Feind, in Madrid gefangen; doch wußte er genau, daß Franz ihm die Demütigung nie verzeihen und niemals Karls Vorherrschaft im christlichen Lager annehmen würde. Dieser Streit hinderte Karl von vornherein, den Ungarn massive militärische Hilfe zukommen zu lassen.

Ferner waren die Querelen mit Luther noch immer nicht beendet; in Schwaben, Thüringen und im Elsaß hatten sich die Bauern gegen ihn erhoben. Blieb noch Ferdinand I. von Österreich. Mehr als sein Bruder Karl war Ferdinand mit der Türkengefahr konfrontiert, zumal Soliman bereits in Belgrad stand und Wien sein nächstes Ziel sein mußte.

Um ihr wirksamer begegnen zu können, bat er den ungarischen Reichstag um Erlaubnis, in der ungarischen Provinz Kroatien österreichische Truppen stationieren zu dürfen. Als der ungarische Reichstag dann seine Bitte schroff ablehnte, verhandelte er direkt mit den kroatischen Adligen, die sich dann im Februar 1526 unter seinen Schutz stellten. Wie schon vor Belgrad, waren die Ungarn auf sich selbst angewiesen. Daß die Christenheit mit einem derartigen Leichtsinn der Türkengefahr begegnen wollte, ist heute noch unverständlich.

In Istanbul liefen die Kriegsvorbereitungen auf Hochtouren. Soliman wußte, daß die Umstände für ihn arbeiteten. Die Nachricht, daß Soliman gegen Ungarn ziehen würde, erreichte den Reichstag 1526 zu Speyer, der beschloß, eine Abordnung nach Budapest zu schicken. Doch hatte der Reichstag nicht einmal begriffen, daß es längst zu spät war, geeignete Maßnahmen zu ergreifen, um die osmanische Angriffsarmee zum Stillstand zu bringen.

Anfang 1526 herrschte in Wien unter der Bevölkerung große Aufregung. Es ging dort das Gerücht, Soliman beabsichtige die Eroberung von Budapest, um es als Sprungbrett zum Angriff auf Wien zu nutzen. Ob das Gerücht der Wahrheit entsprach, bleibt dahingestellt. Jedenfalls plante Soliman vorerst, nach Belgrad zu marschieren, um von dort aus und längs der Donau, einen Vorstoß nach Norden zu unternehmen. Am Montag den 23. April 1526 – der Montag wurde als Glückstag angesehen – verließ Soliman in Begleitung seines Großwesirs und Freundes Ibrahim mit rund 50000 Mann (die Zahlenangaben schwanken zwischen 40000 und 100000 Mann) Istanbul in Richtung Belgrad. Strömender Regen erschwerte den Marsch durch Rumelien und Bulgarien. Ohne nennenswerte Verluste traf Soliman mit seinem Heer in Belgrad ein.

Paul Tömöri hatte inzwischen alle verfügbaren Truppen auf das nördliche Ufer der Donau zurückgezogen. In Peterwardein (Petrovaradin) hatte er allerdings 1000 Mann zurückgelassen, welche die heikle Aufgabe hatten, Solimans Vormarsch in die nördliche Richtung aufzuhalten. Als der Festungskommandant Ibrahims Kapitulationsforderungen ablehnte, ließ der Großwesir die Festung drei Tage lang beschießen. Alsdann wurde Peterwardein im Sturm genommen, 500 Soldaten wurden „zur Strafe“ hingerichtet und 300 als Sklaven nach Istanbul geschickt.

Nach dem Fall von Peterwardein debattierten König Ludwig, seine Berater und die ungarischen Granden in Buda und Tolna über die Verteidigung des Königreiches, die nach der Abfuhr des Reiches ihnen allein zufiel. Fast täglich sandte Paul Tömöri Nachrichten nach Buda, die den König über den unaufhaltsamen Vormarsch der osmanischen Truppen in Richtung Esseg an der Drau informierten.

Anstatt den Versuch zu unternehmen, die osmanische Front an der Drau zum Stillstand zu bringen – erfahrungsgemäß erforderte die Überquerung eines Flusses wie die Drau erheblichen Kräfteaufwand und barg große Risiken in sich – kamen der König und die ungarischen Magnaten überein, Soliman in der Ebene von Mohacs (an der Donau, ungefähr 50 Kilometer nördlich vom Zusammenfluß von Drau und Donau gelegen) die Entscheidungsschlacht zu liefern. Am besten konnte sich die ungarische Kavallerie in der Ebene entfalten, doch hatten die Ungarn übersehen, daß die osmanische Kavallerie dasselbe vermochte. Auch war die Reiterei an Zahl und Kampfeslust der ungarischen überlegen.

Aber die Würfel waren gefallen. Die Bewohner der Stadt Esseg sahen

des Königs Entscheidung als Verrat an ihnen an und schickten Soliman die Schlüssel der Stadt. Als er in Esseg ankam, war er höchst erstaunt, daß das ganze nördliche Ufer der Drau unbesetzt war. Am 15. August ließ er eine Brücke über den Fluß errichten. Als sie der letzte türkische Soldat passiert hatte, ließ er sie samt der Stadt Esseg anzünden. Mit der Zerstörung dieser Brücke machte der siegesbewußte Soliman sowohl seinen Janitscharen als den Ungarn klar, daß es kein Zurück mehr gab.
Inzwischen hatte König Ludwig II. mit rund 4000 Reitern und Fußsoldaten die Ebene von Mohacs erreicht. An dieser Stelle muß deutlich hervorgehoben werden, daß Ludwig nicht der Feldherr war, der in der Stunde dieser großen Entscheidung, bei der es um Sein oder Nichtsein des Königreiches ging, gebraucht wurde. Die Gesamtstärke der unter Ludwig kämpfenden Armee – ein Teil davon bestand aus deutschen, böhmischen und polnischen Söldnern – kann bis heute noch nicht einwandfrei festgestellt werden. Nach mühseligen Recherchen in den Nationalbibliotheken von Budapest und Belgrad kam ich auf die Zahl von 24600 Mann.
Türkischerseits wird vielfach behauptet, daß Ludwig mit mehr als 100000 Mann in Mohacs zur Entscheidungsschlacht angetreten war. Desgleichen kämpften keine 200000 (sogar 250000!) Mann unter Soliman auf der Ebene von Mohacs, wie westliche Chronisten berichten. Alles in allem dürften 40000 Mann unter dem Sultan gegen Ludwig gekämpft haben. Rund 12000 davon waren Janitscharen, der Rest setzte sich aus Hilfssoldaten, Minenspezialisten und Bootsbauern zusammen. Vom militärischen Gesichtspunkt aus gesehen, konnten sich höchstens 50000 Mann auf der Ebene von Mohacs ein Gefecht liefern.
Über den Verlauf der Schlacht liegen ebenfalls widersprüchliche Berichte vor. Um auf dem Boden der historischen Wahrheit zu bleiben, beschränken wir uns auf das Hauptergebnis der Schlacht von Mohacs. Das „große Treffen“ endete in einem wahren Massaker. Soliman verzichtete darauf, Gefangene zu machen; annähernd 2000 wurden auf dem Schlachtfeld erschlagen. König Ludwig II., Paul Tömöri und sein Stellvertreter fanden den Tod. Nahezu 20000 Ungarn, Polen, Deutsche und Böhmen waren gefallen. In Mohacs ist die Blüte des ungarischen Adels vernichtet worden.

Dasselbe Schicksal hatte der serbische Adel hundertsiebenunddreißig Jahre zuvor auf dem Amselfeld gegen die Türken erlitten, als Lazar von Raszien vergeblich versucht hatte, die Osmanen aufzuhalten. Ungarn verlor seine nationale Selbständigkeit, die es erst 1918 wiedererlangte.
Noch aber gab sich Soliman nicht zufrieden. Die Christenheit mußte tatenlos zusehen (oder sah tatenlos zu), wie der Sultan in Buda einzog. Angeblich waren ihm die Schlüssel der Stadt vor seinem Einzug überreicht worden. In Buda fiel ihm eine kostbare Beute in die Hände. So zum Beispiel die Bibliothek von Matthias Corvinus, die wohl bedeutendste Privatbibliothek in ganz Europa. Ferner drei bronzene Statuen, die aus Italien stammten und Diana, Apollo und Hercules darstellten, sowie die gewaltige Kanone, die Sultan Mohammed II. in Belgrad zurücklassen mußte, als der die Stadt 1456 vergebens belagerte.
Einen Tag nach der Entscheidung von Mohacs suchte der Wojwode von Siebenbürgen, Johann Zapolya, Ludwigs großer Gegenspieler, Soliman auf und beglückwünschte ihn zu seinem Sieg. Dann empfing der Sieger in Buda ungarische Abgeordnete: er versprach ihnen, den Kandidaten – einen neuen König – ihrer Wahl zu unterstützen. Weil Soliman jedoch nicht Wort hielt, zogen Ferdinand und seine Parteigänger gegen Buda und eroberten es im Sommer 1527.
Am 13. September ließ Soliman eine Brücke über die Donau bauen, die Buda mit Pest verband, und eine Woche später zog seine leichte Reiterei raubend und mordend in der Gegend von Pest umher. Dann soll Soliman seinen Janitscharen den Befehl gegeben haben, Pest niederzubrennen.
Am 13. November zog der Osmane in einem bisher nicht gekannten Triumphzug in Istanbul ein. So ging des Erzbischofs von Großwardein, Peter Perényi, Prophezeiung in Erfüllung: „Die ungarische Nation wird 20000 Märtyrer am Tag der Schlacht (von Mohacs) aufzuweisen haben, und es wäre gut, wenn der Papst sie heiligspräche."
Die Folge von Egoismus und Uneinigkeit der christlichen Herrscher Europas war tragisch: die Osmanen konnten sich in Ungarn festsetzen, und das Land wurde von ihnen vollständig ruiniert. Nach dem Debakel von Mohacs versuchte die Königin-Witwe aus dynastischen Gründen, ihren Bruder Ferdinand I. von Österreich zum König von Ungarn zu

machen. Ein Teil des ungarischen Adels, der Mohacs überlebt hatte, lehnte Ferdinand aus national-ideologischen Gründen als König ab und wählte Johann Zapolya, den Wojwoden von Siebenbürgen zum König. Zapolya wurde am 10. November 1526 in Stuhlweißenburg gekrönt. Einen Monat später jedoch wählte ein neu zusammengetretener Landtag Ferdinand I. zum ungarischen König. Am 1. Januar 1527 wählte auch der kroatische Landtag in Cetin Ferdinand zum Regenten. Somit hatte Ungarn jetzt zwei rechtmäßig gewählte Könige. Im November setzte Erzbischof Perényi Ferdinand, der ein Jahr zuvor Zapolya gekrönt hatte, die Stephanskrone aufs Haupt. Obwohl Zapolya die echte ungarische Tradition zu repräsentieren schien, von Venedig und England als rechtmäßiger Herrscher anerkannt und von Frankreich und vom Papst moralisch unterstützt wurde, enttäuschte er seine ungarischen Parteigänger, weil er keine Anstrengungen machte, sein Königreich gegen Ferdinand zu verteidigen. Ferdinand dagegen hob Truppen aus und zog Zapolyas Streitkräften bei Tokay entgegen. Der Wojwode wurde geschlagen, floh zuerst nach Polen, dann nach England und schließlich zu Franz I., der ihm in Fontainebleau Hilfe gegen Ferdinand versprach.

Innerhalb von sechs Jahren hatte Soliman der Christenheit zwei wichtige Bollwerke, Belgrad und Rhodos, entrissen und die Elite des ungarischen Adels nun bei Mohacs ausgeschaltet. Zwar hatte er Buda und Pest zeitweise besetzt, dann aber seine Truppen wieder bis an die Drau und den Maros zurückgezogen. Von einer regelrechten Okkupation Ungarns durch die Osmanen konnte noch keine Rede sein.

Mehrere erfolgreiche Anführer der Janitscharen machten Soliman den Vorwurf, daß er den Sieg von Mohacs nicht voll genutzt und nicht ganz Ungarn besetzt hatte. Inzwischen aber war dem Sultan klar geworden: Ferdinand war die Rolle des Verteidigers der Christenheit zugefallen. Und er verfügte über erhebliche Kriegsmittel. Er wußte auch, daß der tüchtige genuesische Feldherr Andrea Doria zu Karl übergegangen und durch den sogenannten Damenfrieden der Krieg zwischen Karl und Franz I. beigelegt war. Karl würde, da jetzt Österreich bedroht war, aktiv eingreifen.

Doch mußte er diese Risiken eingehen, um bei den ungestümen Janitscharen und dem Volk sein hohes Ansehen nicht einzubüßen.
Am 10. Mai 1529 verließ Soliman mit seinem Freund Ibrahim als Oberbefehlshaber Istanbul an der Spitze eines Heeres von ungefähr 50000 Mann. Westliche Chronisten berichten von 250000 Mann, doch ist diese Zahl völlig falsch, denn sie entspricht keineswegs der damaligen Gesamtstärke des osmanischen Heeres. An dieser Stelle müssen zwei Fragen gestellt werden, die bis heute noch nicht einwandfrei beantwortet sind: warum verließ Soliman so spät Istanbul? Hatte er tatsächlich die Absicht, Wien zu erobern oder gedachte er nur vor Wien haltzumachen, um die Christenheit in Angst und Schrecken zu versetzen und ihr einmal mehr seine Unbesiegbarkeit zu demonstrieren?
Strömender Regen erschwerte den Marsch der Truppen in Richtung Belgrad. In Mohacs stieß der Wojwode von Siebenbürgen, Johann Zypolya, mit 6000 Mann zu Solimans Streitkräften. Er flehte den Sultan um Schutz an und überreichte ihm unter anderen Geschenken einen Diamantenring von Matthias Corvinus. Doch aus dem Tagebuch des Sultans geht deutlich hervor, daß er Zapolya nicht als König, sondern nur als Vasall ansah. Obwohl in Buda ein ungarischer Adliger, Thomas Nadasdy, Solimans Tuppen heldenhaften Widerstand entgegensetzte, fiel die Stadt nach kurzer Zeit in die Hände des Sultans.
Während Zapolya in Buda unter osmanischer Kontrolle die Macht übernahm, marschierte Soliman gegen Wien. Am 27. September stand er mit seinen Truppen vor der Stadt, kurz nachdem er die Städte Gran, Dotis, Komorn und Raab besiegt hatte. Die Stadt war mit 16000 bis 18000 Mann – Österreichern, Böhmen und Spaniern – unter dem Kommando des Grafen Niklas Salm ziemlich schwach besetzt. Doch hatte der Graf, der sich in der Schlacht von Pavia ausgezeichnet und bereits mehrmals gegen die Osmanen gekämpft hatte, Zeit gehabt, die Festungswerke der Stadt instandzusetzen.
Vom Stephansdom aus konnte die Garnison alle Bewegungen der osmanischen Truppen beobachten und so stets zur rechten Zeit dort sein, wo Soliman einen Angriff startete. Er hatte in einer Entfernung von 4 – 5 Kilometern sein Hauptquartier aufgeschlagen. Während die osmanische Donauflotte Wien von Pressburg abschnitt, begannen

Solimans Pioniere bereits in den ersten Oktobertagen mit Minenlegen, um eine Bresche in die Befestigungswerke zu schlagen.
Anders als bei der Belagerung von Rhodos, richteten die Sprengungen keinen nennenswerten Schaden an. Während mehrere Angriffe der Janitscharen von der Wiener Garnison erfolgreich zurückgeschlagen wurden, hatten jedoch die von der Garnison durchgeführten Ausfälle keinen (oder nur einen sehr geringen) Erfolg. Der wohl kritischste Tag in der Belagerungsgeschichte von Wien war der 12. Oktober. Nachdem eine schwere Mine ein Loch in die Befestigungsmauer gerissen hatte, erfolgte ein äußerst stürmischer Angriff der Janitscharen, der nur mit Mühe zurückgeschlagen wurde.
Salm sandte mehrere Botschaften zu Ferdinand und bat ihn dringend, zu Hilfe zu kommen. Die Kampfmoral und die Kampfkraft der Wiener Garnison war nach diesem schweren Angriff stark reduziert, auf der osmanischen Seite sah es nicht besser aus. Es regnete in Strömen, der Nachschub ließ auf sich warten, der Winter sagte sich früh an. Ein greifbarer Erfolg war ausgeblieben.
Als dann am 14. Oktober ein weiterer Angriff der Janitscharen fehlschlug, faßten Soliman und der Diwan den Entschluß, die Zelte abzubrechen und die Belagerung aufzuheben. Nachdem Soliman noch 2000 Gefangene hatte umbringen lassen, setzten sich seine Streitkräfte in Richtung Istanbul in Marsch.
Lakonisch notierte der Sultan in sein Tagebuch: „Weil sich Ferdinand in Wien nicht blicken ließ, hat es keinen Wert mehr, die Belagerung noch aufrecht zu erhalten“. Wien war für Soliman ein Fiasko. Es war das erste Mal, daß er ein militärisches Ziel nicht erreicht hatte. Sein persönliches Prestige als Heerführer und als „Herr aller Gläubigen“ war nach der Niederlage von Wien ziemlich angeschlagen. Das einzige, was er erreicht hatte, bestand darin, daß er Ferdinand aus seinen ungarischen Besitztümern vertrieben hatte; und dafür war der Preis zu hoch, denn schließlich war die Beute diesmal recht mager.
Eine Frage, auf die Soliman eine konkrete Antwort finden mußte und zwar so schnell wie möglich, stellte sich ihm nun: Wie sollte er gegenüber seinem Volk und vor der Christenheit nach Wien das Gesicht wahren? Um das Volk zu beschwichtigen, kam das „Fest der Beschnei-

dung“ (seiner vier Söhne) am 27. Juni gerade zur rechten Zeit und Gelegenheit. Es dauerte drei Wochen lang und war durch zahlreiche Festivitäten gekennzeichnet.

Die Janitscharen aber gaben sich nicht mit Spielen und Belohnungen zufrieden. Ihnen mußte Soliman einen weiteren beutereichen Feldzug versprechen. Und der stand bereits bevor, denn Ferdinand plante, den Osmanen und Zapolya, der über den größten Teil von Ungarn unter Kontrolle der Hohen Pforte herrschte, Ungarn zu entreißen. Während Soliman mit dem Gedanken spielte, ein zweites Mal gegen Wien zu ziehen, um sich endlich mit Karl V., seinem Hauptgegner, messen zu können, wurde dieser am 24. Februar 1530 in Bologna vom Papst zum Kaiser gekrönt.

Inzwischen aber war in Istanbul eine Delegation im Auftrag Ferdinands eingetroffen, um mit Soliman über einen möglichen Frieden zu verhandeln. Doch wurde sehr bald klar, daß ein Friedensabschluß unmöglich war, denn Ferdinand gab seine Ansprüche auf Ungarn nicht auf und Soliman war nicht gewillt, sich aus Buda zurückzuziehen. Also mußten wieder die Waffen entscheiden.

Ferdinand, der 1531 zum römischen König gewählt worden war, wurde nach dem Scheitern der Friedensverhandlungen nicht müde, dem Reichstag klarzuzumachen, daß die Vertreibung der Osmanen aus Ungarn für die Christenheit lebenswichtig war. Auch schien Karl jetzt zur Überzeugung gekommen zu sein, daß der Osmane aus Ungarn vertrieben werden mußte. Um alle seine Streitkräfte gegen Soliman führen zu können, schloß er 1523 den Nürnberger Religionsfrieden.

Am 26. April 1532 – im selben Jahr hatte sich Frankreich dem Schmalkaldischen Bund, der zwei Jahre zuvor gegründet worden war, angeschlossen – verließ Soliman mit annähernd 75 000 Mann Istanbul. Noch hatte er Belgrad nicht erreicht, als Ferdinand wieder seine Friedensfühler ausstreckte. Ob diese Bemühungen ehrlich gemeint waren oder ob Ferdinand dadurch nur Zeit gewinnen wollte, wissen wir nicht. Jedenfalls wies Solimans Freund Ibrahim Ferdinands Friedensbemühungen höhnisch zurück. In der Zwischenzeit war Karl V. mit einem mächtigen Heer nach Wien gezogen, das er bei dieser Gelegenheit zum ersten und zum letzten Mal in seinem Leben sah.

Am 5. August gelangte Soliman vor der kleinen Festung Güns an, die von dem Kroaten Nikolaus Juritschitsch verteidigt wurde. Überraschenderweise setzte Güns den Osmanen hartnäckigen Widerstand entgegen und hielt den Sultan fast einen ganzen Monat auf. Und wieder kam der strömende Regen den Christen zugute. Als Soliman dann erfuhr, daß Wien von starken Kräften besetzt war, und aufgrund der Verspätung durch die Belagerung von Güns verzichtete er auf eine zweite Belagerung von Wien. Stattdessen ließ er die Steiermark verwüsten.

An dieser Stelle müssen wiederum wichtige Fragen gestellt werden: warum umging Soliman die Festung Güns nicht, um sich direkt mit Karl V. zu messen? Warum verfolgten Karls Truppen nicht die osmanischen Streitkräfte, die sich eben anschickten, nach Istanbul zurückzukehren? Die erste Frage konnte bislang noch nicht beantwortet werden. Auf die zweite gibt es eine Antwort: die deutschen und böhmischen Soldaten Karls V. waren nicht bereit, den Osmanen nach Ungarn hinein zu folgen.

Über Graz und Sankt Veit kehrte Karl nach Italien und dann nach Spanien zurück. Es war nicht zur großen Konfrontation der beiden Antagonisten gekommen. Das Schicksal Ungarns aber lag nach wie vor in Solimans Händen. Während seiner Kampagne gegen Wien hatte Andrea Doria, der in Karls V. Diensten stand, Coron, Patras und Lepanto erobert. Dann aber dürften beide Parteien eingesehen haben, daß sie eine Ruhepause benötigten.

Es kam zu einem Waffenstillstand und nach langwierigen Verhandlungen wurde der Friede von Großwardein 1538 geschlossen. Zapolya herrschte fürderhin über weite Teile Ungarns und behielt den Titel eines Königs bei. In Großwardein wurde ebenfalls festgelegt, daß die Einheit Ungarns nach Zapolyas Tod zugunsten Ferdinands und seiner Nachfolger wiederhergestellt wurde.

Solimans Krieg auf See gegen die Christenheit: Tunis, Korfu, Prevesa, Algier. Barbarossa Cheyreddin, der Begründer der osmanischen Seemacht

Nach der Eroberung von Granada 1492 durch Ferdinand und Isabella waren Tausende von Mauren nach Nordafrika geflüchtet, um dort nach Möglichkeit den Kampf gegen die Spanier fortzusetzen. Zur gleichen Zeit verfiel die Macht der Herrscher der Meriniden-, Zijaniden- und Hafsiden-Dynastien, die über Marokko, Algerien und Tunis herrschten. Zahlreiche kleine Potentaten, Herrscher und Korsaren in einer Person, hatten in Mellila, Oran, Mazaghan, Tenes, Algier, Tunis und Mahdija die Macht übernommen und unternahmen mit ihren kleinen Flotten gezielte Raubzüge gegen die Küstenstädte und Dörfer von Formentora, Ibiza, Mallorca, Menorca, Sardinien und Sizilien. Die Beute fand vor allem in Istanbul reißenden Absatz. Insbesondere die Sklaven: sie wurden als Ruderknechte auf die Galeeren geschickt. Um diesen Überfällen einigermaßen vorzubeugen, hatten die Spanier wichtige Hafenstädte Nordafrikas, u. a. Peñon de Velez (1508), Oran (1509), Algier (1510), Bugia (1509), Bona (1535), Biserta (1535) und Tunis besetzt. Zwar hatten die lokalen Machthaber ins Hinterland fliehen müssen, als die Spanier ihre Städte besetzten, doch waren sie stets mit den osmanischen Korsaren bereit, ihr Besitztum wiederzuerlangen. Bereits zur Regierungszeit Selims I., Solimans Vater, standen zahlreiche Korsaren, meistens griechischer und albanischer Herkunft, im Dienst der Hohen Pforte und kaperten in ihrem Auftrag spanische Schiffe im Mittelmeer. Der „Leitstern“ aller osmanischer Korsaren aber war Cheyreddin, „Barbarossa“ genannt. Cheyreddin entstammte einer armen christlichen Töpferfamilie von der griechischen Insel Lesbos.

Wann er geboren wurde, wie er Korsar wurde und wo er die Seeräuberei lernte, wissen wir nicht.
Cheyreddin und sein Bruder Uruj traten zuerst in den Dienst der Hafsiden-Dynastie, die die Stadt Tunis bis 1574 beherrschte. Im Jahr 1504 gelang es ihnen, die beiden stärksten Galeeren des Papstes Julius II. auf der Höhe der Insel Elba zu kapern, ein Übergriff, der in der Christenheit große Bestürzung hervorrief und ihr die Gefahr der osmanischen Korsaren im westlichen Mittelmeer deutlich vor Augen hielt. Sodann eroberten die beiden Korsaren-Brüder weite Gebietsteile von Algerien und Tunis und zwangen der Bevölkerung von Algier ihre Herrschaft auf. Doch fanden die Bewohner Algeriens die Macht der beiden zu despotisch. Sie baten Karl V. um Hilfe. Der ließ 10 000 Mann nach Nordafrika übersetzen und stellte Uruj mit etwa 1500 Seeräubern am Rio Salado zum Kampf. Während der blutigen Auseinandersetzung wurde Uruj mitsamt seinen 1500 Korsaren erschlagen.
Nach Urujs Tod trat Cheyreddin, der inzwischen eine starke Flotte von Galeeren aufgestellt hatte, auf den Kriegsplan. In kurzer Zeit hatte er die nordafrikanische Küste von Melilla über Algier (ohne die Festung Peñon, welche die Einfahrt zum Hafen von Algier kontrollierte) bis nach Tunis fest in seiner Hand. Inzwischen war Selim I., Solimans Vater, auf Cheyreddin aufmerksam geworden und lud ihn zu einer Audienz nach Istanbul ein. Cheyreddin verließ die Stadt mit dem Titel eines Beglerbeg (Gouverneur) von Nordafrika und mit 2000 Soldaten der Janitscharen, die Cheyreddins Korsarenreich beschützen und kontrollieren sollten. Bei derselben Gelegenheit hatte der große Korsar sein „Reich“ unter die Oberhoheit der Hohen Pforte stellen lassen.
In Cheyreddins Flotte dienten eine ganze Reihe damals bekannter Korsaren: Dragut, der sich auf das Kapern von Handelsschiffen aus der Levante spezialisiert hatte; Sinan, „der Jude“ und Aydin, ein abtrünniger Christ, der bei den Osmanen als „Schrecken der Spanier“ und bei den Spaniern als „Schrecken des Teufels“ gefürchtet war.
Im Jahre 1519 hatte Cheyreddin den Spaniern eine erste vernichtende Niederlage beigebracht, als er die spanische Flotte unter Admiral Don Hugo de Moncada auf der Höhe von Algier fast vollständig vernichtete, die Algier dem Korsaren entreißen sollte. 1520 mußte Cheyreddin

Algier aufgeben, konnte es aber 1523 wiedererobern. Drei Jahr später nahm er die Festung Peñon, die die Einfahrt zum Hafen von Algier versperrte. Dann segelte Cheyreddin mit einer Armada von 62 Schiffen nach Reggio, machte 800 Gefangene, die er als Sklaven nach Istanbul verkaufte und plante anschließend, sich der schönen Herzogin von Trojetto und Gräfing von Fondi, Julia Gonzaga, zu bemächtigen, um sie Soliman als Geschenk nach Istanbul zu schicken. Die Herzogin aber hatte von Cheyreddins Vorhaben rechtzeitig erfahren. Sie konnte sich gerade noch in Sicherheit bringen.

Kurz nach der Einnahme von Peñon war es Cheyreddin gelungen, den Spanien freundlich gesinnten Sultan Hassan aus Tunis zu vertreiben und die Stadt seinem „Imperium“ einzuverleiben. Die Eroberung von Tunis jedoch konnte sich Karl V. nicht gefallen lassen. Um das militärische Gleichgewicht in diesem Raum wiederherzustellen, das durch den Verlust von Tunis zerstört worden war, ließ Karl V. 400 Schiffe (Kriegs- und Transportschiffe; andere Quellen geben 600 Schiffe an) zusammenziehen und übertrug seinem Verbündeten Andrea Doria den Oberbefehl über diese Armada. Karls Flotte hatte rund 30 000 Mann an Bord. Wenige Monate vor dieser gewaltigen Bedrohung hatte Karl V. durch eine List versucht, Tunis in seine Hand zu bekommen. Er schickte den Genuesen Luis de Presenda nach Tunis, um Cheyreddin zu ermorden. Der Plan aber schlug fehl. Presenda wurde angeblich umgebracht. So blieb Karl nichts anderes übrig, als Tunis zu erobern.

Als die spanische Armada vor Tunis erschien, verweilte Cheyreddin noch in Istanbul, wo er zum Kapudan Pascha, d. h. zum Großadmiral und zum Oberbefehlshaber der gesamten osmanischen Flotte ernannt worden war. So war er zum Begründer der osmanischen Flotte geworden. Tunis wurde von Sinan „dem Juden“ verteidigt. Es gelang Andrea Doria, mit seiner Schiffsartillerie eine Bresche in die Mauern der Zitadelle zu schießen und sie zu stürmen.

Inzwischen war auch Cheyreddin mit einer Flotte von rund 100 Schiffen auf der Höhe von Tunis erschienen, doch wagte er es angesichts der Stärke der spanischen Flotte nicht, den Feind anzugreifen und sandte 50 seiner besten Schiffe in den Hafen von Bona. Um diese Niederlage wettzumachen, segelte Cheyreddin mit dem Rest seiner Flotte nach

Port Mahon auf Menorca, wo ihm ein Überraschungsangriff 6000 Gefangene und zwei große portugiesische Handelsschiffe einbrachte. Drei Tage lang wurde Tunis der Plünderung preisgegeben, die angeblich 3000 Stadtbewohnern das Leben kostete. Andrea Doria ließ den vertriebenen Sultan Muley Hassan wiedereinsetzen und schloß in Karls Namen ein Bündnis mit ihm. Im Februar 1536 befand sich Cheyreddin wieder in Istanbul, wo ihn Soliman, der siegreich aus Bagdad zurückgekehrt war, herzlich empfing. Soliman gab den Befehl, 200 Kriegsschiffe auf den Werften von Istanbul bauen zu lassen, um einen Angriff auf das Königreich Neapel zu unternehmen, wo Karl V. regierte. Franz I. von Frankreich, dessen Bündnis mit Soliman 1536 Gestalt annahm, soll Cheyreddin ansehnliche Hilfe für dieses Großunternehmen versprochen haben.

Man darf annehmen, daß Soliman das eroberte Königreich Neapel als Sprungbrett für einen Angriff auf den Kirchenstaat zu benutzen oder doch zumindest die Kontrolle über die Schiffahrt im Tyrrhenischen und Ionischen Meer auszuüben gedachte. Noch bevor das Neapel-Unternehmen anlief, soll Karl von Cheyreddin ein geheimes Schreiben erhalten haben, in dem der Kapudan Pascha ihm das Angebot machte, sich von Solimann, seinem obersten Kriegsherrn, abzuwenden. Wenn Karl bereit wäre, ihm Tunis zu überlassen.

Cheyreddin soll angeblich auf Lufti Pascha, den Gouverneur von Rumelien, dessen Macht und Ansehen beim Sultan ständig zunahm, während er selbst immer mehr in den Hintergrund gedrängt wurde, eifersüchtig gewesen sein. Die Hinrichtung von Solimans engstem Freund Ibrahim, der den Sultan dazu überredet hatte, Cheyreddin zum Großadmiral zu ernennen, soll den großen Korsaren sehr mißfallen haben. So jedenfalls lauteten die Gerüchte. Was daran wahr ist, läßt sich heute nicht mehr feststellen.

Es ist aber sehr unwahrscheinlich, daß ein osmanischer Großadmiral, auch wenn er eifersüchtig auf seinen Nebenbuhler war, sich jemals auf die Seite des christlichen Lagers, mit dem die Hohe Pforte seit zwei Jahrhunderten in Feindschaft lebte, geschlagen hätte. Mir persönlich ist ein solches Renegatentum eines osmanischen Granden in der gesamten Geschichte nicht begegnet. Man darf eher annehmen, falls der Briefwechsel überhaupt stattgefunden hat, daß Cheyreddin Karl V. bewußt irreführen wollte.

Cheyreddins Überfall auf das Königreich Neapel wurde Anfang Juli 1537 durch ein großangelegtes Landemanöver, bei Otranto am südöstlichen Zipfel Italiens, eingeleitet. Eine Razzia zwischen Kap d'Otranto und Kap S. Maria di Leuca brachte Hunderte von Gefangenen und eine ansehnliche Beute ein. Andrea Dorias Streitkräfte waren zu schwach, um sich mit Cheyreddins starker Flotte messen zu können. Allerdings brach Franz I. seinem Verbündeten gegenüber sein Wort. Er verweigerte Cheyreddin jede militärische Hilfe. Im Juli hatte Franz I. mit Karl V. abgemacht, in Süditalien Ruhe zu bewahren. Hierauf ließ Soliman den Neapel-Feldzug abblasen und gab Cheyreddin den Befehl, Korfu anzugreifen.

In der Zwischenzeit war ein Ereignis eingetreten, das Solimans Vormachtstellung im östlichen Mittelmeer zu erschüttern drohte. Die Venezier waren mit den Handelsprivilegien, die die französischen Kaufleute zu Istanbul durch das französisch-osmanische Bündnis erhalten hatte, sehr unzufrieden. Ferner hatte eine venezianische Galeere ein osmanisches Schiff mit dem Gouverneur von Gallipoli an Bord gekapert: alle Mann an Bord waren (angeblich) umgebracht worden. So kam es dann zur Gründung der „Heiligen Liga" zwischen Venedig, dem Papst Paul III. und Karl V. gegen Soliman.

Obschon Cheyreddin annähernd 25 000 Mann auf Korfu gelandet und starke Artillerie aufgefahren hatte, welche die Festung Korfu tagelang beschoß, hielt die Besatzung stand. Nach dreimonatiger Belagerung gab Soliman den Befehl, den Kampf einzustellen. Noch aber kreuzte Cheyreddins Flotte zwischen Korfu und dem Hafen und der Bucht Pravesa (heute Prébaza) am Ionischen Meer.

Für Andrea Doria schien der günstige Augenblick gekommen, Solimans Flotte endgültig zu vernichten. Der Doge schickte 55 Geleeren, der Papst 27, und Doria erschien mit 49 Galeeren im Ionischen Meer. Anfang September kreuzte ebenfalls eine nicht bekannte Anzahl von spanischen Schiffen in der Nähe der Bucht von Pravesa auf. Cheyreddin konnte dieser gewaltigen christlichen Armada nur 140 Schiffe mit unzureichender Seetüchtigkeit entgegenschicken, doch waren alle tüchtigen Korsaren, u. a. Sinan „der Jude“ Dragut und Murad, anwesend.

Am 20. September 1538 trafen sich eine Delegation Cheyreddins und Andrea Doria sowie Ferrante Gonzaga, der Vizekönig von Sizilien in der kleinen Stadt Parga, der Insel Korfu gegenüber gelegen, um angeblich alle Differenzen auf See friedlich zu bereinigen. Ob allerdings beide Parteien, die zwei gewaltige Flotten mobilisiert hatten, bereit waren, die gegenseitigen Interessen auf See auf friedlichem Weg zu regeln, muß stark bezweifelt werden.

In Wirklichkeit ging es um das Erringen der Vormachtstellung im östlichen Mittelmeer. Nachdem die Verhandlungen in Parga gescheitert waren, mußten die Waffen als „ultima ratio“ den Konflikt beenden. Über die Seeschlacht in der Bucht von Pravesa liegen die widersprüchlichsten Berichte vor. Um auf dem Boden der historischen Wahrheit zu bleiben, beschränken wir uns auf das Resultat. Die „Heilige Liga“ verlor die Seeschlacht in der Bucht von Pravesa.

In der Nähe von Pravesa liegt Actium. Ein historischer Ort, denn dort hatte über anderthalb Jahrtausende zuvor, im Jahre 31 v. Chr., der römische Feldherr Agrippa die Flotte von Cleopatra – sie tötete sich darauf selbst – vernichtend geschlagen. Die Niederlage von Pravesa hatte für die Christen zur Folge, daß die Osmanen bis zur Schlacht von Lepanto im Jahre 1571 unumschränkt über das östliche Mittelmeer herrschten. Man darf behaupten, daß nach dem Seesieg von Pravesa das Osmanenreich die stärkste Land- und Seemacht der Welt war.

Um die beschämende Niederlage zu überspielen, wandten sich die Streitkräfte der „Heiligen Liga“ dann gegen die Festung Castelnuovo im Golf von Cattaro, die sie am 27. Oktober eroberten. Doch bereits zehn Monate später gelang es Cheyreddins Streitkräften, die Festung zurückzuerobern.

Nach der Seeschlacht von Pravesa sah der Doge ein, daß er einen groben Fehler gemacht hatte, sich mit dem Papst und den Spaniern gegen das Haus Osman zu verbünden. Zwei Jahre lang versuchten venezianische Unterhändler in Istanbul, mit der Hohen Pforte wieder ins reine zu kommen. Erst im Oktober 1540 schloß Soliman Frieden mit dem Dogen. Allerdings waren seine Bedingungen hart. Er forderte die

Herausgabe der beiden Festungen Napoli di Malvasia und Napoli di Romania sowie die Entrichtung einer Kriegsentschädigung von 300000 Dukaten. Um der Handelsprivilegien willen blieb Venedig keine andere Wahl, als Solimans Friedensbedingungen anzunehmen.

Die nächsten drei Jahre nach Pravesa waren durch gezielte Konfrontationen mit den spanischen Besitzungen im Mittelmeer gekennzeichnet. Dragut eroberte die kleine Insel La Giralata auf Korsika, wurde dann aber überlistet, gefangengenommen und mußte vier Jahre lang Ruderdienste auf einem genuesischen Schiff leisten, bis Cheyreddin ihn loskaufte. Um Draguts Gefangennahme zu rächen, unternahm Cheyreddin einen Überfall auf Gibraltar und machte eine größere Anzahl von Gefangenen, die die Spanier in Velez de la Gomera loskaufen mußten. Noch nie zuvor war ein osmanischer Korsar bis an die Grenze des Atlantiks vorgedrungen.

Während dieser Zeit hatte sich Karl V. nicht viel um seine Besitzungen im Mittelmeer kümmern können. Auch hatte er die schändliche Niederlage von Pravesa militärisch noch nicht verkraftet. Ferner dachte er über die militärischen Konsequenzen nach, die ein Zusammenwirken der osmanischen und französischen Seestreitkräfte im Mittelmeer haben könnte, falls es überhaupt zustande käme. Um dieser drohenden Gefahr zu begegnen, suchte Karl vorerst in diplomatischen Kontakt mit der Hohen Pforte zu treten. Die Gelegenheit bot sich, als über das Lösegeld der Gefangenen der Festung Castelnuovo verhandelt werden mußte. Dabei soll Karl V. Cheyreddin versprochen haben, ihm Tunis zurückzugeben, wenn er sich künftig aus dem Konflikt zwischen den Spaniern und den Osmanen im Mittelmeer heraushielte.

Doch erfuhr Soliman, vermutlich über den französischen Gesandten Rincon zu Istanbul, von Karls Angebot an Cheyreddin. Ob Cheyreddin persönlich oder auf Solimans Befehl hin Karls Vorschlag zurückwies, wissen wir nicht. Jedenfalls war auch nach diesem Angebot des Spaniers Solimans Vertrauen zu Cheyreddin ungestört. Die Verhandlungen endeten ohne Ergebnis und Karl entschied sich für einen neuen Waffengang gegen Cheyreddin. Die Zeitumstände schienen günstiger denn je für so ein kriegerisches Unternehmen.

Wohl war Franz I. Solimans Verbündeter, doch schien dieser im

Augenblick nicht gewillt zu sein, gegen Spanien zu kämpfen. Karls Kriegsziel stand seit langem fest: Algier. Von Algier aus unternahmen die osmanischen Korsaren unter Cheyreddins Leitung ihre blitzartigen Überfälle gegen die spanischen Besitzungen im westlichen Mittelmeer, kehrten dann wieder dorthin zurück und setzten ihre Beute ab. Doch Karl wußte ebenfalls, daß Algier nur mit starken Streitkräften zu erobern war und daß er sich diesmal keine Blöße geben durfte. Letzten Endes galt es, die Niederlage von Pravesa wiedergutzumachen.

Für dieses Unternehmen standen 400 Schiffe (verschiedene Quellen geben sogar die Zahl der Schiffe mit 500 oder 600 an) und 12000 Marinesoldaten bereit. Unter den bekanntesten Teilnehmern befanden sich außer dem Herzog Alba und Doria, Hernan Cortez, der Eroberer des Aztekenreiches sowie Karl höchstpersönlich.

Am 23. Oktober 1541 gingen Karls Truppen in einer Bucht östlich von Algier unbehelligt an Land. Sodann forderte Karl den Stadtfürsten Hassan Aga auf, ihm Algier kampflos zu übergeben. Hassan aber lehnte schroff ab. Hierauf ließ Doria die Stadt beschießen. Dann traten Albas Marinesoldaten zum Sturm auf die Zitadelle an und eroberten sie. Nach der Einnahme der Stadt glaubte Karl, der von seinem Flaggschiff aus die Einnahme Algiers verfolgt hatte, Cheyreddin ebenfalls in die Knie zwingen zu können. Doch dann kam unerwarteterweise das Wetter den Osmanen zur Hilfe.

Ein heftiger Sturm erhob sich, der zahlreiche Schiffe an Land warf und zerstörte. Völlig überraschend kamen zahlreiche Janitscharen in Algier aus ihren Verstecken und warfen sich auf die ahnungslosen Spanier. Nach einem anfänglichen Gemetzel ließ Alba alle Truppen aus Algier zurückziehen, um dann später einen neuen Angriff zu wagen. Alba aber hatte den Fehler gemacht, seine Soldaten eilfertig an Land zu setzen und den Proviant und die Zelte auf den Schiffen zu lassen.

Inzwischen war Cheyreddin in Reichweite von Algier gekommen und im Begriff, seine Truppen an Land gehen zu lassen. In dieser mißlichen Lage schickte Doria einige Soldaten auf Karls Flaggschiff und bat ihn dringend, das Unternehmen abzubrechen. Der aber zögerte und mochte den Befehl dazu nur ungern geben. In letzter Minute rettete ein Angriff der Maltheserritter gegen die bereits eingetroffene Vorhut des

Kapudan Paschas die Spanier vor der totalen Niederlage. Die kümmerlichen Reste des siegesbewußten spanischen Heeres wurden dann so schnell wie nur möglich eingeschifft und setzten nach Spanien über.

Zahlreiche Spanier empfanden diese Niederlage als ein nationales Desaster. Rund 8000 Soldaten waren umgekommen. Die Stelle, wo Karl V. diese Blamage erlitt, wird noch heute im Volksmund „Tombeau des Chevaliers", d. h. Grab der Ritter, genannt. Nach der Niederlage von Algier kontrollierte Soliman die gesamte nordafrikanische Küste von Susa (Tunis) bis Oran (Algerien). Die spanischen Garnisonen von Bona und Tunis waren zu schwach, um Cheyreddins Unternehmungen nach den Balearen, Pityusen, Sardinien und Sizilien abzuhalten. Nur mit Mühe konnten sich die Hafenstädte Bona, Tunis und Biserta bis 1574 halten, dann fielen sie in die Hände von Solimans Nachfolger Selim II. und Murad III.

Im Jahre 1545 machte Karl V. Cheyreddin ein drittes Mal das Angebot, ihm Tunis zu überlassen, falls er sich von Soliman distanziere. Doch auch diesmal lehnte der Korsar dieses Angebot der Schwäche ab. Zwei Jahre zuvor hatte der alternde Kapudan Pascha dem Herzog von Enghien bei der Eroberung von Nizza geholfen, das dem Herzog von Savoyen gehörte (und erst 1860 französisch wurde). Zur gleichen Zeit segelte Cheyreddin nach Toulon, wo die französische Stadtbehörde ihn triumphal empfing. Es gelang den Vertretern des französischen Königs und Verbündeten der Hohen Pforte jedoch nicht, mehrere hundert französische Galeerensträflinge, die an Bord von Cheyreddins Flotte Ruderdienste tun mußten, freizubekommen.

Nach wochenlangem Aufenthalt auf Kosten Franz I. zog Cheyreddin schließlich ab und ließ sich mit seiner jungen Lieblingsfrau in Istanbul nieder. Im Jahr 1546 atmeten die Christen auf: Cheyreddin starb in seinem Palast zu Istanbul, angeblich im Alter von 92 Jahren. Noch heute gilt er, sicherlich zu Recht, als einer der größten – wenn nicht der größte – See-Stratege des 16. Jahrhunderts. Fast ein halbes Jahrhundert lang führte er den damals größten christlichen Admiral Andrea Doria im Mittelmeer dauernd an der Nase herum und machte Solimans Reich zur stärksten Seemacht zwischen 1540 und 1571, als die Hohe Pforte nach

ihrer Niederlage bei Lepanto, die Seeherrschaft wieder an das christliche Lager abtreten mußte.
Mit Cheyreddins Tod ging eine ganze Epoche zu Ende. Kein würdiger Nachfolger vermochte den großen Korsaren, Großadmiral und Organisator zu ersetzen. Keine osmanische Schiffsbesatzung segelte zur Zeit der Osmanenherrschaft am Goldenen Horn vorbei, ohne des Begründers der Barbareskenstaaten Tunis, Algier und Tripolis durch ein stilles Gebet zu gedenken.
Noch heute kann man die Türbe des Barbaros Hayrettin Pasa (türkischer Name für Barbarossa Cheyreddin), eine der frühesten Bauten des großen osmanischen Architekten unter Soliman, Sinan, in Istanbul (Stadtteil Besiktas) bewundern. Zu seinem vierhundertjährigen Todestag wurde gegenüber der Türbe eine Statue enthüllt. Sie ist das Werk des bekannten türkischen Bildhauers Zühtü Müridoglu.

Dreimal Persien, Abessinien, Ungarn und kein Ende – Die große Belagerung von Malta, Sziget und das Ende des großen Feldherrn

Es wurde bereits hervorgehoben, daß sich die Perser an das christliche Lager gewandt hatten, um es um militärische Hilfe gegen Soliman zu bitten. Ferner hatte der Haß zwischen den Osmanen und den Persern sowohl religiösen als auch nationalen Charakter, dessen Ursachen bereits Jahrhunderte weit zurücklagen. Die Osmanen hielten sich für die Nachkommen des zweiten Sohnes des legendären Königs Faridun, „Tur" genannt, der seinen jüngeren Bruder Iraj ermordet hatte. Die Perser ihrerseits betrachteten den ermordeten Iraj als ihren politischen Urvater. Während die Osmanen orthodoxe Sunniten waren, waren die Perser Schiiten.

Über die Glaubensunterschiede der Sunniten und Schiiten ist bereits ausführlich berichtet worden. Seit dem 23. August 1514, als Selim I. die Truppen des Schah Ismail von Persien bei Tschaldiran vollständig besiegt hatte, war es nicht mehr zu einer großen militärischen Auseinandersetzung zwischen Osmanen und Persern gekommen.

Dann starb Schah Ismail im Jahre 1524, und sein zehnjähriger Sohn Tahmasp folgte ihm auf den Thron. Sofort nach dessen Thronbesteigung sandte Soliman dem neuen Schah von Persien einen Brief, in dem er ihm offen drohte, ihn anzugreifen. Doch machte er seine Drohung erst 10 Jahre später wahr.

Wenige Jahre nach Tahmasps Regierungsantritt hatten sich die osmanisch-persischen Beziehungen verschlechtert. Die längs der osmanisch-persischen Grenze regierenden persischen Gouverneure unternahmen des öfteren Raubzüge gegen osmanische Dörfer und schleppten die männlichen Bewohner fort. Ob Tahmasp die Überfälle duldete oder gar unterstützte oder ob er außerstande war, seine ungezügelten Gouverneure von diesen Unternehmungen abzuhalten, wissen wir nicht. Persischerseits wurde behauptet, daß Solimans Truppen laufend militärische Aktionen in persisches Gebiet hinein durchführten und daß die Unternehmungen der persischen Gouverneure nur die Antwort auf Solimans Verhalten dem Schah gegenüber waren.

Während seiner Ungarn-Kampagne, 1532, erhielt Soliman die Nachricht, seine Truppen wären vom Khan von Bitlis, der zu Tahmasp übergelaufen war, besiegt worden. Bei dem Versuch, Bitlis wiederzuerobern, war der osmanische Gouverneur von Bagdad ermordet worden; und die Stadt wurde von Tahmasp kontrolliert . Da brauchte der Sultan nicht mehr lange nach einem Kriegsgrund zu suchen.

Um den Persienfeldzug ungestört durchführen zu können, schloß er mit Ferdinand I. im Sommer 1533 ein Waffenstillstandsabkommen. Vielleicht fand er es anfangs unter seiner Würde, persönlich nach Persien zu ziehen, um den unbotmäßigen Schah Tahmasp zu bestrafen; jedenfalls beauftragte er seinen Freund Ibrahim mit dem Persien-Kriegszug. Ibrahims erstes Ziel: die Wiedereroberung von Bitlis; durch Verrat des schahtreuen Gouverneurs fiel es ihm ohne Blutvergießen in die Hände.

Sodann wandte sich Ibrahim nach Aleppo, wo er sein Winterquartier aufschlug. Schah Tahmasp folgte dem Beispiel des Vaters und ging mit den Janitscharen keine offene Feldschlacht ein, in der er den osmanischen Streitkräften nicht gewachsen war, und er räumte Täbris kampflos. Am 13. Juli 1534 zog Ibrahim im Triumphzug in Täbris ein. Einen Tag später gab Ibrahim seinen Truppen den Befehl, die Bewohner, obwohl Schiiten, nicht zu belästigen. Ob Ibrahims Befehl allerdings strikt eingehalten wurde, wissen wir nicht.

Am 10. Juni faßte Soliman dann doch den Entschluß, persönlich mit seiner Armee nach Persien zu ziehen. Der Marsch durch das Inneranatolische Hochland gestaltete sich wegen des schlechten Wetters – es schneite mitten im August – äußerst schwierig. Bislang schien mit Ibrahim und seinen Janitscharen in Träbris und Bagdad alles in Ordnung zu sein. Dann erhielt Soliman am 20. September die unerfreuliche Nachricht, daß eine osmanische Armee mit immerhin 10 000 Mann zwischen Täbris und Bagdad von den Persern vollständig vernichtet worden war.

Ibrahim bat Soliman dringend, nach Täbris zu kommen. Eine Woche nach dem Desaster hatten sich Solimans und Ibrahims Streitkräfte in der Nähe von Täbris versammelt; gemeinsam marschierten sie jetzt nach Bagdad. Doch war der Marsch durch das östliche Kurdistan auch diesmal äußerst schwierig. Das schlechte Wetter, die schwer passierbaren Karawanenstraßen, daß Knappwerden von Lebensmitteln und Munition und das Massensterben von Hunderten von Lasttieren stellte die höchsten Anforderungen an die Truppe.

Unter großen Anstrengungen erreichte Soliman Bagdad, die ehemalige Hauptstadt der Abbasiden, einer arabisch-islamischen Dynastie, welche die Würde des Kalifats bis 1258 innehatte. Nach der Regierungszeit des bedeutenden Kalifen Harun-ar-Rasid (Harun al Raschid), der von 786 bis 809 regierte, hatte bereits der politische Verfall des Kalifats von Bagdad eingesetzt. 1258 wurde die Metropole durch den Mongolen Hulagu erobert, der Kalif in einen Teppich gewickelt, von Pferden zu Tode getrampelt, und der größte Teil der Bevölkerung umgebracht. Das war das Ende des Abbasiden-Kalifats. Bis zur Eroberung Ägyptens durch die Osmanen im Jahre 1517 bestand allerdings ein Scheinkalifat Bagdad unter dem Schutz der ägyptischen Mameluken-Sultane weiter.

In Bagdad ließ Soliman alle Perser hinrichten, die seinen Truppen vor ihrem Einzug in die Stadt Widerstand geleistet hatten. Wenige Tage danach wurden die sterblichen Überreste des Abu Hanifa, des ersten der vier großen Imame (Vorbeter bei einem rituellen Gemeinschaftsgebet, geistiges Oberhaupt oder oberster Leiter der islamischen Gemeinde) der islamischen Sunniten in der Stadt entdeckt.

Dieser Fund wurde von den Anführern der Janitscharen als besonders gutes Zeichen für Solimans Persien-Kampagne gewertet. Am 1. April 1535 verließ der Sultan Bagdad und begab sich nochmals nach Täbris, wo noch immer keine Ruhe eingekehrt war. Mehr noch: Solimans Nachhut war in den Bergen westlich von Bitlis von Tahmasps Streitkräften vollständig vernichtet worden.

Soliman wußte, daß es für ihn in Zukunft schwer sein würde, ein Land voller Feinde unter Kontrolle zu halten. Er mußte nun die Perser von seiner militärischen Überlegenheit überzeugen. Über Aleppo und Antiochia erreichte Soliman mit dem Gros seiner Streitkräfte am 8. Januar 1536 Istanbul.

Obwohl es während der nächsten Dekade „nichts Neues in Persien" gab, plante Soliman, eine zweite Kampagne gegen den Schah zu unternehmen, um ihn doch noch in einer Feldschlacht zu stellen und zu besiegen. Das Jahr 1547 war für eine solche Kraftprobe besonders günstig. Der Sultan hatte mit Ferdinand I. ein fünfjähriges Waffenstillstandsabkommen geschlossen.

Im selben Jahr traf Prinz Elkass Mirza, ein Bruder des Schahs von Persien, in Istanbul ein und bat Soliman um Hilfe gegen seinen Bruder. Einige Mitglieder des Diwan äußerten ihre Bedenken bezüglich der Hilfe für Mirza, denn sie glaubten, daß es sich um einen Spion handle; doch der Herrscher sah einmal mehr die Gelegenheit, Tahmasp zu besiegen.

Am 28. April 1548 verließ Soliman an der Spitze einer imposanten Armee Istanbul in Richtung Kurdistan. Im Sommer nahm er Täbris und Van wieder ein, die kurz zuvor abermals von persischen Truppen besetzt worden waren. Sodann marschierte er nach Aleppo, wo er überwinterte. Im Juni 1549 überschritt er den Euphrat, wobei er vereinzelte persische Armeekorps zum Kampf stellte und abwechselnd den Sieg davon trug. Tahmasp jedoch vermied jede große Feldschlacht mit Soliman, denn er wußte genau, daß er einer solchen Begegnung nicht gewachsen war und daß sie sein Ende bedeutete. Es fehlte ihm an der nötigen Feldartillerie.

In der Zwischenzeit war Prinz Elkass Mirza in Tahmasps Hände gefallen. Tahmasp ließ seinen Bruder ins Gefängnis werfen. So schlug Solimans Plan, Elkass Mirza als Schah einzusetzen, fehl. Enttäuscht kehrte er mit seinen Janitscharen wieder nach Istanbul zurück.

Während sich Soliman im Jahr 1552 mit ganzer Kraft auf seinen Krieg in Ungarn konzentrierte, nutzte Schah Tahmasp die Gelegenheit, die Osmanen aus Syrien und Mesopotamien zu vertreiben. Es gelang ihm ebenfalls, die osmanischen Streitkräfte aus Kurdistan hinauszuwerfen, und sein Sohn Abbas Mirza besiegte den Pascha von Erzerum. Soliman tröstete den besiegten Pascha von Erzerum durch einen freundlichen Brief.

Unterdessen hatte sein Wesir Mehmet Sukulla Pascha die Städte Temesvar und Szolnok eingenommen. Trotz der unsicheren Lage in Ungarn entschloß sich der Sultan zu einem dritten Waffengang gegen die Perser. Gewiß kostete es ihn einige Überwindung, Tahmasp dabei nicht mehr schonen zu können. Überdies glaubte er wohl auch, nicht mehr allzu viel Zeit verlieren zu dürfen.

Schließlich stand das sechzigste Lebensjahr bevor. Die unsäglichen Strapazen seiner gewaltigen Kriegszüge waren an ihm nicht spurlos vorübergegangen. Doch mit verbissenem Eifer verfolgte er seine Ziele. Er wollte den Untergang seines hartnäckigsten Gegners im Vorderen Orient noch persönlich erleben. Die Demütigung und Unterwerfung eines Feindes, der es ihm wahrhaftig schwer machte.

Im August 1553 verließ Soliman zum dritten – und diesmal letzten – Mal Istanbul, um gegen Persien zu ziehen. Er überwinterte in Aleppo, aber im Sommer 1554 brach er mit seinen Truppen auf, eroberte die Stadt Erzerum und marschierte durch das Gebiet am oberen Euphrat. Während er bei seinen beiden früheren Feldzügen noch Rücksicht auf die Bevölkerung nahm, ließ er jetzt rücksichtslos alle Dörfer niederbrennen und die eingelagerten Ernten vernichten.

Sein Plan, den Schah in einer offenen Feldschlacht zu stellen und zu besiegen, ging nicht in Erfüllung. Denn der Gegner beschränkte sich darauf, lediglich die Nachhut und kleinere Truppenteile anzugreifen und ihnen Verluste zuzufügen. Zornig schrieb Soliman dem Schah einen Brief, der vor Beleidigungen nur so strotzte. Die Antwort ließ nicht lange auf sich warten: sie war in dem gleichen rüden, kränkenden Ton abgefaßt. Die Gegner hatten den Krieg in Wahrheit gründlich satt.

Jetzt wurde der Briefwechsel auf Ministerebene fortgesetzt, mit dem Ziel, eine Lösung zu finden. Nach dem Sieg der osmanischen Armee am 26. September 1554 über die Perser fand sich in Erzerum ein Abgesandter des Schahs ein und bot dem Sultan den Waffenstillstand an. Der Sultan stimmte sofort zu. Damit ging ein Kampf zu Ende, der sich sonst noch lange hingezogen hätte. Soliman hatte erkannt, welche Probleme sich für ihn aus der Oberherrschaft über ein so weit von Istanbul entferntes Besatzungsgebiet zwangsläufig ergeben mußten. Und Tahmasp war nicht der wagemutige Feldherr, der es gewagt hätte, sich todesmutig in einer Feldschlacht den Janitscharen zu stellen.

Am 29. September 1555 endlich wurde Amasya – im antiken Amaseia, das später periodisch Hauptstadt der Könige von Pontus gewesen war – der Friedensvertrag unterzeichnet. Im gleichen Jahr verzichtete übrigens Solimans unerbittlicher Gegenspieler, Kaiser Karl V., auf die Herrschaft über die Niederlande. 1556 dankte er endgültig ab.

In Istanbul wurde der 102. Jahrestag der Eroberung von Konstantinopel festlich begangen. Soliman traf einige, in seinen Augen sicherlich umsichtige Entscheidungen: Er gab alle Ansprüche auf Täbris auf, behielt aber die Länder von Ober-Mesopotamien mit Bagdad, das Mündungsgebiet der Flüsse Tigris und Euphrat sowie den Zugang zum Persischen Golf. Trotz der zahlreichen Revolten in diesen Gebieten, die gegen die drückende Oberherrschaft von Istanbul gerichtet waren, blieben sie bis zum Ersten Weltkrieg osmanisch.

Als Soliman gegen die Perser kämpfte, waren mehrmals Gesandtschaften aus dem Reich Corasan (heute ein Gebiet, das den Norden Irans umfaßt) der usbekischen Schaibaniden (die Nachkommen des Mongolenprinzen Siban) in Istanbul eingetroffen. Die Schaibaniden stritten sich mit den Safawiden (Herrscherdynastie in Persien) seit 1501 um die Herrschaft in Chorasan und baten den Sultan inständig um Hilfe. Obwohl türkisches Blut in den Adern dieses Volksstammes floß und sie sich zum Glauben der orthodoxen Sunniten bekannten und ausgesprochene Feinde der Perser waren, kam es nie zu einer wirksamen militärischen Allianz zwischen Istanbul und Chorasan. Soliman hatte vermutlich kein Vertrauen in die militärischen Eigenschaften der ungezügelten usbekischen Reiter der Schaibaniden.

Dafür legen seine Beziehungen zu den muslimischen Stadtfürsten von Daman, Bombay, Chaul, Goa, Kalikut und Kotschin an der Malabarküste (Indien) ein beredtes Zeugnis von seiner diplomatischen (und militärischen) Weitsicht ab, die er zeigte, wenn es galt, die Christenheit zu bekämpfen. Nicht nur im Mittelmeer, sondern ebenso auch im Indischen Ozean prallten die Gegensätze des Islam und der Christenheit aufeinander.

1498 war das Jahr der großen wirtschaftlichen Umwälzungen im Ost-West-Gewürzgeschäft. Vasco da Gama hatte mit Hilfe eines arabischen Lotsen das Arabische Meer überquert, in der wichtigen Handelsstadt Kalikut an der Malabarküste Anker geworfen und mehrere Ladungen Gewürze, ohne Zwischenhandel über die Araber, gekauft. Ihm folgte Cabral, der mit dem lokalen Potentaten von Kotschin einen Handelsvertrag abschloß.

Durch diese beiden bahnbrechenden Fahrten hatte Portugal das Tor zum Wunderland Indien aufgestoßen und im vorderindischen Gewürzmarkt Fuß gefaßt. Die beiden großen Verlierer waren die muslimischen Araber und die Venezier. Ein großer Teil der Orientwaren wie Seide, Elfenbein, Damast- und Gazestoffe, Brokat, Gewürze, Farbstoffe, Arzneimittel und Edelsteine wurden mit Schiffen über das Arabische und das Rote Meer nach Suez transportiert. Hier wurden sie auf den Rücken der Kamele nach Alexandrien geschafft, wo venezianische und genuesische Schiffe sie in Empfang nahmen und nach Westeuropa weiterleiteten.

Der Einbruch der Portugiesen in den arabisch-indisch-venezianischen Markt hatte zur Folge, daß die ungeheuren Gewinne (bis zu 400 %) jetzt nach Lissabon flossen. Das Schwergewicht verlagerte sich von den europäischen Binnenmeeren in den Atlantischen Ozean. Die Errichtung einer Festung auf der Insel Sokotra (vor Kap Guardafui im Indischen Ozean) durch die Portugiesen, um den Handelsverkehr der Araber von der Malabarküste nach Suez zu kontrollieren und notfalls zu zerstören, rief die Karimi-Kaufleute, die wahren Herren des Mameluken-Staates Ägypten, auf den Plan.

Zuerst einmal drohte der Mameluken-Sultan, die Heiligen Städte in Palästina zu zerstören und alle dort lebenden Christen umzubringen, sofern sich die Portugiesen nicht sofort von Sokotra zurückzögen. Trotz dieser Drohung dachte in Lissabon niemand daran, die Insel zu verlassen. Nun aber ließ der Mameluken-Sultan eine Flotte ausrüsten, um die Portugiesen auf See zu schlagen und sie aus dem Indischen Ozean zu vertreiben.

Zur entscheidenden Konfrontation auf See zwischen einer portugiesischen und einer ägyptisch-indischen Flotte kam es im Februar 1509 auf der Höhe von Kap Diu (heute: Halbinsel Kathiawar) im Jahre 1509. Unter der Leitung von Francisco de Almeida, dem ersten portugiesischen Vizekönig in Vorderindien, wurde die ägyptisch-indische Flotte besiegt. Damit wurde Portugal die Seeherrschaft im Indischen Ozean für mehr als ein Jahrhundert gesichert.

Acht Jahre später wendete sich wieder das Blatt, als der ägyptische Mameluken-Staat von Solimans Vater, Selim I., dem osmanischen Reich einverleibt wurde. Nun erst standen sich die aufstrebende Kolonialmacht Portugal und das Osmanenreich im vorderasiatischen Raum als Feinde gegenüber. 1507 hatte Alfonso de Albuquerque, der Gründer des Estado da India, die wichtige Handelsstadt und Hafen Ormuz am Persischen Golf erobert. Wenige Monate danach aber mußte er sie wieder an die Araber abtreten.

Während 1513 die Eroberung von Aden mißlang, glückte zwei Jahre darauf die Wiedereinnahme von Ormuz. Als Soliman I. im September 1520 den Thron bestieg, befand sich das christliche See-Imperium Portugal auf der Höhe seiner Macht. Es beherrschte die Meeresstraßen zu den Reichtümern des Orients, gesichert durch die Festungen in Sofala, Moçambique, Kilwa, an der Ostküste Afrikas sowie an der Malabarküste und auf Malakka.

Die empfindlichsten Einbußen aber hatten die seit 1517 unter osmanischer Oberherrschaft stehenden ägyptischen Fernkaufleute erlitten. Infolge des direkten Einkaufs der Gewürze in Indien durch die Portugiesen waren sie ihrer wichtigsten Einkünfte beraubt worden. Soliman, der sich zu diesem Zeitpunkt mit dem christlichen Europa auseinandersetzte, schien die Bedeutung des portugiesischen Einbruches im indisch-arabischen Markt noch nicht recht erfaßt zu haben und schickte den Korsaren Salman Reis mit zwanzig Kriegsschiffen in den Indischen Ozean. Der Seeräuber begnügte sich damit, Razzien gegen die Küstendörfer des Yemen und von Aden durchzuführen und deren Bewohner zu zwingen, Tribute an die Hohe Pforte zu zahlen. Mit den eigentlichen Feinden des Sultans, den Portugiesen, vermied der Korsar jede Kontaktaufnahme.

1532 – im selben Jahr hatte Andrea Doria Coron, Lepanto und Patras erobert – schien Soliman den politischen Ernst der Lage im Indischen

Ozean begriffen zu haben und gab dem Pascha von Ägypten den Befehl, 80 Schiffe in Suez zu bauen. Sodann ernannte er Soliman den Eunuchen zum Oberbefehlshaber und beauftragte ihn, Portugals Flotte im Indischen Ozean zum Kampf zu stellen. Dazu sollte es jedoch – vorerst – nicht kommen, denn Soliman der Eunuch wurde nach Persien abkommandiert.

Vier Jahre danach erhielt Solimans Politik im Indischen Ozean erneut Auftrieb, als eine Gesandtschaft des Herrschers von Gujarat, Bahadur Schah, in Istanbul erschien und den Sultan um Hilfe gegen den Mogul-Herrscher Humayun bat. Inzwischen war Bahadur Schah von den Portugiesen gezwungen worden, auf Diu (auf dem Territorium von Gujarat) portugiesische Truppen stationieren zu lassen. Anders als 1532, war Soliman dieses Mal gezwungen, der politischen, vor allem aber der wirtschaftlichen Lage im Indischen Ozean Rechnung zu tragen.

Die Portugiesen, die im Besitz der wichtigen Festung und Handelsstadt Ormuz (auch Hormuz, heute Hormos) waren, kontrollierten den Zugang zum Persischen Golf und konnten zu jeder Zeit einen Angriff auf das Mündungsgebiet des Euphrats unternehmen, ohne daß irgendeine Macht eingreifen konnte. Mehr noch: sie hatten die osmanischen Kaufleute aus diesem Gebiet verdrängt. Ein folgenschwerer Rückschlag für die Hohe Pforte. Gingen doch die Steuereinnahmen aus diesem lukrativen Handel kontinuierlich zurück. Überdies hatten die Spanier gerade Tunis erobert. So bot sich für Soliman eine Gelegenheit, die Christenheit, ob es sich um Portugiesen oder Spanier handelte, anzugreifen.

Am 13. Juni 1538 verließ eine Flotte von 70 Schiffen unter dem Oberkommando von Soliman dem Eunuchen den Hafen Suez, um zum großen Schlag gegen die portugiesische Flotte im Indischen Ozean auszuholen. An Bord befanden sich 1500 Janitscharen und 5000 Mann Hilfstruppen. Einige Schiffe waren mit schwerer Artillerie ausgerüstet, die 90 Pfund schwere Geschosse abfeuern konnten, und der portugiesischen Schiffsartillerie überlegen waren.

Am 3. August erreichte Soliman der Eunuch die Hafenstadt Aden (nahe der Südwest-Spitze der Arabischen Halbinsel). Er ließ den lokalen

Herrscher an Bord kommen und prompt aufhängen. Dann wurde die Stadt erobert, geplündert und in Brand gesteckt. Von Aden aus segelte Solimans Flotte nach Gujarat und gelangte am 4. September in Reichweite von Diu.

Soliman der Prächtige hatte seinem Oberkommandierenden ausdrücklich den Befehl gegeben, die portugiesische Flotte im Indischen Ozean aufzuspüren und sie zum Kampf zu stellen. Stattdessen eroberte Soliman der Eunuch zwei Stützpunkte in der Nähe von Diu und begann dann, die Stadt und den Hafen Diu zu belagern. Doch die kleine portugiesische Besatzung wehrte jeden Angriff der Janitscharen ab. Im November hob Soliman der Eunuch die Belagerung auf und segelte ab.

Warum Soliman unplötzlich nach Istanbul zurückkehrte, wissen wir nicht genau. Man darf jedoch annehmen, daß es nicht zur gewünschten militärischen Zusammenarbeit zwischen dem Herrscher von Gujarat und den Osmanen kam und Soliman der Eunuch das Herannahen einer starken portugiesischen Flotte aus Goa vermutete. Schließlich hatte Soliman die schändliche Niederlage der vereinigten ägyptisch-indischen Flotte im Jahre 1509 vor Diu durch die Portugiesen noch immer nicht vergessen.

Obwohl der Oberkommandierende der osmanisch-ägyptischen Flotte, Piri Reis, Admiral, Kartograph und Geograph in einer Person, 1551 die Stadt Maskat am Golf von Oman eroberte, die Umgebung von Ormuz plündern ließ und bis nach Basra vorstieß und sein Nachfolger Murad Bey auf der Höhe von Basra der portugiesischen Flotte zwei Seegefechte lieferte, in denen er sechs Schiffe verlor, war es Soliman nicht gelungen, die Portugiesen aus dem Arabischen Meer zu verdrängen und ihnen den lukrativen Indienhandel zu entreißen. Anders als in Europa, war das politische und militärische Glück dem Sultan im Indischen Ozean nicht hold.

Abschließend sollen noch die politischen und militärischen Fühler des Sultans nach Abessinien erörtert werden, die er dorthin ausstreckte, um mit dem Negus in Kontakt gegen die Portugiesen zu treten. Nach der Eroberung Ägyptens durch Selim I. – während dieser Zeit regierte der Negus Lebna Dengel, auch unter dem Namen David II. bekannt, über Äthiopien – sah der äthiopische Herrscher im Vordringen des Islam an

der Westküste der Arabischen Halbinsel entlang in Richtung Arabisches Meer eine Gefahr für den Thron. Die äthiopische Kirche war deshalb erfreut, als die Portugiesen durch die Entsendung einer Delegation unter Führung von Rodrigo de Lima Interesse an Beziehungen zu seinem Land zeigten. Das Ergebnis dieser Reisediplomatie aber war für die Portugiesen enttäuschend.
Lebna Dengel lehnte jede militärische Allianz gegen den Islam ab. Vermutlich fühlte sich der Negus stark genug, um einen Angriff des Sultans abzuwehren. Im Jahre 1529 jedoch – im gleichen Jahr hatte Soliman Wien vergeblich belagert – arbeiteten Zeit und Umstände gegen den Negus. Seine Armee war vom muslimischen Sultan von Adal (ein im Südosten von Abessinien gelegenes Königreich), einem Freund Solimans, geschlagen worden.
Vier Jahre später drangen die Truppen des Sultans von Adal bis nach Schoa vor und erst 1534 konnten sie in der äthiopischen Provinz Tigre aufgehalten werden. Als dann auch noch die äthiopische Provinz Amhara an den Sultan von Adal gefallen war, bat Claudius, der Nachfolger von Lebna Dengel, die Portugiesen um Hilfe, um sein Land vor dem Islam zu retten. Zweimal wurden die Truppen des Sultans von Adal im Jahre 1542 mit portugiesischer Militärhilfe unter Christoph da Gama (Vasco da Gamas Bruder) besiegt. 1543 fiel am Tana-See die Entscheidungsschlacht. Sultan Mohammed Granye von Adal wurde getötet. Von da an zeigte Soliman kein Interesse mehr für Abessinien.
Zur historischen Erinnerung: vier Jahre nach der vergeblichen Belagerung Wiens durch den Sultan schlossen die beiden Todfeinde, Soliman und Ferdinand I. 1533 einen Waffenstillstand. Dieser Waffenstillstand war aber noch lange kein echter Friede. Er wurde erst fünf Jahre später in Großwardein geschlossen. Beide Kontrahenten Ferdinand I. und Zapolya verhandelten zuerst mit Soliman getrennt, dann miteinander. In Großwardein wurde beschlossen, daß Zapolya den Titel eines Königs beibehielt, daß er über einen bestimmten Teil Ungarns herrschen konnte, daß aber nach seinem Tod die Einheit Ungarns zugunsten Ferdinands und seiner Nachfolger wiederhergestellt werden sollte.
Dann heiratete Zapolya Isabella von Polen und bekam mit ihr einen

Sohn, der Johann Sigismund genannt wurde. Zwei Jahre nach dem Frieden von Großwardein änderte Zapolya seine Meinung und traf alle Vorbereitungen zur Thronfolge seines Sohnes.

Zwei Jahre nach Großwardein warf der plötzliche Tod von Zapolya alles wieder über den Haufen. Soliman erkannte die Rechte des kleinen Johann Sigismund an, denn für ihn war ein geteiltes Ungarn ein schwaches Ungarn, mit dem er leicht fertig werden konnte. Ferdinand sah Solimans Anerkennung als flagrante Verletzung des Großwardeiner Friedensvertrags an und griff zu den Waffen. Mit Karls Hilfe, der ihm 50 000 Dukaten zur Verfügung gestellt hatte, ließ er Buda belagern. Buda aber wurde von Zapolyas Parteigängern hartnäckig verteidigt und wehrte alle Angriffe Ferdinands solange ab, bis er schließlich die Belagerung aufgab.

Nicht in Buda, sondern in Istanbul bei Soliman lagen die Schlüssel zum Königreich Ungarn. Wieder einmal versuchte es Ferdinand mit Verhandlung bei der Hohen Pforte und schickte seinen Unterhändler Hieronymus Laski nach Istanbul. Zwar wurde Laski von Soliman empfangen, doch machte er ihm unumwunden klar, daß er nicht im entferntesten daran dachte, die „Ungarn-Affäre" auf friedlichem Weg beizulegen. Am 23. Juni 1541 verließ Soliman an der Spitze einer mächtigen Armee Istanbul und erschien bereits zwei Monate später vor Buda, das er besetzte.

Um diese Zeit lebte am Hof von Zapolyas Witwe ein merkwürdiger Mönch namens Georg Martinuzzi. Dieser Mönch, von kratischer Abstammung, glaubte fest daran, daß es möglich wäre, mit allen vereinten ungarischen Kräften Soliman aus Ungarn zu vertreiben. In diesem Sinne verhandelte er mit Ferdinand wegen deutscher und böhmischer Hilfstruppen.

In Kürze stand eine starke Reichsarmee unter der Leitung des Markgrafen Joachim von Brandenburg vor Buda, doch lehnten sowohl die deutschen als auch die böhmischen Landsknechte es ab, zu kämpfen. Die Streitmacht löste sich wieder auf. Am 26. August war Soliman in Pest eingezogen und hatte die Hinrichtung von einigen hundert Gefangenen angeordnet. Bald darauf empfing der Sultan Martinuzzi und eine Delegation ungarischer Adeliger. Ihnen machte er unmißverständlich klar: Buda ist osmanisch und nicht ungarisch. „Es ist für die Königin-Witwe und ihren Sohn Johann Sigismund zu gefährlich, in Buda zu leben.“ Erst wenn Johann Sigismund großjährig sein würde, so Soliman, dann wäre er zum Regieren berufen. Vorerst aber wurden er und seine Mutter nach Transsylvanien geschickt.

Soliman war entschlossen, Ungarn zu behalten. Er ließ alle besetzten Gebiete, die Tiefebene von jenseits der Donau bis nach Siebenbürgen in sein Reich eingliedern und von Paschas straff regieren. Nachdem er noch Gran und Stuhlweißenburg besetzt hatte, war Ferdinand wieder bereit, mit der Hohen Pforte zu verhandeln. 1547 erreichte er mit dem Sultan ein Waffenstillstandsabkommen.

Ferdinand mußte sich zu einem kostspieligen „Geschenk“ verpflichten: jährlich 30 000 Dukaten an Soliman zu zahlen. Das war der Preis für einen Frieden, der nur durch die pünktliche Zahlung des Tributes gesichert war.

Aus gutem Grund hatte Soliman auf der Osmanisierung von Buda bestanden. Die Stadt an der Donau war eine wichtige Position, um noch einmal den Vorstoß nach Westen vorzubereiten und durchzuführen. Denn der Sultan träumte noch immer davon, Wien zu erobern. Und dort wußte man, welche Gefahr durch die Annektion Budas drohte. Vier Jahre nach der Friedensvereinbarung zwischen Soliman und Ferdinand sah es so aus, als würde man sich über die Nachfolge von Zapolya einigen können. Dann aber scheiterten die Verhandlungen, als Martinuzzi auf Befehl Ferdinands von spanischen Offizieren ermordet wurde. Das Scheitern der Verhandlungen hatte die Zerstückelung Ungarns in drei Teile zur Folge. Ferdinands Herrschaftsbereich im Westen bildete ein Teil Kroatiens, Oberungarn oder die Slowakei sowie ein Gebietsstreifen bis Preßburg. Dieses Territorium wurde das königliche Ungarn genannt.

1552 setzte sich die osmanische Streitmacht zum elften Mal nach Ungarn in Bewegung. Aufgrund der Meinungsverschiedenheiten wegen Transsylvanien zwischen Ferdinand und Soliman unternahm des Sultans Wesir Mehmed Sukullu Pascha einen Angriff auf die ungarischen Städte Temeswar und Szolnok und eroberte sie. In den folgenden Monaten kam es zu zahlreichen Scharmützeln zwischen den Osmanen und

Ferdinand, bis beide Parteien endlich 1562 Frieden schlossen. Ferdinand I. gab alle Ansprüche auf Transsylvanien auf und verpflichtete sich, weiterhin einen Tribut an die Hohe Pforte zu zahlen.
1523 mußten die Johanniter-Ritter – wir haben bereits darüber berichtet – nach einer langen Belagerung ihre Heimat und Inselfestung Rhodos verlassen. Erst nach siebenjährigen und beschwerlichen Verhandlungen konnte der Großmeister des Ordens, der Franzose Philippe Villiers de l'Isle Adam, Kaiser Karl V. dazu bewegen, den Flüchtlingen von Rhodos die Inseln Malta und Gozo als ewiges Lehen zu schenken. An Karls Geschenk waren Bedingungen geknüpft. So mußten die Johanniter u. a. die Verteidigung von Tripolis übernehmen, die Karls nordafrikanische Besitzungen verteidigte.
Als die Ritter am 23. Oktober 1530 auf den kahlen und wenig fruchtbaren Inseln ankamen, besaßen sie nicht nur großer Erfahrung im Festungsbau, sie hatten sich auch durch ihre schlagkräftige Galeerenflotte im ganzen Mittelmeerraum Respekt verschafft. Mit ihren schnellen Galeeren, die von Rudersklaven angetrieben wurden, unternahmen sie blitzschnelle Überfälle auf die osmanischen Besitzungen an der nordafrikanischen Küste und zogen sich dann wieder auf ihre gesicherte Inselfestung zurück.
Obwohl der Aufenthalt besonders im Sommer auf Malta fast unerträglich war, hatten die Ritter die Insel zum Hauptstützpunkt wegen ihrer einmalig günstigen strategischen Lage gewählt. Außerdem hatte Malta einige gute Häfen. Die Insel Gozo war ebenfalls von ihnen besetzt, um die Osmanen daran zu hindern, sie als Ausgangspunkt zum Angriff auf Malta zu benutzen. Sie hatten die beiden Inseln mit starken Befestigungsbauten, u. a. mit dem Fort St. Elmo und mit einer fortlaufenden Verteidigungslinie versehen. Wer Malta besaß, der kontrollierte die Wasserstraßen, welche die gesamte Schiffahrt zwischen dem östlichen und westlichen Mittelmeer benutzen mußte.
Soliman war sich der strategischen Bedeutung der Inselfestung voll bewußt. Der türkische Korsar Piri Reis – er ist uns ja schon bekannt – zeichnete sich durch besondere Kenntnis als Kartograph und Geograph aus. Noch vor dem Eintreffen der Johanniter hatte er detaillierte Karten von Malta und Gozo angefertigt. Osmanische Spione hatten überdies

aufschlußreiche Berichte über die Möglichkeiten einer Verteidigung der Inseln geliefert.
Anfang 1565 wurde im Diwan zu Istanbul beschlossen, Malta zu erobern. Allerdings wußten die Ritter auf der Insel bereits geraume Zeit, daß eine Invasion zu erwarten war. Das wiederum hatten ihre Spione in der osmanischen Metropole herausgefunden. Den Johannitern war klar: sie vermochten eine Belagerung und der damit verbundenen Blockade nur eine begrenzte Zeit standzuhalten. Also waren sie auf den militärischen Beistand der Christenheit angewiesen.
Wie aber war es darum bestellt gewesen, als die Osmanen Rhodos bedrängten? Niemand konnte sagen, ob man diesmal nicht wieder nur auf die eigene Entschlossenheit bauen müßte.
Auf Malta waren rund 600 Johanniter-Ritter stationiert, etwa 8000 Bewaffnete standen ihnen zur Seite. Über die Stärke der osmanischen Truppen, die zum Sturm auf Malta antraten, gehen die Berichte auseinander: etwa 6000 Janitscharen, 12000 Mann Kampf- und Hilfstruppen sowie 120 Galeeren und Galeassen standen dem Sultan zur Verfügung.
Die Maltheser aber hatten einen Trumpf in der Hand, der den Osmanen fehlte: sie verfügten über einen entschlossenen und erfahrenen Führer in der Person des Franzosen Jean Parisot de la Valette. Er war einundsiebzig Jahre alt, sehr rüstig, fest in seinen Entschlüssen; und er kannte die osmanische Kriegsstrategie gut. Er hatte in Rhodos gekämpft, war in osmanische Gefangenschaft geraten, dann aber wieder freigelassen worden. Jean Parisot war fest entschlossen, bis zum letzten Blutstropfen zu kämpfen. Er wußte, daß es diesmal um Sein oder Nichtsein von Malta ging. Eine Okkupation würde für die Christenheit unabsehbare Folgen haben.
Der Freitag, der 18. Mai 1565, war für die Johanniter ein Tag voller Schrecken. Vor Gozo erschien das erste Schiff der übermächtigen osmanischen Armada. Doch war diese starke Flotte schlecht geführt. Piali Pascha, der Oberbefehlshaber, verfügte nicht über die nautischen Kenntnisse und über die Entschlußkraft eines Cheyreddin. Außerdem lag er dauernd mit Mustafa Pascha, dem Oberbefehlshaber der osmanischen Landstreitkräfte, in Streit. Ein koordinierter Einsatz der Land-

und Seestreitkräfte vor Malta ließ sich nicht durchführen. Zum Glück für die Hohe Pforte kämpfte auf ihrer Seite ein Schüler des großen Cheyreddin: Dragut, „die Teufelsbrut" genannt, ein besonders geschickter Taktiker.
Piali Pascha ließ zuerst eine Täuschungs-Landung vor Malta vornehmen, umfuhr die Insel, kam dann heran und ging in der Bucht von Marsaxlokk im Süden an Land. Sogleich wurden die Truppen und Artillerie an Land geschafft. Als sich Piali Pascha und Mustafa Pascha noch immer über die Angriffspläne stritten, übernahm Dragut kurzerhand die gesamte Leitung der Angriffs-Operationen. Für ihn stand nur eines fest: Malta mußte in die Hände der Hohen Pforte fallen. Der Sieg würde die Krönung seiner militärischen Laufbahn werden.
Am 24. Mai begann der große Angriff auf das Fort St. Elmo. Von der Sceberras-Halbinsel aus beschossen ein riesiger Basilisk, eine große Bronzekanone, zehn Achtzigpfünder sowie zwei Sechzigpfünder-Feldschlangen unablässig das Fort. Obwohl zahlreiche Steine unter dem Bombardement abbröckelten und osmanische Scharfschützen bis auf 150 Meter an die Verteidiger herankamen, wehrte sich die kleine Besatzung von 52 Johannitern und 800 Bewaffneten heldenhaft. Piali Pascha hatte geglaubt, St. Elmo binnen drei Tagen einnehmen zu können. Es war der Schlüssel zu den Verteidigungswerken von Malta. Um in den tiefen Hafen von Marsamxett hineinfahren und sich mit der Belagerunsarmee vereinigen zu können, mußte St. Elmo erobert werden. St. Elmo hielt sich 31 Tage lang, dann wurde der Ravelin, der auf der Anhöhe über den Marsamxett-Hafen errichtet worden war, von 2000 Janitscharen erstürmt. Am 23. Juni wurde die osmanische Fahne auf dem Fort gehißt.
Der Preis war für die Sieger hoch gewesen. Sie hatten ihren größten Taktiker Dragut verloren. Er war bereits am 18. Juni durch den Schuß einer Kanone von St. Elmo getötet worden. Bis zum 23. Juni wurde sein Tod geheimgehalten. Nach Bekanntgabe des Ablebens des großen Korsaren war das osmanische Heer von tiefer Niedergeschlagenheit erfaßt worden.
Nächstes Ziel von Mustafa Mascha war die Eroberung der beiden starken Forts Il Borgo und Isola. Zunächst ließ er das Fort Il Borgo, das

von kastilischen Johannitern verteidigt wurde, von der Landseite her angreifen. Doch wehrten die Kastilier alle Angriffe der Janitscharen ab. Inzwischen hatten osmanische Pioniere eine Zeitbombe vorgerollt, die auf der Brustwehr des St. Michael-Forts explodieren sollte. Doch hatten einige tollkühne Johanniter noch Zeit gehabt, die Bombe nach dem osmanischen Lager zurückrollen zu lassen, bevor sie vor St. Michael explodierte.

Während der Angriff der Janitscharen gegen St. Michael tobte und die Johanniter Meter um Meter aufgeben mußten, erschien unerwartet ein Bote bei Piali Pascha und berichtete ihm, daß eine Entsatzstreitmacht von Sizilien nach Malta unterwegs wäre. Ohne diese Nachricht näher zu untersuchen, ließ Piali Pascha den Angriff auf St. Michael abblasen und trat den Rückzug an. Wenig später erfuhr er zu seinem Ärger: es handelte sich nicht um ein christliches Heer, sondern um Johanniter, denen ein Ausfall aus der Stadt und Festung Mdina gelungen war.

Nach dem Rückzug von St. Michael hatte die Angriffslust der Janitscharen merklich nachgelassen. Einige ihrer Anführer waren von einem Sieg nicht mehr so recht überzeugt. Fieber und Dysenterie hatten zahlreiche Opfer in den Reihen der Kämpfer gefordert. Der September stand vor der Tür und mit ihm kamen die Herbststürme, die auf dem Mittelmeer für die Galeeren sehr gefährlich werden konnten.

Nach dieser militärischen Fehlentscheidung hatten die beiden osmanischen Heerführer die Wahl, entweder auf Malta Winterquartier zu beziehen oder sofort nach Istanbul zurückzukehren. Die letzte Entscheidung hätte sicherlich die Absetzung (oder gar die Hinrichtung) des Admirals und des Generals bewirkt. Um jedoch Winterquartiere beziehen zu können, mußte das Widerstandsnest Mdina erobert werden. Als die Janitscharen dann in breiter Front zum Angriff auf Mdina antraten, ließ der einfallsreiche Kommandant der Stadt alle Bewohner in Uniformen stecken und sich auf den Wehrgängen zeigen. Die Osmanen waren von dieser Machtdemonstration so erschrocken, daß Mustafa Pascha den Angriff abblasen ließ. Somit war eine weitere Gelegenheit, auf Malta Fuß zu fassen, verpaßt.

Langsam nahm der Aufmarsch des Entsatzheeres auf Sizilien Gestalt an und am 7. September landete die Flotte des Vizekönigs von Sizilien, trotz der Herbststürme, 10 000 Mann im unverteidigten Norden der Insel. Diese Streitkräfte genügten, um die Janitscharen vollends zu entmutigen. Noch aber wäre nicht alles verloren gewesen, wenn Piali Pascha sofort einen Angriff auf die Flotte des Vizekönigs von Sizilien unternommen hätte, denn immerhin besaß er dreimal soviel Schiffe als sein Gegner. Auch diesmal fehlte ihm die Entschlußkraft und der Angriff blieb aus.

Inzwischen waren die christlichen Truppen im Laufe der Nacht nach Mdina vorgerückt und hatten dort Quartier bezogen. Nachdem fast alle osmanischen Truppen wieder eingeschifft waren, erfuhr Mustafa Pascha, daß es sich nur um relativ schwache Streitkräfte der Christen handelte, die in Mdina Fuß gefaßt hatten. Sofort ließ er wieder 9000 Mann an Land setzen, um den Angriff nun doch zu wagen. Die Osmanen aber hatten nicht mit der Tapferkeit gerechnet, mit der die Christen in den Kampf zogen. Mustafa Paschas Janitscharen wurden besiegt; nur einigen hundert gelang die Flucht auf die Schiffe. Somit war alles entschieden. Man schrieb den 8. September. Dieses Datum wurde in der Christenheit lange nicht vergessen.

Die Belagerung Maltas hatte dreieinhalb Monate gedauert. Die Forts St. Elmo, Il Borgo und Isola waren unter dem Bombardement der osmanischen Artillerie zerstört worden. Kein einziges Wohnhaus war dabei verschont geblieben. Der Schaden war unermeßlich. Malta aber hatte standgehalten. Es war der Hohen Pforte nicht gelungen, die Seeherrschaft im westlichen Mittelmeer an sich zu reißen.

Der Fall von Malta hätte ungeahnte Folgen für die Christenheit gehabt. Die Einnahme wäre ein einmaliger Trumpf für die osmanische Macht gewesen und hätte die Armee des Sultans in ihrer Unbesiegbarkeit einmal mehr bestätigt. Diese Niederlage ließ Zweifel an der Kampfkraft und der Strategie der osmanischen Führer aufkommen. Vielleicht hätte die Präsenz des Sultans vor Malta den Kampfgeist der Janitscharen angefacht; doch Soliman war zu alt, um eine derartige Seereise noch anzutreten.

Während die Johanniter auf der kleinen, von Schutt übersäten Insel an den Wiederaufbau gingen, plante Soliman bereits den nächsten Feldzug gegen die Christenheit. Er schien den Plan, Wien zu erobern, noch

immer nicht aufgegeben zu haben. Zwei Jahre nach Ferdinands Tod (1566) hatte dessen Nachfolger Maximilian II. dem Sultan sogar den Kriegsgrund hierzu geliefert, als er es ablehnte, die von Ferdinand vereinbarte Tributzahlung an die Hohe Pforte zu leisten. Ferner machte er seine Ansprüche auf Transsylvanien geltend.
Dieser Feldzug war Solimans 13. Angriff, den er gegen Ungarn und Österreich führte; und er sollte auch endgültig der letzte werden. Diesmal wollte sich Soliman der Stadt Wien von Südwesten her nähern und belagerte deshalb die Festung Sziget. Der Verteidiger der Anlage war der Kroate und Adelige, Graf Nikolaus Zrinyi, einer der reichsten Männer der Gegend. Weil er auf das Eingreifen des Kaisers hoffte, ließ er sich in Sziget einschließen. Die kaiserliche Armee aber, die immerhin 25 000 Mann stark war, lag in Raab und machte keine Anstalten, Zrinyi zu Hilfe zu kommen.
Soliman ließ die Festung Sziget pausenlos beschießen. Als Zrinyi mit gezücktem Degen einen Ausfall machte, wurde er zusammen mit allen Besatzungsmitgliedern niedergemetzelt. Bis heute ist die heldenhafte Episode von Sziget in der ungarischen und kroatischen Geschichte noch nicht vergessen. Ein Nachkomme Zrinyis hat 1645 das Gedicht „Szigeti Veszedelem“ (Die Niederlage von Sziget) geschrieben. Einer der größten Plätze in Agram trägt heute den Namen Nikolaus Zrinyi. 1966 fand in Sziget die Vierhundertjahrfeier des Gemetzels statt. Die Befestigungswerke wurden für diese Feier teilweise restauriert und eine umfangreiche Dokumentation über die Belagerung war der Öffentlichkeit zugänglich.
Soliman aber erlebte das Ende der Belagerung von Sziget nicht mehr. Er starb in der Nacht vom 5. auf den 6. September 1566. Wahrscheinlich hatte ein Herzschlag dem größten osmanischen Feldherrn ein Ende bereitet. Der Tod des Sultans wurde solange geheimgehalten, bis sein Thronfolger Selim II. – mit dem unrühmlichen Beinamen „der Säufer“ – in Istanbul eingetroffen war. Die Zeitläufte waren an einem Wendepunkt angelangt. Immerhin hatte Soliman der Prächtige das hohe Alter von 72 Jahren erreicht.
Acht Jahre zuvor war sein härtester Widersacher, Karl V., gestorben, ohne den Traum von einem einigen christlichen Weltreich erfüllt zu

haben. Aber waren die Hoffnungen des ehrgeizigen Potentaten einer osmanischen Vorherrschaft in Asien und Europa in Erfüllung gegangen? 46 Jahre seines Lebens hatte er regiert, Kriege geführt, das Schicksal herausgefordert. Mit seinem Tod ging das „Goldene Zeitalter“ unwiderruflich zu Ende.

Die Nachfolger waren unfähig, das riesige Reich klug und weitsichtig zu verwalten. In wenigen Jahrzehnten richteten sie zugrunde, was dieser geniale Herrscher geschaffen und hinterlassen hatte.

Staat und Gesellschaft im Reich der Osmanen

Soliman und sein Großwesir

Für die Untertanen der Hohen Pforte war Soliman der Prächtige der mächtige, ja der größte Herrscher in der wechselvollen Geschichte des Osmanenreiches. Ihm war es gelungen, von allen orthodoxen Muslimen – den Sunniten also – als Autorität anerkannt zu werden. Bei seinen Eroberungszügen und Annektionen hatte er Millionen von Christen den Gesetzen des Islam unterworfen, dieser jungen Weltreligion. In Griechenland, Bulgarien, Rumänien, Serbien, Kroatien, Bosnien und Ungarn wurden die Gebote der Bibel durch die strengen Regeln und Rituale des Koran ersetzt.

Die Hohe Pforte – so genannt nach der Eingangspforte des Sultanspalastes, in dem der Herrscher residierte – repräsentierte die Macht in einem Reich, das nie zuvor so wohlhabend, so riesig gewesen war. Wie wir bereits berichtet haben: es erstreckte sich über ein Territorium zwischen dem Euphrat, dem Nil und der Donau und schloß weiträumige Küstengebiete Nordafrikas ein.

In den Augen des Volkes war Soliman ein überragender Feldherr; aber ebenso auch ein vorzüglicher Organisator und ein souveräner Staatsmann, der zu seiner Zeit den Beinamen „der Gesetzgeber“ trug, obschon er eigentlich keine neuen Gesetze erließ, sondern die überlieferten lediglich zu sammeln verstand und zur ersten gültigen Rechtsordnung des Reiches zusammenfaßte. Seine vielfältigen Leistungen, insbesondere die Eroberungen, brachten ihm den ehrenvollen Titel „Sahib-i-Kiran“ ein: „Herr der Zeit“. (Übrigens wurde später noch ein Regent so genannt: Murad IV., der von 1623 bis 1640 Sultan war. Ein hochgebildeter Despot, grausam und trunksüchtig).

Die christlichen Geschichtsschreiber im Europa des 16. und 17. Jahrhunderts sahen in Soliman zumeist einen herrschsüchtigen Staats-

mann und brutalen Feldherrn. Für einige von ihnen war er der größte und gefährlichste Feind der Christenheit; eine Art Monstrum, das Furcht und Schrecken verbreitete. Ganz zu Unrecht schilderten sie ihn als einen grausamen Despoten, dem man zwar militärische Fähigkeiten nicht absprechen konnte – die Niederlagen von Rhodos und Mohacs waren erschreckende Realität – aber er war für die Historiker der Bösewicht schlechthin.
Dabei hätten sie Grund genug gehabt, einen Eroberer im eigenen Lager anzuprangern. Doch es lag ihnen fern, die Grausamkeit der christlichen Konquistadoren auch nur zu erwähnen, die auf Befehl Seiner katholischen Majestät Karl V. die Inkas und Azteken im neu entdeckten Südamerika erbarmungslos ausrotteten und ihre Hochkulturen plünderten oder zerstörten. Die spanische Geschichte durfte keine so blutigen Kapitel enthalten.
Für den Historiker unserer Zeit ergeben sich bei der Wahrheitsfindung große Probleme. Um die Gestalt Solimans haben sich im Laufe von Jahrhunderten manche Legenden gebildet, die wenig über die wirklichen Vorgänge Auskunft geben. Die wohl einzige authentische Beschreibung des Sultans haben wir dem flämischen Gesandten und Historiker Ogier Ghiselin de Busbecq zu verdanken. Seine Schrift „Turcecae legationis pistolae quatuor; Turkish Letters“ ist 1927 in London gedruckt worden.
Sicherlich kommen seine Schilderungen der Realität sehr nahe, wenngleich er beispielsweise wohl zu übertrieben Solimans Gutmütigkeit rühmt, die recht fraglich erscheint. Immerhin haben wir es hier mit einem Zeitgenossen des Herrschers zu tun. Busbecq verbrachte insgesamt vier Jahre in Istanbul und wurde mehrmals von Soliman in Audienz empfangen. Seine Unterredungen mit dem Sultan wurden stets in einer freundlichen Atmosphäre geführt. Hier seine Beschreibung, die er Ferdinand I. übergab:
„Ich zweifle nicht daran, daß Ihr neugierig seid, wer dieser Soliman ist. Er ist ein Prinz in den Fünfzigern, dessen Gesicht und Gestalt eines solch großen Imperiums würdig ist. Er genießt den Ruf, stets sittsam und mäßig gewesen zu sein, wo es doch den Osmanen erlaubt ist, ohne Tadel zu sündigen. Seine Jugend wurde weder durch die Trunksucht,

noch durch die Liebe zu jungen Männern getrübt, zwei Eigenschaften, die zu den allgemeinen Genüßlichkeiten der Osmanen gehören. Seine Feinde werfen ihm vor, zu sehr dem Willen seiner Frau (gemeint ist hier Roxelana, eine Verballhornung von „Russolana" d. h. Russin) unterworfen zu sein und auf ihre Launen einzugehen. Hat er doch eingewilligt, seinem Sohn Mustafa Selim, einem Säufer, den Thron zu sichern. Jeder in Istanbul weiß, daß er seit der rechtmäßigen Heirat mit Roxelana keiner anderen Frau beigeschlafen hat, obwohl das Gesetz ihm dies erlaubte. Soliman war stets ein strenger Befolger der Gesetze. Obwohl seine Gesichtsfarbe schlecht war – er versuchte sie zu verbergen, indem er rote Schminke auf sein Gesicht auftragen ließ – und obwohl das Gerücht ging, er leide an einer unheilbaren Krankheit, war seine Gesundheit nicht so angegriffen, wie es äußerlich den Anschein hatte. Er nahm stets an den Sitzungen des Diwan teil, wobei er seinen Willen durchsetzte".

Zweifellos waren dem Chronisten die außerordentlichen Machtbefugnisse des Sultans nicht entgangen. Solimans politische und religiöse Autorität wurde von den Untertanen bedingungslos, ja mit allen Anzeichen höchster Verehrung seiner Person anerkannt. Ein „Personenkult" also: er war der „Befehlshaber aller Gläubigen"; eine Würde, die bereits seinem Vater, Selim I., nach der Eroberung von Ägypten und der Entmachtung des letzten Abbasiden-Kalifen zuerkannt worden war.

Der Sultan war von seiner Mission überzeugt und ließ nur seine eigene Meinung gelten. Gewiß: er war umgeben von Wesiren – „Minister" würden wir heute sagen –, aber sie waren für die verschiedenen Ressorts lediglich als Berater zuständig. In den immerhin 46 Jahren seiner Regierungszeit faßte er, zurückgezogen in seinem Privatpalast Topkapi Sarayi lebend, so gut wie alle Entschlüsse. Er muß hart und unermüdlich gearbeitet haben. Jedenfalls bezeugten die abendländischen Gesandten, die der Herrscher in Privataudienz empfing, übereinstimmend diese Eigenschaften. Er war streng gegen sich selbst, aber auch gegen andere. Allerdings stand ihm noch der Großwesir zur Seite: als der zweitmächtigste Mann im Reich der Osmanen. Solimans erster Großwesir war sein Freund Ibrahim, der sein hohes Amt von 1523 bis 1536 ausübte. Ihm folgten zwei weitere Großwesire, deren großes Talent in politischen Dingen bemerkenswert gewesen sein muß. Von 1544 bis 1553: Rustem Pascha, der sozusagen zur Familie gehörte, weil er mit Roxelanas Tochter verheiratet war. Wir wissen nicht, warum er seinen Posten für zwei Jahre verlor, denn von 1955 bis 1561 wurde er wieder in seine Verantwortung berufen, während zugleich Mohammed Sokolli ab 1556 bis 1579 ebenfalls als Großwesir tätig war.

Die Bezeichnung „Wesir" leitet sich aus dem arabischen Verb „wazara" ab, was so viel wie „eine Last tragen" bedeutet. Im Koran findet sich der Begriff ähnlich angewendet: „Freund und Helfer".

Der Titel eines Wesirs wurde sowohl im Reich der Osmanen, als auch im safawidischen Persien – dem unversöhnlichen Gegner der Hohen Pforte – einem größeren Personenkreis verliehen. Unter Soliman standen die sogenannten Kuppelwesire – Kubbe verzirleri – dem Großwesir im Diwan beratend zur Seite. Die Zahl der Wesire schwankte zwischen drei und zehn für dieses Amt auserkorene Persönlichkeiten. Sie verfügten zwar über eine gewisse Machtbefugnis, doch waren sie oft von den Launen und eigenwilligen Entscheidungen des Sultans und seines Großwesirs abhängig, die sie nach Belieben absetzen konnten.

Im Gesetzbuch von Mehmed dem Eroberer war der Großwesir als der „absolute Vertreter" des Herrschers ausgegeben. Bei der Ernennung übergab ihm der Sultan das großherrliche Siegel, als sichtbares Zeichen seiner Würde. Als höchster Minister hatte er im Diwan, der viermal in der Woche tagte, den Vorsitz. Doch dieses Privileg war nur eine Farce, denn der Sultan behielt sich alle Entscheidungen vor.

Dennoch waren sich seine Großwesire – zuerst Ibrahim, dann Rüstem Pascha und Mohammed Sokolli – ihrer Würde voll bewußt. Das zeigte sich beispielsweise bei den Audienzen, wo ein sehr strenges, genau festgelegtes Hofzeremoniell einzuhalten war. Es ist uns bekannt, daß ausländische Gesandte, besonders französische (trotz der bestehenden ottomanisch-französischen Allianz) von den amtierenden Großwesiren verächtlich ignoriert wurden, wenn sie sich nicht an die Etikette hielten.

Einmal wurde der Sohn des französischen Gesandten La Haye-Vantelet sogar verprügelt, als er unangemeldet zu einer Audienz erschien und

den Großwesir nicht nach dem üblichen Ritual begrüßte. Es handelte sich um eine Lappalie: der Franzose hatte sich nicht, wie es erwartet wurde, auf einen Schemel unterhalb des erhöhten Podestes niedergelassen, auf dem der Großwesir selbstherrlich thronte. Bei alledem zeigt sich die maßlose Überheblichkeit einer Politik, die das Ziel verfolgte, das christliche Abendland und seine Repräsentanten zu demütigen.
Die Großwesire hielten mit dem gleichen Gepränge Hof wir ihr Herrscher. So verfügte zum Beispiel Ibrahim über ungefähr 2000 Bedienstete, die allesamt in seinem Palast in Istanbul untergebracht waren. Um einen so aufwendigen Haushalt führen zu können, erhielt der Großwesir aus der Staatskasse ein Gehalt von 1 800 000 Aspern (die Asper war die kleinste osmanische Silbermünze). Hinzu kamen noch die Einkünfte aus den Ernennungsrechten, die jeder neu ernannte Beamte an den Großwesir zu zahlen hatte. Ganz zu schweigen von Geschenken aller Art und den Anteilen an den Einkünften, die auf der Insel Zypern erzielt wurden.
Es versteht sich, daß einige Großwesire auf diese Weise über ungeheure Reichtümer verfügten. Allerdings profitierten die Erben nicht davon, denn ein ungeschriebenes Gesetz bestimmte, daß nach dem Tod eines Großwesirs – oder auch nach seiner Absetzung – sein gesamter Besitz an den Staat zurückfiel. Der Sultan konnte sich auf seine Großwesire verlassen. Rüstem Pascha etwa, mit seiner Tochter verehelicht, verfügte über ein ungewöhnliches Talent: einen scharfen Geist und eine erstaunliche Beobachtungsgabe. Er kam aus niedrigen Verhältnissen; sein Vater war Ochsentreiber gewesen, der Sohn dann auch. Aber Soliman erkannte in ihm die große Begabung, Geld herbeizuschaffen. Er ernannte ihn darum zu seinem Finanzverwalter aller Einkünfte der Hohen Pforte.
Nun gab es am osmanischen Hof noch eine Reihe anderer Würdenträger, denen bestimmte Aufgaben übertragen waren: Nishandji, Bash Defterdar, Defterdar, Mufti, Kadi-Askers . . . Ein für unsere Begriffe recht hierarchisches System der Machtausübung und Verantwortungen. Doch es ist sicher wichtig, sich die einzelnen Würdenträger einmal in ihren Funktionen vorzustellen.
Der Nishandji war für Solimans Staatskanzlei verantwortlich. Er war

sozusagen der „Generalsekretär“ des Diwans und hatte die Aufsicht über alle Regierungsschreiber und Sekretäre. Weil sein Amt eine gewisse intellektuelle Bildung erforderte, wurde der Nishandji in den wichtigsten Medresen, den öffentlichen Schulen, in denen hauptsächlich islamisches Recht, aber auch Medizin, Literatur und Mathematik gelehrt und Koranexegese betrieben wurde, ausgewählt.

Eine der Hauptaufgaben des Nishanji bestand darin, alle vom Diwan verabschiedeten und vom Sultan gutgeheißenen Verordnungen mit dem großherrlichen Siegel zu versehen. Erst dann hatte eine Verordnung Rechtskraft. Unter Soliman blieb ein Nishandji kaum mehr als fünf Jahre im Dienst. Der hohe Posten setzte ein großes Verantwortungsbewußtsein voraus. Solimans Untertanen kannten dieses Amt allerdings nur dem Namen nach.

Der Defterdar, wörtlich „der Bewahrer der Register“, war in Wirklichkeit der große Ober-Finanzverwalter des Reiches. Das Amt wurde erst in der ersten Hälfte des 15. Jahrhunderts eingeführt. Anfangs gab es nur einen Defterdari: den von Rumelien. Ende des 15. Jahrhunderts wurde ein weiterer Defterdar für Anatolien ernannt. Selim I., Solimans Vater, berief einen dritten für Syrien. Ein vierter unter Soliman war für das Einziehen der Pachtgelder der Hohen Pforte verantwortlich.

Alle Defterdars jedoch standen unter der Kontrolle des Bash Defterdar, dem obersten Finanzvorsteher. Der Bash Defterdar überprüfte alle finanziellen Operationen des osmanischen Schatzamtes und erhielt jeden Abend einen Bericht über die Ausgaben, den er zwei- oder dreimal wöchentlich dem Großwesir vorlegen mußte. Keine Ausgabe konnte ohne die schriftliche Genehmigung des Bash Defterdar getätigt werden. Trotzdem hatte er jedoch keinen Einblick in die persönlichen Ausgaben des Sultans, deren Verwaltung dem Hazinedar Bashi oblag. Wie die Ämter des Großwesirs, Wesirs und Nishanji, so war auch der Inhaber des Postens des Bash Defterdars den persönlichen Launen des Sultans unterworfen, der ihn zu jeder Zeit absetzen konnte.

Der Bash Defterdar verwaltete nicht nur das öffentliche Schatzamt des Reiches, sondern bewahrte alle offiziellen Dokumente auf, die sich auf die Ländereien bezogen, die der Sultan hohen militärischen und zivilen Beamten als Einkünfte bewilligt und auf die finanziellen Privilegien, die er den Korporationen zugestanden hatte. Dem Bash Defterdar unterstanden zwischen 200 und 300 Beamte und zu seiner Gefolgschaft gehörten immerhin 50 Personen, dies, um die Wichtigkeit des Amtes öffentlich zu unterstreichen.

Neben den zivilen Autoritäten des Reiches, dem Großwesir, Wesir, Nishanji, Bash Defterdar und Defterdar, verfügten die religiösen Persönlichkeiten über nicht weniger Macht. Als religiöses Oberhaupt amtierte der Mufti von Istanbul, der den Titel Schejch ül-Islam trug und als höchste religiös-rechtliche Autorität an der Spitze der Ilmije (wissenschaftliche Bezeichnung für den Teil der osmanischen Staatseinrichtungen, der Religion, Recht und Erziehung umfaßte und von Ulemas, islamischen Gelehrten, verwaltet wurde) stand.

Seine Macht und sein großer Einfluß verführten viele Europäer dazu, ihn für den „Papst der Osmanen" zu halten. Gewöhnlich war der Mufti ein Rechtsgelehrter, der in Rechtsgutachten Fragen religiös-rechtlicher Natur beantwortete. Jeder Muslime konnte Fragesteller sein. Bereits unter Solimans Vorgänger war das Erteilen von Rechtsgutachten (Fetwas genannt) durch den Mufti Staatsangelegenheit geworden. Seinen Fetwas kamen besonders in staatlichen Belangen große Bedeutung zu und des öfteren berief sich der Kadi bei seiner Urteilssprechung auf ein Fetwa. So war Solimans Gesetzgebungswerk dank der Mitarbeit und des Einflusses des bedeutendsten osmanischen Muftis Ebu s-su'ud und dessen Fetwas zustandegekommen.

Rangmäßig unter dem Mufti standen die Kadi-Askers, die Heeresrichter. Es gab deren zwei: einen für Rumelien, den europäischen Teil des Reiches; und einen für Anatolien, den asiatischen Teil des Reiches. Beide beschäftigten sich mit allen Rechtsfällen, die auf ihren Territorien anstanden. Sie ernannten die Kadis (Richter), saßen im Diwan, spielten aber in der Hauptstadt keine richterliche Rolle, wo der Kadi von Istanbul in gewisser Unabhängigkeit der Kadi-Asker gegenüber waltete. Rangmäßig stand der Kadi von Istanbul gleich hinter dem Kadi-Asker und war der erste Kadi im Reich.

Der Posten eines Kadi von Istanbul war sehr begehrt, denn er konnte sowohl zum Kadi-Asker als auch zum Mufti von Istanbul aufsteigen. Der Kadi übte keineswegs nur richterliche Funktionen aus. In erster

Linie befaßten sich die Kadis mit den Seiten des Rechts, die in Koran und Hadith – wörtlich: „Mitteilungen“, vor allem über Aussprüche und Handlungen des Propheten – erwähnt werden: Ehe-, Familien- und Erbrecht. Ferner hatten die Kadis die Aufsicht über fromme Stiftungen, Geisteskranke und Verschwender, die Verwaltung der Erbschaft der Waisen sowie die Vormundschaft über minderjährige Waisen und Findelkinder. Überdies dienten sie denjenigen Frauen als Heiratsvormund, die keinen dazu rechtlich geeigneten Mann in ihrer Verwandtschaft hatten.

Der Leser wird sich fragen, wie es in dieser festgefügten Hierarchie möglich gewesen ist, sich zum Würdenträger im Reich der Osmanen hochzuarbeiten? Alle die so begehrten Karrieren waren ja mit Privilegien verbunden, von denen der normale Sterbliche kaum zu träumen wagte. Es kann uns daher nicht verwundern, daß ein solcher Aufstieg nicht nur Fähigkeiten, sondern auch eine ganze Menge Glück voraussetzte.

Soliman war – als irdischer Vertreter des einzigen Gottes Allah, des Schöpfers aller Dinge – der allmächtige und selbstherrliche Herr seiner Untertanen. Was darunter zu verstehen war, verrät der generische Name, den beispielsweise die Palastdiener und die Janitscharen trugen: „Kapi Kullari“, was „Sklave“ heißt. Sklaven der Hohen Pforte – diese Bezeichnung verpflichtete zu bedingungslosem Gehorsam, ganz gleich, welchen Dienst jemand zu versehen hatte. Neben den Bediensteten des Sultans waren auch alle Beamten der Zentralverwaltung und in den Provinzen, die Militärs, der Aga der Janitscharen und der Aga der Spahis eben nur „Kapi Kullari“.

Nun sind sie gewiß nicht alle im strengen Sinne des Wortes Sklaven gewesen; doch sie hingen voll und ganz von Solimans Gunst ab. Er allein verfügte über sie und bestimmte, wer Karriere am Hof machen durfte, wer abgesetzt wurde. Gegen die Entscheidung des Herrschers gab es keinen Einspruch.

Es gehörte schon einiges Geschick dazu, die Gunst des Sultans zu erlangen. Mancher junge Osmane nützte die guten Beziehungen des Vaters oder eines Verwandten, die sich bereits des Wohlwollens von Soliman erfreuten. So konnte er protegiert werden und als Page oder

Beamter in den Serail gelangen. Nicht selten verhalf ihm auch der gute Ruf einer alteingesessenen Familie zu dem begehrten Hofamt, doch war das nicht immer eine Garantie, den gewünschten Posten wirklich zu bekommen.

Ränkespiele, Neid und Mißgunst, ja die schlechte Laune des Sultans konnten im Nu alle Hoffnungen zunichte machen. Im osmanischen Reich gab es keinen Adelsstand nach europäischem Muster, mit den ererbten und oft nur angemaßten Privilegien; niemand wurde bevorzugt und konnte aufgrund seiner Herkunft die hohen und mächtigen Ämter beanspruchen. Eine der ganz wenigen Ausnahmen: dem angesehenen, tüchtigen Großwesir mit unbeschränkten Machtbefugnissen – dem Köprülü Mehmed Pascha – folgte sein Sohn, der Köprülü Fazil Ahmed Pascha, weil ihn der Vater schon frühzeitig in die Führung der Regierungsgeschäfte eingeweiht hatte.

Aber ein Untertan hatte auch die Chance, durch die Knabenlese („Dewsirme") – wir berichteten schon darüber – in Amt und Würden zu gelangen. Hier wurden elitäre Maßstäbe angelegt und gewisse Talente für den einen oder anderen Dienst erkundet. Wenn sie es schafften, die jungen Männer, die Aufmerksamkeit des Sultans, der Sultanin oder eines Granden zu erwecken, dann war es durchaus denkbar, daß sie bis zum hohen Amt des Großwesirs aufzusteigen vermochten. Wer einmal oben angekommen war, der „verdrängte" seine oft niedrige Herkunft und unterwarf sich bedingungslos dem Regiment des Sultans.

Doch sollten wir es Soliman zugute halten, daß er mit einiger Strenge darüber wachte, die Auswahl für die hohen Beamten der Zentralverwaltung nur aufgrund von wirklichem Können getroffen zu haben. Er setzte Unfähige ab, bestrafte, wenn Mißstände einem Beamten zur Last gelegt wurden. Europäische Augenzeugen bewunderten den Gerechtigkeitssinn des Sultans und fanden, daß man sich in Europa ein Beispiel daran nehmen konnte.

Allerdings konnte sich niemand unter Solimans autoritärer Herrschaft in Sicherheit wiegen, ganz gleich, ob er Großwesir, Wesir, Aga oder Defterdar war. Besonders die hohen Beamten hatten die Intrigen der Konkurrenz zu fürchten. Jeder von ihnen begünstigte eine Vielzahl ihm unterstellter Beamten, von denen er dafür auch Ergebenheit verlangte.

Wenn darum ein so hoher Beamter abgesetzt wurde, dann flog seine ganze Klientel mit aus den Ämtern; sie mußten den Schutzbefohlenen des Nachfolgers Platz machen. Dieser unerbittliche Konkurrenzkampf um die höchsten Ämter förderte naturgemäß die Korruption. Jeder scheute keine Mittel, um möglichst schnell reich zu werden. Das bedeutete keineswegs, daß diese Männer nicht fähig für ihre Ämter waren; sie hatten eben auch sehr typische menschliche Schwächen. Da änderte sich im System auch nichts, wenn Soliman jede aufgedeckte Untreue im Amt und die Korruption – „Bakhsish": unerlaubte Bestechung von Richtern und Beamten – mit äußerster Härte bestrafte.

Soliman „der Gesetzgeber"

Soliman glaubte sich, wie wir bereits erwähnt haben, einzig und allein befugt, Gesetze zu erlassen. Das islamische Recht, Scheriat, das einen integralen Bestandteil des Islam bildet und die von Allah gesetzte Schöpfungsordnung enthält, regelte sowohl das Verhalten des Regierenden als des Regierten im Reich der Osmanen. Diese Regelung bezog sich auf die praktischen Beziehungen des Muslimen zu Allah, zu den Mitmenschen und zu allen Geschöpfen überhaupt, die Allah für die Muslimen geschaffen hatte.

Nur bestand das Scheriat seit mehr als sieben Jahrhunderten, aber die Lebensweise der osmanischen Muslime hatte sich im Laufe der langen Zeit geändert. Soliman war mit seinen Juristen und Theologen zu der Auffassung gekommen, daß die fundamentalen Elemente des Scheriats nicht geändert werden durften, daß aber in der Auslegung des islamischen Rechts eine Wende herbeigeführt werden müßte, die den Lebensformen des 16. Jahrhunderts entsprach.

Die Änderung oder Reform drängte sich förmlich auf, um so mehr, als der moderne osmanische Staat die Verbundenheit zu den Vorschriften des Koran zu verlieren schien. Um die Änderung durchführen zu können – sie durften ja nicht gegen die Grundvorschriften des Korans verstoßen –, ließ Soliman alle bekannten Juristen und Theologen nach Istanbul kommen. Unter der Leitung des damals wohl bedeutendsten islamischen Rechtsgelehrten, des Mufti Ebu s-su'ud, gingen sie ans Werk.

Die versammelten Rechtsgelehrten und Theologen standen vor der dringenden Aufgabe, das Scheriat in Form und Gehalt der neuen osmanischen Gesellschaft anzupassen. Sie mußten bei jeder neuen Interpretation darauf achten, daß sie die Grundsätze des Korans nicht verletzten. Doch gelang es Soliman und seinen Mitarbeitern, das Scheriat im Sinne der Rechtsauffassung des „Goldenen Zeitalters" zu modernisieren.

Die neu bearbeitete Rechtssprechung betraf hauptsächlich den Landbesitz, die Besteuerung der Untertanen, die Neuregelung der Märkte und der Preise. Gleichzeitig wurde die Strafprozeßordnung teilweise der Zeit angepaßt. Das unter Solimans Vater eroberte Ägypten erhielt eine völlig neue Gesetzgebung, die „Kanun-nameh-Misr". Soliman zögerte jedoch nicht, mit Nachdruck zu befehlen, daß auch unpopuläre Gesetze, wie z. B. das Verbot von Weintrinken, befolgt werden mußten. Hier gab es keine Änderung.

Vielen zeitgenössischen westlichen Beobachtern schien der Beiname „El Kanuni" (türkisch: Gesetzgeber) ungerechtfertigt. Die meisten von ihnen waren der Meinung, daß die von Soliman neubearbeiteten Gesetze ungenügend waren und den Anforderungen des osmanischen Staates des 16. Jahrhunderts nur wenig Rechnung trugen.

Dieser Kritik von seiten der Reformgegner kann man folgendes entgegenhalten: wohl entsprachen verschiedene Rechtsverordnungen den politischen, wirtschaftlichen und sozialen Anforderungen der Gesellschaft des „Goldenen Zeitalters" nicht; wohl schlug Soliman des öfteren den Rat seiner Juristen und Theologen bei verschiedenen Gesetzänderungen in den Wind; wohl war es noch immer möglich, verschiedene Gesetze „durch die Hintertür" zu umgehen.

Doch Soliman war ernsthaft bestrebt, durch die neue Rechtsordnung das Leben seiner Untertanen zu verbessern und ihnen mehr Gerechtigkeit zu garantieren, als es unter seinen Vorgängern der Fall gewesen war. Er hatte den Mut, als erster Sultan eine so schwierige Reform überhaupt durchzuführen. Seine Mission bestand darin, die bestehenden Gesetze einheitlich zu sammeln und den veränderten Bedingungen des neuen

Zeitalters anzupassen. So gesehen, war er eigentlich eher ein Rechtsreformer als ein „Gesetzgeber“; ein Beiname, den ihm die Chronisten seiner Epoche gegeben haben.

Für den heutigen Leser mag das alles recht fortschrittlich und einleuchtend klingen. Aber übersehen wir nicht die Kehrseite: humane, gar liberale Normen kamen in dieser Ära der Grausamkeit nicht zur Geltung. Denken wir nur an Solimans „Machtergreifung“. Da es, im Gegensatz zu der zumeist geregelten Thronfolge in Europa, im osmanischen Reich solche Privilegien nicht gab, war die Thronbesteitung eines Sultans eine blutige Angelegenheit. Auch Soliman schreckte nicht davor zurück, seine beiden Brüder und acht Neffen durch gedungene Mörderhand umbringen zu lassen, um als einziger legitimer Sohn seines Vaters Selim I. Sultan zu werden.

Um ihn und seine Zeit, aber auch die Bedingungen zu begreifen, die ihm eine so erstaunliche Karriere ermöglicht haben, erscheint es wichtig, einige Aspekte jener bedeutenden Epoche ins Auge zu fassen.

Die osmanische Streitmacht

Soliman der Prächtige wäre sicherlich nicht auch als ein Kriegsherr von außergewöhnlichem Talent in die Geschichte eingegangen, hätte er sich nicht auf eine große, bestens organisierte Streitmacht verlassen können. Dabei ist die Entstehung seines gewaltigen militärischen Potentials alles andere als das Resultat einer „Aufrüstung“ mit dem Ziel, im Namen Allahs den islamischen Glauben siegreich nach Europa und in die anderen fremden Regionen mit Waffengewalt durchzusetzen. Sehen wir uns die historischen Ereignisse, die zu einer so furchterregenden strategischen Überlegenheit führen konnten, deshalb genauer an.

Die osmanische Armee war in der Hauptsache aus der Miliz halbnomadischer und selbständig in ihren Einflußgebieten operierenden Turkmenen hervorgegangen. Bereits unter Mehmet Fatih – dem „Siegreichen“, auch dem „Eroberer“ – und unter Solimans Vater, Selim I., wurde die osmanische Armee mehrmals reorganisiert. Doch schon bei der Bezeichnung „Armee“ dürfen wir nicht gewohnte Maßstäbe anlegen.

Es handelte sich um Heeresverbände unterschiedlichster Art und Herkunft. Zum Teil waren es kasernierte, der Hohen Pforte unmittelbar – und damit dem Sultan – unterstehende Truppen. Dann Verbände, die in festem Sold dienten: berittene Einheiten, Artillerie, die Infanteristen der gefürchteten Janitscharen. Aus den Provinzen des Reiches kamen die Spahis: belehnte Panzerreiter; und die leichte Reiterei der Aquingi, unter den recht unmißverständlichen Beinamen „Renner und Brenner" bekannt.

Ferner waren die Deli – das heißt: „Die Tollkühnen" – und die Fußsoldaten der Azap Bestandteile dieser bunt zusammengewürfelten Armee. Eigentlich präsentierten sie alle gemeinsam ein Staatswesen, dessen Verwaltungsbehörden ebenfalls militärisch organisiert waren. Die regionalen Regierungsbeamten, die Beglerbegs und Sandschakbegs (Sandschak: Regierungsbezirk) waren nicht nur für die zivile Verwaltung verantwortlich, sie befehligten zugleich die in ihren Bezirken stationierten Truppen.

Die mächtigste Kerntruppe der osmanischen Armee aber waren die Janitscharen (türkisch: yeni ceri oder auch Yeniceri). Sie waren sich ihrer Bedeutung bewußt und hatten ihren Preis. Als Soliman zum Sultan ernannt wurde (1520), mußte er ihre Treue zum Thron buchstäblich erkaufen und ihnen ein fürstliches Geldgeschenk machen. Das war eine Tradition, die bereits seit 1329 bestand und erst 1826 ihr Ende fand, als Sultan Machmud II. die Heereseinheiten der Janitscharen auflöste. Der Grund: die Armeereform nach preußischem Muster, gegen die diese Elitetruppe und mit ihnen die Artilleristen meuterten. Auch Soliman mußte nicht selten hart gegen sie durchgreifen, sie waren oft nur schwer zu bändigen und verstießen, sich ihrer Macht bewußt, gegen die Disziplin.

Die Janitscharen waren in Kampfgeist und Organisation den Truppen der Mamluken in der Aijubiden-Dynastie – sie herrschte von 1174 bis zur Mitte des 13. Jahrhunderts –, den armenisch-kaukasischen Heeresverbänden der Safawiden sowie den Saqaliba im muslimischen Südspanien sehr ähnlich. Der Unterschied bestand lediglich darin, daß die Janitscharen aus dem eigenen Volksreservoir, den Ra'aya, rekrutiert wurden.

Soliman II., der Prächtige

Süleymaniye, die schönste Moschee Istanbuls, erbaut von Sinan

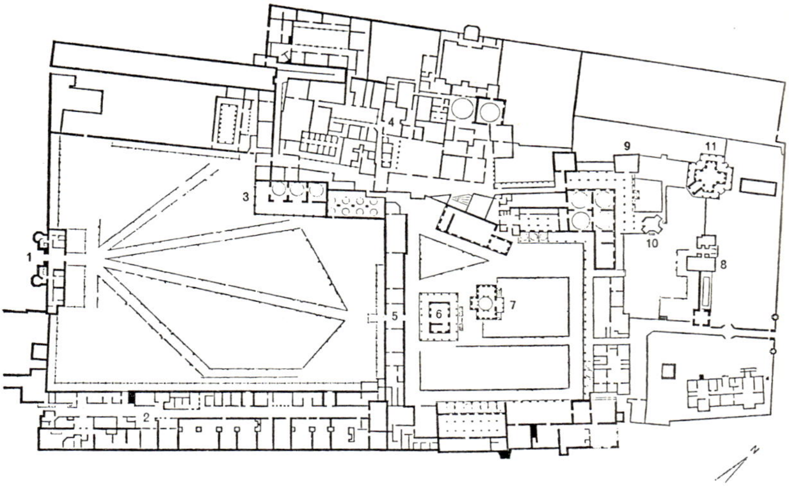

Plan des Topkapi Sarayi, des Serails der Sultane in Istanbul. 1 Zweites Tor (Ortakapi) 2 Küchen 3 Kubbe Alti (Ratsaal) 4 Harem-Flügel 5 ‚Tor der Glückseligkeit' 6 Arz-Odasi (Audienzsaal) 7 Bibliothek 8 Kara Mustafa Paşa-Köşkü 9 Sünnet-Köşkü (Beschneidungszimmer) 10 Revan-Köşkü 11 Bagdad-Köşkü (Aus: U. Vogt-Göknil, Osmanische Türkei, Weltkulturen und Baukunst, S. 151/52)

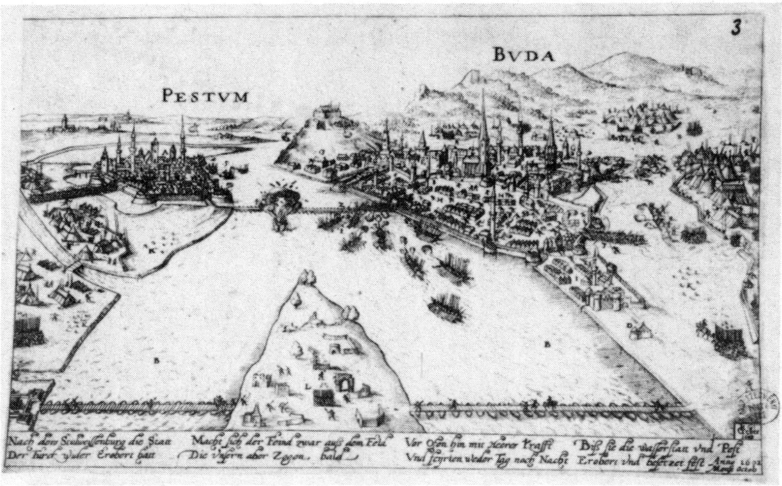

Budapest (Darstellungen aus den Jahren 1602 und 1542)

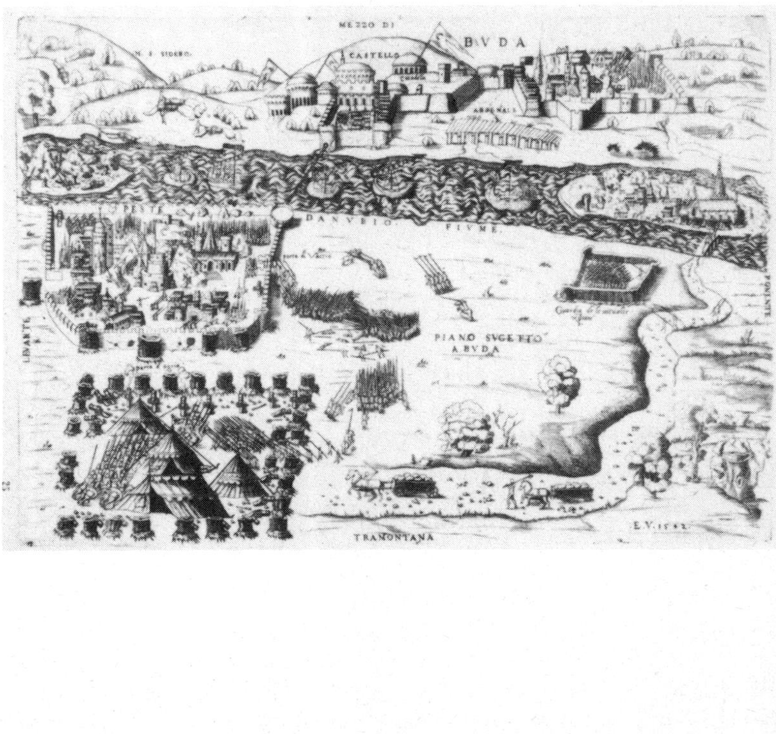

Stadt Ofen mit Festung Pest (von 1602)

Stadt Stuhlweißenburg (von 1603)

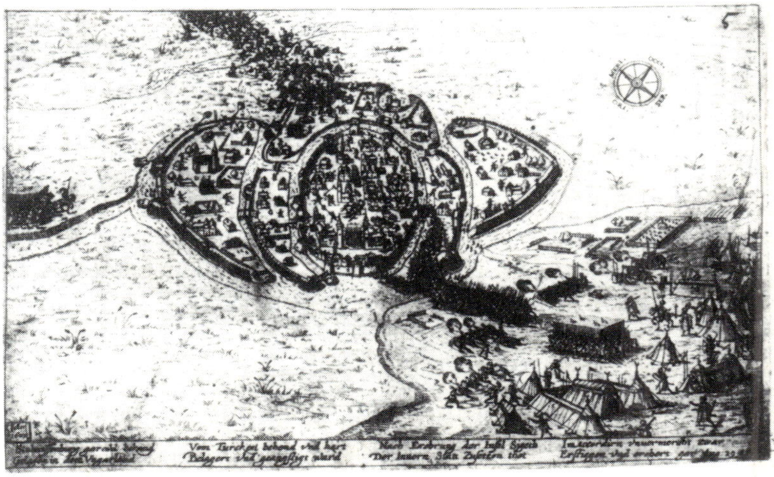

Zeitgen. Miniatur

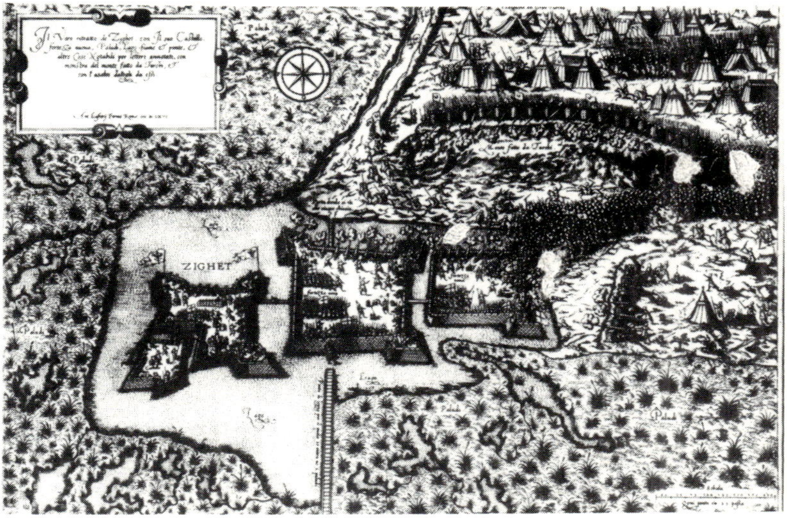

„Wahrhaftige Darstellung von Zighet (Szeged) mit seinem Schloß, der neuen Festung, den Sümpfen, dem See, dem Fluß und der Brücke, sowie anderen eigens beschrifteten Dingen, mit einer Ansicht des von den Türken errichteten Hügels und von dem durch sie vorgenommenen Angriff." (von 1606)

Hilferuf des ung. Königs Ludwig II an Erzherzog Ferdinand

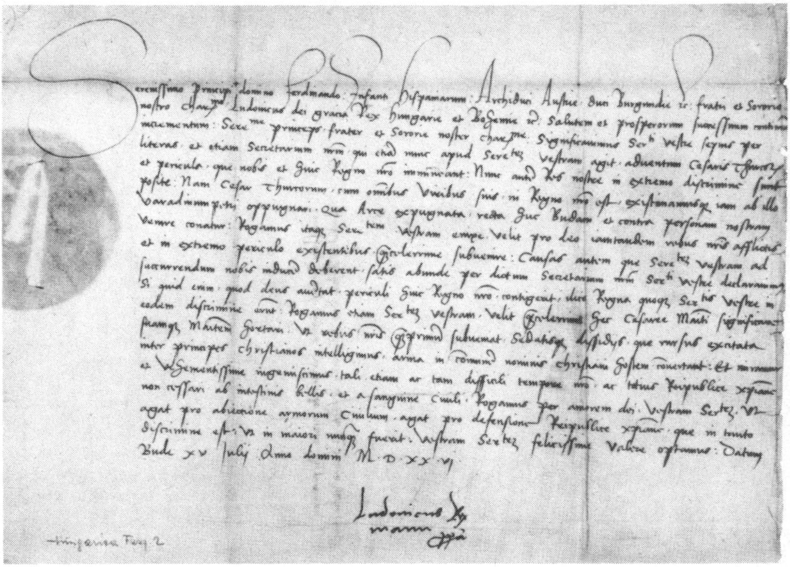

Dem gnädigsten Fürsten, Herrn Ferdinand, Infanten von Spanien, Erzherzog von Österreich, Herzog von Burgund usw., unserem hochgeliebten Bruder und Schwager, Ludwig, von Gottes Gnaden König von Ungarn und Böhmen usw., Gruß und beständiges Wachsen glücklicher Erfolge.

Gnädigster Fürst, unser hochgeliebter Bruder und Schwager: Wir haben Ew. Gnaden des öfteren in Briefen und auch durch unseren Vertrauensmann, der auch jetzt bei Ew. Gnaden tätig ist, die Ankunft des Türkensultans und die Gefahren gemeldet, die uns und diesem unserem Reiche drohen. Jetzt aber ist unsere Sache in äußerster Bedrängnis. Denn der Türkensultan steht mit all seinen Streitkräften in unserem Königreich, und wir nehmen an, daß Peterwardein von ihm belagert wird. Wenn diese Festung erobert ist, versucht er geradeswegs nach Ofen und gegen uns selbst zu kommen. Wir bitten daher inständig, Ew. Gnaden möge um Gottes willen nun endlich unserer Sache, die darniederliegt und in äußerster Gefahr schwebt, möglichst rasch zu Hilfe kommen. Die Gründe aber, die Ew. Gnaden veranlassen sollten, uns zu helfen, haben wir Ew. Gnaden genügend ausführlich durch unseren erwähnten Vertrauensmann klargelegt. Wenn nämlich – was Gott verhüten möge – diesem Reich etwas Gefährliches zustoßen sollte, so werden sofort auch die Reiche von Ew. Gnaden in derselben Gefährdung stehen. Wir bitten Ew. Gnaden auch, dieses schnellstens der Kaiserlichen Majestät mitzuteilen und Ihre Majestät zu ersuchen, unserer Sache möglichst bald zu Hilfe zu kommen, und nach Schlichtung der Zerwürfnisse, die, wie wir hören, erneut unter den christlichen Fürsten aufgeflammt sind, sollen diese die Waffen gegen den gemeinsamen Feind des christlichen Namens wenden. Wir sind verwundert und beklagen es zutiefst, daß man auch in so schlimmen und für uns und die ganze Christenheit schwierigen Zeiten nicht aufhört mit dem inneren Zwist und Blutvergießen an Mitbürgern. Wir bitten Ew. Gnaden bei der Liebe Gottes, tätig zu sein für das Niederlegen der Waffen gegen Mitbürger, tätig zu sein für die Verteidigung der Christenheit, die in einer Gefahr schwebt, wie sie bisher nie größer war.

Wir wünschen, Ew. Gnaden möge es mit bestem Erfolg wohl ergehen.

Gegeben zu Ofen am 15. Juli im Jahre des Herrn 1526.

König Ludwig
eigenhändig

1529

Türkenbelagerung

Bei Kaiser Karl dem Fünften schon
Der türkisch Kaiser Soleimon
Der kam vor Wien mit großer Macht
Zu Roß und Fües; er mit ihm bracht'
Wohl dreimal hunderttausend Mann;
Auf Wasser, Land ruckt' er hinan,
Zwo Meil' ringweis um Wien, die Stadt,
Sein Lager wohl gereichet hat.

Hans Sachs

Türkenschlacht um Wien

Zeitgen. Abbildungen der Türkenbelagerung Wiens

1529

Der Absagebrief, den Sultan Soliman dem König Ferdinand zugeschickt

Wir, Sultan Soliman, Gott auf dem Erdreich und aller Tiefe großmächtiger Kaiser und Sultan zu Babylon, mächtiger Kaiser zu Katheyria, Künig zu Egypten, Künig zu Trabia und in Antiochia, zu Sarthon und Künig des edlen Gesteins in India, ein Erhalter der Götter und Fürst und Geleiter vom Aufgang der Sonne bis zum Niedergang. Probst des irdischen Paradieses Mahomets, Trost und Heil der Türken und Heiden, und ein Verderber der Christenheit; ein Behüter der Grube des gekreuzigten Gottes und Künig zu Hierusalem:
Ferdinandus, der sich schreibt in unseren Landen ein König zu Ungarn, du sollst dich bei Verlierung unserer Krone versehen, daß wir dich mit dreizehn Königreichen in kurzer Zeit in Wien besuchen wollen. Allein der große Gott im Himmel kann dir helfen. So will ich, Gott auf dem Erdreich, dich und all deine Helfer, mit unseren Kriegsstücken durch den allerelendigsten Tod, den wir erdenken mögen, richten lassen. Du mußt dich dessen versehen, daß wir das ganze Deutschland – unser Kaisertum in Kürze – mit unserer Macht belagern und besetzen werden. Das haben wir dir und deinem Bruder Carolo nicht wollen verhalten.

Soliman

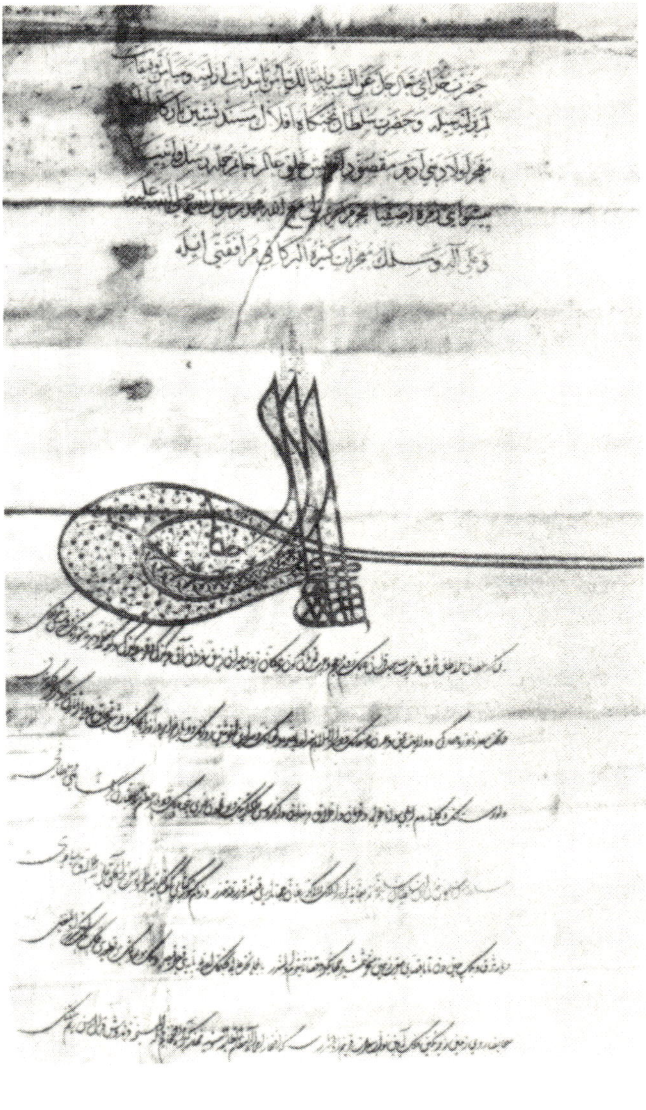

Waffenstillstandsabkommen zwischen Soliman und Ferdinand I. von Habsburg

1571 besiegen die Spanier, Venezianer und Papsttruppen unter Don Juan de Austria in der letzten Galeerenschlacht die Türken

Über die historischen Anfänge der Janitscharen wissen wir nichts. Bekannt ist nur, daß sie schon von Anfang an aus den Beständen der sogenannten „Knabenlese" – der Dewsirme – ausgewählt wurden. Bei diesem Brauch handelte es sich um ein von der Hohen Pforte verfügtes Gebot, wonach die Knaben der christlichen Untertanen von ihren Familien getrennt, aus der individuellen Umwelt mit ihren kulturellen, ethnischen und religiösen Bindungen gerissen wurden.

In der Regel kamen sie nach Istanbul oder in andere osmanische Städte. Dort erzog man sie zum Dienst im Palast, in Staats- und Militärwesen. Einerseits galten sie als Sklaven oder schon Freigelassene des Sultans, andererseits sollten sie einmal die herrschende Oberschicht des Reiches bilden. Ihre Ausbildung zielte auf ihre künftige Aufgabe ab: als persönliche Garde des Sultans, der mit unerbittlicher Strenge darüber wachte, daß sie streng im islamischen Glauben erzogen und militärisch hart gedrillt wurden.

Nun ist es nicht leicht, zu der Überzeugung zu gelangen, daß mit diesen wenigen, allerdings durchgreifenden Maßnahmen bereits die Janitscharen ihre eigentliche Bestimmung, die Elite der osmanischen Streitmacht zu sein, erfüllt hatten. Von der Herkunft her stammten sie aus albanischen, balkan-slawischen Völkerschaften; gelegentlich waren es auch Griechen.

Soliman forderte ihnen viel ab: absoluten Gehorsam bei ihrer ausschließlich für den Kriegsdienst ausgerichteten Ausbildung, Ehelosigkeit, Opferbereitschaft. Dafür ließen ihre Besoldung und Ernährung nichts zu wünschen übrig. Sie durften keinen Nebenberuf ausüben und waren zu einem asketischen Leben verpflichtet. Es war ihnen verboten, beispielsweise Wein zu trinken; sie mußten täglich baden und sich überhaupt äußerst diszipliniert verhalten.

Zweifellos nutzten sie ihre Privilegien auch gebührend aus. So erwarteten sie bei jeder sich bietenden Gelegenheit Geschenke; wir könnten es heute auch „Bestechungsgelder" nennen. Es müssen wilde, verwegene Burschen gewesen sein, bereit, jederzeit Rebellionen gegen die Obrigkeit zu riskieren. Denn ihr Lebensinhalt war das Kriegshandwerk. Schon äußerlich unterschieden sie sich von den anderen Soldaten der osmanischen Armee. Sie trugen dunkelblaue Uniformen und prächtige weiße Filzhüte. Unter Soliman galt diese Art von Prätorianer-Garde als die bestausgebildete und schlagkräftigste Armee-Einheit der Welt. Ihr Anführer war der Aga, eine Art General. Er war Mitglied des Diwan und so konnten die Janitscharen durch ihn Einfluß auf die Politik der Hohen Pforte nehmen.

Wenn sich ein Janitschar schlecht benahm, konnte er nur von den eigenen Offizieren zurechtgewiesen oder bestraft werden. Selbst Solimans mächtigste Großwesire hatten nur wenig Autorität über die Janitscharen, „die neue Truppe", wie sie noch genannt wurden. Ihr Verhältnis zu den osmanischen Alttruppen war auch unter Soliman des öfteren gespannt. Im allgemeinen aber verstanden sie sich mit den Artilleristen gut. Merkwürdig – „gestört", würden wir heute sagen – war das Verhältnis der Janitscharen zur Bektaschije, einer stark heterodoxen Bruderschaft, deren ideologisches Gedankengut sich aus einem merkwürdigen Konglomerat aus Islamischem, Islamisch-Sektiererischem, Christlichem, Buddhistischem und Antikem zusammensetzte und deren Feldgeistliche des öfteren die Urheber von Revolten gegen den Sultan waren.

Unter Solimans Nachfolgern ließ die Disziplin der Janitscharen merklich nach. Viele von ihnen heirateten und nahmen einen zweiten, oft lukrativen Beruf an. Bei dem Aufstand von 1826 ließ Sultan Mahmud II. zahlreiche Janitscharen mit den Rädelsführern hinrichten und löste die Truppe auf.

Rangmäßig gleich nach dem Aga der Janitscharen stand der Kommandeur der Spahis (der belehnten Panzerreiter), der Aga der Spahis. Er besaß allerdings nicht die gleiche politische Macht wie der Aga der Janitscharen.

Zur osmanischen Streitmacht gehörte seit Soliman eine schlagkräftige und mächtige Kriegsflotte. Cheyreddin Barbarossa, Korsar und Beglerbeg zugleich, hatte sie aufgebaut. Zur Belohnung für seinen unermüdlichen Einsatz hatte Soliman ihn zum Kapudan-i derya, zum Admiral (oder richtiger: Großadmiral) der osmanischen Flotte ernannt. Vom militärischen Standpunkt aus gesehen besaß der Kapudan-i derya dieselben Machtbefugnisse wie der Aga der Janitscharen. Er hatte seinen Wohnsitz im Arsenal von Kassim Pascha zu Istanbul.

Er befehligte nicht nur alle Matrosen der Hohen Pforte, sondern hatte ebenfalls die Oberaufsicht über alle Arsenale des Reiches. Ihm unterstanden überdies auch alle Galeerensträflinge des Sultans.

Über die Gesamtstärke der osmanischen Streitkräfte – Heer und Marine – während der Regierungszeit Solimans liegen uns widersprüchliche Angaben vor. Einigermaßen zuverlässig scheinen die Zahlen bezüglich der Stärke der Janitscharen zu sein. Die Elitetruppe dürfte 12000 bis 18000 Mann betragen haben. Die Zahl der Kriegsschiffe, die im Mittelmeer operierten, wird auf 200 bis 250 beziffert. Weitere Hinweise auf die Stärke der anderen, unterschiedlichen Truppenkontingente, über die Reiterei, die Artillerie, fehlen.

Angesichts eines vergleichsweise so geringen militärischen Potentials muß die Schlagkraft und Siegeszuversicht der osmanischen Armee in Erstaunen versetzen. In Allahs und des Sultans Namen hat sie sich auf den Schlachtfeldern im wilden Kurdistan, in Persien, Afghanistan, Indien, Syrien, Ägypten und Ungarn glorreich geschlagen, die Inselfestung Rhodos erobert; und den besiegten Völkern eine enorme Kriegsbeute abgejagt, um sie voller Stolz ihrem obersten Kriegsherrn zu Istanbul zu Füßen zu legen. Dazu gehörte wohl nicht nur Fanatismus, sondern auch List, Mut und Intelligenz.

Der Oberbefehlshaber der osmanischen Landstreitkräfte war der jeweils amtierende Großwesir. Doch leiteten die Sultane ihre wichtigsten Feldzüge selbst. Sowohl Selim I. als auch sein Sohn Soliman, sowie Murad IV. (1623–1640) führten ihre Truppen persönlich in die Schlachten. Die Großwesire übten lediglich beratende Funktionen aus. Erst im 18. Jahrhundert zogen es die Sultane vor, in ihrer Residenz zu bleiben und die Schlachten ihren Feldherren zu überlassen.

Die Religion im Leben des Muslim

Woraus erklärt sich die geradezu gelassene Duldsamkeit des Volkes unter dem recht diktatorischen Regime der Sultane? Sahen die Menschen ihr Schicksal darin, Gewalt, kriegerische Aktionen, eine Untertanen-Mentalität als gerecht hinzunehmen? Hier hat die Religion entscheidend für eine Reglementierung des Lebensablaufes gesorgt und das Volk sozusagen gefügig gemacht.

Die strikte Befolgung der Vorschriften des Koran bestimmte den täglichen Rhythmus. Das Heilige Buch des Islam enthält neben den Offenbarungen Mohammeds aus den Jahren 610–632, die sich auf Gott, Paradies und Hölle beziehen, auch eine Vielzahl von kultischen Anordnungen und gesetzlichen Bestimmungen, nach denen sich die Gläubigen zu richten haben. Sie waren verpflichtet, in regelmäßigen Abständen Gebete herzusagen und sich an bestimmten Festen zu beteiligen, die im islamischen Kalender vermerkt waren. Ob es sich um Beamte, Händler, Schüler oder Soldaten handelte: die Prinzipien, die in den Suren des Koran verankert sind, galten als Grundregeln für die eigene Lebensgestaltung.

Vom Jünglingsalter an war jeder fromme Muslim dazu angehalten, fünfmal am Tag rituelle Gebete herzusagen. Am Morgen, bei Tagesanbruch, das Gebet „Sabah", mittags das Gebet „Ogle", am Nachmittag „Ikindi", vor Sonnenuntergang „Aksham" und einige Zeit nach dem Sonnenuntergang, vor dem Schlafengehen, schließlich das Gebet „Yatsi". Alle diese Namen der Gebete waren identisch mit den Zeitpunkten des Tagesablaufes, an denen sie gesprochen werden mußten.

Der Muezzin – der Gebetsrufer – forderte mit etwas monotoner, halb singender Stimme die Gläubigen nachdrücklich vom Minarett herab auf, diese fünf täglichen Gebete pünktlich aufzusagen. Natürlich gerade dort, wo sie sich befanden: in der Wohnung, auf dem Arbeitsplatz oder in einer der zahlreichen Moscheen.

Neben den fünf täglichen Gebeten gab es noch das große Freitagsgebet. Es wurde ausschließlich in einer Moschee zelebriert, unter der Anleitung eines Iman; und jeder Muslim war verpflichtet, dem Ritual beizuwohnen. Bevor der Gläubige die Moschee betrat, mußte er sich durch Waschungen von Gesicht, Händen und Füßen und den Vorderarmen in den Zustand der Läuterung versetzen. Dies tat er in einem der Brunnen, die entlang der Mauer oder im Hof der Moschee eigens dafür errichtet worden waren. Nach dem Betreten der Moschee zog der Gläubige seine Schuhe aus, kniete gegenüber dem Mihrab, der leeren

Nische in der Wand der Moschee, die die Kibla, die Richtung nach Mekka angibt, nieder und sagte die Gebete her, indem er die rituellen Kniefälle durchführte.

Die Frauen durften an den Gebeten in der Moschee teilnehmen, vorausgesetzt, daß sie den Gesichtsschleier trugen. Sie besaßen jedoch nicht das Recht, sich unter die Männer zu mischen, denen der zentrale Teil der Moschee zum Gebet vorbehalten war. Die Frauen wandten sich in den Seitenschiffen der Moschee, die durch kleine Schlagbäume gekennzeichnet waren, an Allah.

Nichtmuslimen war das Betreten der Moschee untersagt. Falls es ab und zu einem westeuropäischen Reisenden im 16. Jahrhundert gelang, sich unter die betenden Muslimen zu mischen, dann geschah dies nur mit dem Wohlwollen eines Türken und unter dessen Aufsicht.

Die religiösen Pflichten eines frommen Muslim waren nicht nur auf das Hersagen der fünf täglichen Gebete und des großen Freitagsgebetes in der Moschee beschränkt. Jeder Muslim war zum gebotenen Fasten im Ramadan (9. Monat) verpflichtet. Der Islam kennt das „gebotene" Fasten, das freiwillige „verdienstvolle" Fasten und das Fasten als Buße. Durch Fasten erwarb sich jeder fromme Muslim größte Anerkennung. Während des Ramadan bedeutete Fasten die völlige Enthaltung von Speise und Trank sowie vom Geschlechtsverkehr vom Sonnenaufgang bis zum Sonnenuntergang.

Selbst das Rauchen und Ausspülen des Mundes mit Wasser war verboten. Damit diese Askese ihre Gültigkeit hatte, mußte jeder Muslim vorher seine Absicht dazu formulieren. Zum Fasten im Ramadan war jeder Muslim verpflichtet, der das 14. Lebensjahr erreicht hatte. Für gebrechliche Menschen sah der Koran Erleichterungen vor. Sie mußten als Ersatz ein angemessenes Almosen geben. Der Frau war während ihrer „Unreinheit" (Menstruation oder Niederkunft) das Fasten verboten.

Andächtige Predigten, liturgische Besonderheiten, die Nacht zum 27sten des Monats (lailat al qadr), die im Volksglauben mit glückbringenden magischen Kräften erfüllt war, Illumination der Minarette mit Laternen und Girlanden, Trommler, die rechtzeitig die Gläubigen vor Sonnenaufgang zur Frühmahlzeit weckten so wie der Kanonenschuß, der bei Sonnenuntergang als Zeichen des Fastenbrechens abgefeuert wurde, kennzeichneten des weiteren den Anfang, die Dauer des Ramadan und das Ende dieses überaus wichtigen Ereignisses im Lande des Sultans.

Ferner nennt der islamische Kalender zwei kanonische Feste, die in Solimans Regierungszeit feierlich begangen wurden: das Opferfest (Qurban Bayrami) und das Fest des Fastenbrechens (Seker Bayrami). Am Opferfest wurden Schafe, Kamele oder Rinder geopfert. Zwei Drittel des geopferten Tieres mußten an Notleidende abgegeben werden, das restliche Drittel durfte der Opfernde für sich behalten. Nach dem Opferfest trat der Muslim, der finanziell in der Lage war, eine Reise nach Mekka an.

Eine Wallfahrt nach Mekka aber war nur gültig, wenn sich der Gläubige den Bedingungen eines besonderen Weihezustandes, „Ihram“ genannt, unterwarf und die obligatorischen Wallfahrtszeremonien an den festgelegten Tagen des Monats Du l-higga (12. Monat) vollführte. Der besondere Weihezustand bedeutete, daß der Gläubige sich nicht rasieren oder kämmen, nicht die Haare und Nägel schneiden durfte, nicht auf die Jagd ging, sich des Geschlechtsverkehrs enthielt, kein Parfüm gebrauchte und die Ihram-Tracht trug.

Das Fest des Fastenbrechens bildete den Abschluß des besonders für die Armen beschwerlichen Fastenmonats Ramadan. Beide Feste dauerten drei Tage lang.

Zu den traditionellen religiösen Zeremonien, die sich während des „Goldenen Zeitalters“ abspielten, gehörte diejenige der „Ashura“, die am 10. Muharram (1. Monat) stattfand.

Während sich die Sunniten des Tages erinnerten, an dem Noe die Arche verließ und aus sieben Ingredienzen ein Mahl, Ashura genannt, zubereitete, feierten die Schiiten den Todestag Husseins (Sohn des Ali), besonders jedoch seine Ermordung in Kerbala im Jahre 672.

Des weiteren war jeder fromme Muslim angehalten, den Geburtstag des Propheten zu feiern, sowie am „Heiligen Krieg“ teilzunehmen, bei dem es sich ganz einfach um den Kampf gegen die Ungläubigen, also gegen die Christen, unter Soliman dem Prächtigen handelte. Die Beschnei-

dung über die bereits berichtet wurde, war kein religiöses Fest und nicht vom Koran vorgeschrieben.
Das Leichenbegängnis war ohne Zweifel eine der wichtigsten religiösen Zeremonien, die es im Reich der Osmanen gab. Es war Sitte, daß der Kopf des Sterbenden in Richtung Mekka gedreht wurde und man dabei das „Shahada", das Glaubensbekenntnis zum Islam hersagte. Nach dem Hinscheiden wurde der Tote gewaschen, man stopfte ihm den Mund, die Ohren und die Nase mit Watte zu und legte ihn in ein nahtloses Leichentuch.
Das Leichenbegängnis wurde immer einen Tag nach dem Ableben begangen. Der Tote wurde von Trägern nicht nach der Moschee gebracht, sondern auf einen besonderen Stein (Musalla Tashi) gelegt, der sich gewöhnlich im Hofe der Moschee befand. Nachdem der Imam bestimme Verse aus dem Koran vorgelesen hatte, trug man den Toten zu seiner Grabstätte. Fromme Muslime ließen sich in Eyüp bestatten, dort, wo Eyüp (Hiob) Ansari, der Freund des Propheten, begraben liegen soll.
Charakteristisch für den Islam ist seine stark individuelle Prägung. Er fordert den Muslimen nicht auf, sich zur Ausübung seiner Religion an einen Geistlichen zu wenden; er muß sich lediglich zu den „fünf Säulen" – den fünf Hauptpflichten des Islam – bekennen. Nur bei der Feier des Gemeinschaftsgebetes mit seinen Riten treten Persönlichkeiten in Erscheinung, die bestimmte religiöse Funktionen ausüben: Der Imam, also der Vorbeter in der Moschee, der Hafiz – „der Bewahrende" –, der den Koran auswendig gelernt hat; dann der Hatib, ein Prediger. Schließlich der Muezzin, der Gebetsrufer, der vor den täglichen Gebeten vom Minarett herab mit dem Gebetsruf die Muslimen zur Verrichtung ihrer Pflicht auffordert.
Hier muß hervorgehoben werden, daß alle diese Personen keine Geistlichen im Sinne der katholischen oder evangelischen Kirche waren. Es handelte sich um Laien, die einen weltlichen Beruf ausüben konnten (und viele von ihnen übten eine weitere Tätigkeit aus), selbst wenn sie regelmäßig ein Gehalt von den Frommen Stiftungen bezogen. Eine Ausnahme bildeten nur die religiösen Persönlichkeiten, die in einer großen Moschee, wie die Fatih Cami oder die Süleymaniye Cami,

dienten. Sie übten keinen anderen Beruf aus. Von ihnen wurde verlangt und erwartet, daß sie sich ganz ihrer religiösen Aufgabe widmeten. Im allgemeinen war das eigentliche religiöse Personal der großen Moscheen (gami) und der kleineren Gebetshäuser (masgid) zu Istanbul wenig zahlreich.

Außer diesen religiösen Würdenträgern waren in Istanbul die beiden Derwisch-Orden, der Mewlewije- und der Bektaschije-Orden vorherrschend. Der Mewlewije-Orden war von dem bekannten Mystiker Mewlana Galaddin gegründet und nach ihm benannt worden. Weil sie solange sangen und tanzten, bis sie sich in Ekstase steigerten, wurden sie im Abendland die „Tanzenden Derwische" genannt. Der Orden, stark intellektuell und pantheistisch ausgeprägt, trat erstmals 1435 unter der Regierungszeit des Sultans Murad II. im Reich der Osmanen hervor. Höchstes Ansehen genoß das Werk des Gründers, Masnawi genannt, eine Sammlung von Parabeln, die in persischer Sprache abgefaßt ist. In der Masnawi wird, unter zahlreichen Bildern, das Streben der Menschenseele nach der Vereinigung mit der Weltseele dargestellt. Das Masnawi knüpft an antike, hellenistische, christliche, buddhistische und islamische Vorbilder an. Auch unter Soliman dem Prächtigen übte dieser Orden einen starken Einfluß auf die Gestaltung des Islams aus. Berühmt waren die Mewlewije-Klöster in Stanbul, Gallipoli, Aleppo. auf Zypern und auf Kreta. Der Orden wurde 1925 verboten.

Der Bektaschije-Orden wurde nach einem halblegendären Heiligen Haggi Bektas genannt. Es handelte sich um eine stark heterodoxe Bruderschaft, die im osmanischen Reich weit verbreitet war und die ihr Stammkloster in Seyitgazi in Vorderanatolien hatte. Ihr Gedankengut setzte sich aus einem widersprüchlichen Konglomerat von Antikem, Buddhistischem, Christlichem, Islamisch-Sektiererischem und Islamischem zusammen. Unter den Janitscharen schufen die Bektaschis, die dort als Feldgeistliche wirkten, durch Verbreitung ihrer Gedanken des öfteren Unruhe. Stark vertreten waren die Bektaschi in Istanbul, Edirne und Kairo.

Neben diesen beiden wichtigen Derwisch-Orden übte der Melami-Orden einen gewissen religiösen und politischen Einfluß unter Soliman aus. Er hatte zahlreiche Anhänger bei den Spahis.

Obwohl alle Derwisch-Orden – das Wort Derwisch bedeutet: Mitglied einer religiösen Bruderschaft – offiziell nicht mit politischer und administrativer Macht ausgestattet waren, übten sie doch einen gewissen Einfluß auf die Politik der Hohen Pforte zur Zeit Solimans aus. Für den Muslimen spielte sich das religiöse Leben hauptsächlich in den Moscheen oder den Gebetsstätten des jeweiligen Wohnbezirkes ab. Allein in Istanbul erforderte die große Zahl der Moscheen, Medresen, Imarets, Spitäler und Schulen, Gebäude, die zum Bautenkomplex der Moscheen gehörten, eine bestimmte Anzahl von dienstleistenden Personen, die darin den Dienst versahen. Zu ihrem und dem Unterhalt und der Betreuung der Moscheen mußten bedeutende Summen zur Verfügung gestellt werden.

Die finanzielle Verwaltung des islamischen Kults lag in den Händen des Kizlar Agasi, des obersten schwarzen Eunuchen des Harem. Sie war autonom, hing also nicht von der Staatskasse ab. Die Frommen Stiftungen wurden von den Mütevellis (Verwaltern) betreut und vom Kizlar Agasi ernannt.

Zwischen dem Kizlar Agasi und den Mütevellis amtierte der Nizar, ein Oberaufseher oder Kontrolleur, der darauf achtete, daß die Vorschriften, die der Spender einer Frommen Stiftung festgelegt hatte, auch durchgeführt wurden. In der Regel wurde der Posten eines Nizar an eine hochstehende religiöse Persönlichkeit von Istanbul vergeben, die jedoch kaum darauf achtete, daß die Bestimmungen des Spenders einer Frommen Stiftung durchgeführt wurden. Es ging ihr vielmehr darum, sich durch diese Art von Sinekure zusätzliche Einnahmen zu verschaffen.

Aus der kurzen Aufzählung der einzelnen Stadtbeamten, Militärs und religiösen Persönlichkeiten von Istanbul geht eindeutig hervor, daß alle Staatsdiener gleichzeitig die Verantwortung für die politische, wirtschaftliche und religiöse Entwicklung des Staates und der Hauptstadt trugen. Es braucht nicht besonders hervorgehoben zu werden, daß diese doppelte Verantwortung auch dementsprechend belohnt wurde. Allerdings hatten sie keineswegs den Status von „Beamten“ im Sinne einer politischen oder administrativen Verantwortung inne. Der Islam kennt nicht, seiner religiösen Auffassung entsprechend, den zu seinem

Amt berufenen Geistlichen, wie er in der christlichen Kirche üblich ist. Wohl gibt es im Islam eine Hierarchie, aber sie setzt sich aus Männern des öffentlichen Lebens zusammen, in der Hauptsache aus Juristen oder auch Personen, die sich für religiöse Probleme besonders interessieren. Wer kam dafür in Frage?
Einmal die Ulemas, die islamischen Gelehrten, die als Kenner der Religion und der Gesetze die „gottgewollte Ordnung“ zu garantieren vermochten. Ebenso waren die Mudarris, die „Lehrer des Rechts“, dafür qualifiziert. Es handelte sich also hauptsächlich mehr um Gelehrte als um „Geistliche“. Bei ihrem Amtsantritt brauchten sie keinen Eid abzulegen und sich auch nicht zum Zölibat verpflichten.
An erster Stelle bei der Besetzung der religiösen Positionen standen der Scheik ül-islam und die Kadis. Um das Reglement der islamischen Religiosität zu begreifen, müssen wir in völlig anderen Maßstäben denken als in denen, die in unserer Hemisphäre gelten. Aber dies ist ja nur einer der zahlreichen „Kontraste“, mit denen wir es zu tun haben, wenn wir uns mit den eigenwilligen – und sicherlich auch „eigensinnigen“ – Gesetzen der osmanischen Welt auseinandersetzen.

Wissenschaften und Künste

Das „Goldene Zeitalter“, wie die Ära Solimans des Prächtigen sicherlich nicht ohne Grund genannt wurde, war keinesfalls nur eine Epoche glänzender militärischer Erfolge. Auch die Wissenschaften und Künste konnten sich mit beachtlichen Leistungen sehen lassen. Der wahre Grund für diese vielfältige Entwicklung mag in dem Mäzenatentum des Sultans gelegen haben, der dank seiner reichen Kriegsbeute aus den Eroberungszügen über die nötigen Mittel verfügte. Überdies war er selbst ein Literat, der gern Gedichte schrieb.
So förderte er die Schriftsteller, die bildenden Künstler, die Architekten, legte aber auch großen Wert auf eine emsige Tätigkeit der Wissenschaftler und Mediziner. Während seiner Regierungszeit wurden eine Reihe bedeutender literarischer, historischer und geographischer Werke veröffentlicht. Istanbul erstrahlte im Glanz prachtvoller

Moscheen und Türben. Aber was für den Ausdruck einer erstaunlichen schöpferischen Entfaltung gehalten wurde, stand in krassem Gegensatz zu Traditionen, die allzulange eine Erneuerung verhinderten.
Die Gründe hierfür lassen sich rekapitulieren. Sie erklären sich in der Hauptsache aus der strengen religiösen Bindung an bewährte, aber zugleich auch anachronistische Normen. So hatte sich der rein formalistische Unterricht der Mudarris trotzig in der Theologie verschanzt. Aber weder in dieser Wissenschaft noch in der Philosophie fand eine neue Wahrheitsfindung statt. Die Mudarris übernahmen das Althergebrachte und Überlieferte, ohne es zu erneuern und ohne darüber nachzudenken, ob es dem neuen Zeitgeist entsprach.
Ferner war der Unterricht der Literaturwissenschaften ebenfalls begrenzt, denn die Mudarris wichen nicht von dem Weg ab, den die Literaten des 15. Jahrhunderts eingeschlagen hatten und duldeten keine konstruktive Kritik an deren Meinungen. Außerdem bestand die literarische und theologische Ausbildung in den Medresen darin, daß jeder Student gezwungen wurde, sich einen arabischen und persischen Wortschatz anzueignen.
So war im Laufe der Zeit eine literarische Sprache entstanden, die mit arabischen und persischen Ausdrücken überhäuft war und in der die türkische Sprache mit ihrem eigenen Idiom nur eine bescheidene Stelle einnahm. Hier muß ebenfalls hervorgehoben werden, daß die Veröffentlichung von literarischen Werken stark begrenzt war, denn es wurden nur handgeschriebene Manuskripte publiziert. Das erste gedruckte Werk erschien im Jahre 1729, als Sultan Murad IV. regierte.
Während des „Goldenen Zeitalters" standen Poesie und Geschichte in hohem Ansehen. In der Poesie wurden die literarischen Gattungen des Gazel und des Kasidè, selten des Mersiyè oder des Mesnié angewandt. Beim Gazel handelte es sich um ein kurzes Gedicht mit maximal 15 Versen. Alle Themen konnten im Gazel behandelt werden, doch verlangte dieses Gedicht eine möglichst perfekte Form, ohne gewöhnliche und schockierende Worte und für das Ohr einen Wohllaut ohne jegliche Störungen. Der größte Gazel-Dichter war Bakî, der „Sultan der Dichter", wie er genannt wurde.
Beim Kasidè handelte es sich um ein ziemlich langes Gedicht, mit

gekünstelter Zusammensetzung, das immer denselben Reim und dasselbe Versmaß hatte, so daß diese Gattung recht monoton wirkte. Der Kasidè fand seine Anwendung in den großen epischen Gedichten, den traditionellen „Romanen" der arabisch-iranisch-türkischen Literatur.

Der wenig verwendete Mersiyè war ein elegisches Gedicht und der Mesnévi paßte zu mystischen, epischen und romantischen Themen.

Unter Soliman distanzierte sich diese gelehrte Dichtung weitgehend von der volkstümlichen Poesie, die von den gebildeten Kreisen als eine minderwertige literarische Gattung abgestempelt wurde. Das Beispiel kam allerdings von oben, nämlich von Soliman selbst, der diese wissenschaftliche Poesie mit allen Mitteln förderte.

Neben Bakî war Fuzuli der bekannteste Dichter unter Solimans Herrschaft. Fuzuli, der in Bagdad geboren worden war und ebenfalls dort starb, kam nie nach Istanbul, obwohl ihm der Sultan ein angemessenes Gehalt jährlich zahlte. Bakî dagegen hatte in Istanbul 1526 als Sohn eines Muezzin das Licht der Welt erblickt. Durch ein Gedicht (Kasidè), das Solimans Siege eines Feldzugs gegen die Perser verherrlichte, hatte er des Sultans Aufmerksamkeit auf sich gezogen. Bakî, ein sehr gebildeter und geistreicher Mann, der mit großer Einfühlsamkeit die literarische Sprache beherrschte, erlangte unter Solimans Herrschaft eine noch nie gekannte Berühmtheit. Gegen ihn sprach allerdings, daß er sich zu sexuellen Ausschweifungen mit Jungen hingab und dem Luxus frönte.

Neben den beiden literarischen „Großen" Bakî und Fuzuli verblaßten gewissermaßen Rivanî, der Autor des „Buches der Feste", in dem er die Lebensfreuden verherrlichte, und Hayatî, ein Gegner des Bakî.

Im Bereich der Geschichte wurden vor allem die Chroniken geschätzt, in denen die wichtigsten politischen und militärischen Taten der Sultane und die bedeutendsten Ereignisse im Hause Osman gebührend hervorgehoben wurden. Bei den Chroniken handelte es sich allerdings mehr um eine offizielle Historiographie (Geschichtsschreibung) als um wahrheitsgetreue Geschichte.

Die Hauptvertreter dieser Gattung waren: Kemal Paschazadè, der die Chroniken der Osmanen (Tevarih-i Al-i Osman) mit großem Wortgeklingel niederschrieb, Sa'di, der Autor des „Buches des Selim", Djemali, Scheik ül-islam und Professor an einer Medrese, der die alten türkischen Chroniken fortsetzte und das Buch „Krone der Geschichten" hinterließ. Zu erwähnen sind noch: Alî, der eine Art Weltgeschichte schrieb, in der er die Welt der Osmanen besonders zur Geltung brachte; Hezarfen, der in Verbindung mit dem französischen Orientalisten Antoine Galland stand – er übersetzte „Tausend und eine Nacht" ins Französische – und eine Weltgeschichte zu Papier brachte, in der erstmals die Rede von den Griechen, Römern und Byzantinern war. Erwähnenswert sind ebenfalls Selaniki, Ibrahim Petschevi, Solakzade und Mehmed Agha.

Außer Poesie und Geschichte entsprachen geographische und kartographische Werke und Abhandlungen dem literarischen Zeitgeschmack. Die Schriften der arabischen Geographen und Kartographen Abul -Feda, Ibn al-Wardi und Kazwini sowie der persische Reisebericht aus China von Ali Ekber Khitayî wurden ins Türkische übersetzt. Doch waren es hauptsächlich türkische Abhandlungen über Geographie und Kartographie, die von den gebildeten Kreisen herangezogen wurden. Als Unterlagen bedienten sich die Verfasser venezianischer und portugiesischer Grad- und Hafenbücher (Portulane). Der wohl bekannteste türkische Kartograph, Korsar und Admiral des Sultans in einer Person, war ohne Zweifel Piri Reis. Von ihm stammt das wissenschaftlich fundierte „Buch des Meeres" (Kitab al-Bahriyè). Vermutlich zeichnete Piri Reis ebenfalls zwischen 1517 und 1521 die erste detaillierte Karte von Malta, die Soliman zur Belagerung der Insel im Jahre 1565 bewog. Neben Piri Reis finden wir den ebenfalls bedeutenden Geographen Seyyidi Ali († 1562), der das „Buch des Ozeans" (Muhit) schrieb. Beim „Ozean" handelte es sich um eine Abhandlung nautischer Astronomie und Beschreibung des Indischen Ozeans, den er bestens kannte, weil er an einer Seeschlacht gegen die Portugiesen in der Nähe von Hormuz teilnahm und ihn jahrelang auf einem Handelsschiff befuhr. Seyyidi Ali schrieb ebenfalls den „Spiegel der Länder" (Lir' at al'Memalik), einen Reisebericht, der seine Reise von Indien nach Istanbul behandelte. Ferner erschien vom Geographen Madjar Ali Reis ein Atlas über das Mittelmeer.

Die Literatur mit religiösen Themen, die bei den weniger gebildeten Türken weit verbreitet war, unterschied sich von der wissenschaftlichen Literatur dadurch, daß sich ihre Sprache ihren Lesern anpaßte. Sie gebrauchte weniger verbrauchte Redensarten und weniger Ausdrücke aus dem Persischen und Arabischen. In ihr vermischten sich ein nicht immer orthodoxer Islam mit Überbleibseln des türkischen Schamanismus. In allem, was diese Literatur im Leben eines großherrlichen Untertanen, von der Geburt bis zu seinem Tod, hervorhob und beschrieb, dominierten die alten Riten des anatolischen Animismus.
Die eigentliche volkstümliche Literatur hatte einen nationalistisch-sentimentalen Charakter. Sie wurde fast ausschließlich in türkischer Sprache geschrieben. Die verbreitetste Gattung war ein vierzeiliges Gedicht, Mani genannt. Die Themen, die in der Mani behandelt wurden, waren vielfältig: Liebe, Schönheit, Trauer, Haß, Bild einer Landschaft oder einer Person. Die Mani wurde mehr gesungen als hergesagt.
Aus der volkstümlichen Poesie ging das Heldengedicht, eigentlich mehr die erzählende Poesie, Destan genannt, hervor. In ihr wurden die großen Taten der türkischen Vorfahren besungen. Der Stoff der erzählenden Poesie war immer der Legende ganz nahe. Diese Poesie wurde von den gebildeten Untertanen des Sultans abgelehnt. Sie war ihnen zu „volkstümlich“.
Nicht zuletzt erfreute sich das Theater einer großen Beliebtheit. Dem zahlreichen Publikum wurden zwei Arten von Theater geboten: Das Ota Oyunu („Spiel des Milieus“), vor allem aber das Karagheuz (Schattentheater). Das Karagheuz, dessen Personen durch kleine lederne Figuren und durch Stegreifdichter belebt wurden, hatte nicht nur in Istanbul und in den Provinzen, sondern in allen unter osmanischer Oberhoheit stehenden Gebieten einen großen Erfolg. Das Karagheuz war die einzige Zerstreuung, die das Volk in den Nächten des Fastenmonats Ramadan genießen konnte.
Im Bereich der Wissenschaften beschäftigte sich eine gewisse Anzahl von türkischen Wissenschaftlern mit Astronomie. Alle Abhandlungen über Astronomie stammten allerdings aus arabischen Übersetzungen. Wohl hatte Soliman der Prächtige den Gedanken gehabt, in Istanbul ein

Observatorium zu errichten, doch wurde der Bau erst unter Murad III. (1578) begonnen und fertiggestellt.
Von allen Wissenschaften jedoch war es die Medizin, die am meisten gepflegt wurde. In den Medresen, besonders in denjenigen, die von Mehmet Fatih und Soliman dem Prächtigen gegründet worden waren, hielten Professoren Vorlesungen über Medizin und bildeten die Medizinstudenten durch praktische Vorführungen aus, die in den Spitälern, die in der Regel zu den Medresen gehörten, abgehalten wurden.
Es muß hervorgehoben werden, daß unter Soliman dem Prächtigen der medizinische Unterricht miserabel war und daß erst Selim II., Solimans Nachfolger, ein Abschlußexamen von den Kandidaten verlangte. Die Professoren in den Medresen entnahmen ihre Unterlagen arabischen Übersetzungen und änderten nichts an ihnen. Die großherrliche Medizin war nicht fortschrittlich und stand jeder neuen Erkenntnis auf diesem Gebiet feindlich gegenüber. Es wurde bereits hervorgehoben, daß die meisten Ärzte in Istanbul Nichtmuslime waren und daß Solimans Leibarzt stets ein Jude war.
Obwohl die Rechtswissenschaften (oder die juristisch-religiösen Wissenschaften) kein erwähnenswertes Werk hervorbrachten, müssen die Namen von drei Wissenschaftlern genannt werden, die zum Tode verurteilt und hingerichtet wurden: Kabiz i-Adjemî, Hamza und Nadajli. Sie hatten Theorien aufgestellt und veröffentlicht, die dem Islam und den muslimischen Gesetzen zuwiderliefen. Man darf sie zu den Vorläufern der muslimischen Liberalen rechnen.
Über die gewaltigen Bauvorhaben des Sultans und über Sinan, den wohl berühmtesten aller osmanischen Architekten, ist bereits ausführlich berichtet worden.
Während Moscheen, Türben und Medresen zu Solimans Regierungszeit wie Pilze aus dem Boden schossen, hatte die Keramikkunst gleichzeitig einen bemerkenswerten Aufschwung zu verzeichnen. Solimans Vater, Selim I., hatte einige bekannte Kunsttöpfer aus Täbris kommen lassen und sie in den Keramikwerkstätten von Iznik (Nikaia) und Istanbul angesiedelt. Sie hatten prachtvolle Fayencen mit Blumenmotiven hergestellt, welche die Paläste und Türben des Sultans und der osmanischen Granden sowie mancher Moscheen zierten. Die Haupt-

farben waren grün, gelb, blau, vor allem aber das bekannte „tomatenrot“. Doch arbeiteten die Keramikkünstler nur für Wohlhabende des Reiches und stellten nur Meisterstücke her, die teuer und selten waren. Nicht nur die Herstellung von reich dekorierter Keramik, sondern ebenfalls in der Kalligraphie waren die Türken anerkannte Meister und in Europa bekannt. Die meisten osmanischen Kalligraphen wurden in Istanbul als große Künstler gefeiert und genossen dementsprechend die Gunst des Sultans.

Zwar hatte auch die Miniaturmalerei einen bemerkenswerten Höhepunkt erreicht, doch waren die türkischen Miniaturmaler nicht eigenschöpferisch genug, denn sie ließen sich zu sehr von persischen Vorbildern beeinflussen. Zwei bedeutende Miniaturmaler sind zu erwähnen: Baba Nakkasch und Hussein Bali.

Erstaunlich ist die Tatsache, daß zu Solimans Zeiten – trotz seiner diktatorischen Strenge – literarische und künstlerische Meisterwerke geschaffen wurden. Eine Kulturentfaltung, die sich dann noch unter Selim II. und Murad III. fortsetzte. Erst nach Murad III. Tod im Jahre 1595 – im gleichen Jahr experimentierte in Pisa Galilei mit seinen Pendelgesetzen – trat im geistigen und künstlerischen Schaffen der Osmanen eine Wende ein. Namen wie Sinan Bakî und Fuzuli traten nur mehr vereinzelt auf oder gehörten der Vergangenheit an. Das Mäzenatentum hatte zu bestehen aufgehört. Ins Auge fällt die Tatsache, daß die geistige und künstlerische Rückwärtsentwicklung parallel mit dem militärischen und politischen Abstieg verlief.

So also stand es um die Kultur im Reich Solimans des Prächtigen, als er in der Nacht vom 5. auf den 6. September des Jahres 1566 im Alter von zweiundsiebzig Jahren die Augen schloß.

Die Familie

Um sich die soziale Struktur in der islamischen Welt, im Reich des Sultans zu verdeutlichen, erscheint es wichtig, sich mit Milieu und Institution der Familie näher zu beschäftigen. Im 14. Jahrhundert dominierte der Clan – die Sippe – als Gemeinschaft. Jeder Clan setzte

sich aus einer bestimmten Anzahl von Familien zusammen, deren Mitglieder von einem gemeinsamen Vorfahren abstammten.
Die Führungsrolle fiel der Familie zu, die sich wirtschaftlich und auch politisch als die stärkste erwies. Aus einer solchen Familie kam Soliman der Prächtige. Ihr Oberhaupt Osman – als Emir einer Kriegergemeinschaft stand er im Dienst der Rum-Seldschuken – ernannte sich selbst zum Sultan und gründete im Jahre 1301 das Osmanische Reich, das dann unter seinem Sohn Soliman die größte Machtentfaltung erlangen sollte. Unter seiner Herrschaft vollzog sich ein Wandel. Nachdem viele Sultane den Zusammenhalt des Clans gesprengt hatten, indem sie ausländische, nichtosmanische Prinzessinnen heirateten, wuchs die Zahl der Familien, die sich aus ihren Clans lösten und unabhängig von jeder Bevormundung lebten, ständig.
Im 15. Jahrhundert hatte die Familie den Clan als soziale Gemeinschaftsform endgültig verdrängt; schon bei Solimans Thronbesteigung gehörte der Begriff „Clan" der Vergangenheit an. Allerdings hatten diese Familien oft zahlreiche Mitglieder. Besonders diejenigen, die wohlhabend waren, waren von einem patriarchalischen Prestigedenken geprägt; sie wußten ihre Macht dann auch zu nutzen. Denn Macht: das bedeutete Reichtum, Besitz. Oft hatten Angehörige ausgedehnte Landgüter und Konaks. Ein „Pater Familias" hielt alles unter seiner straffen Führung zusammen. Er wurde von der Familie respektiert, seine Befehle und Pläne galt es zu respektieren. Alle hatten sich ihm zu fügen: Gemahlin, Konkubinen, Söhne und Töchter – ob sie verheiratet waren oder nicht –, Bedienstete und die Sklaven.
Getreu nach den Geboten des Koran lebten die Geschlechter getrennt voneinander, die Männer blieben unter sich, die Frauen ebenso. Nur in wenigen, bestimmten Situationen durfte ein Familienoberhaupt dieses Gesetz außer Kraft setzen, denn er allein verfügte über Wohl und Wehe der Familie. Erst im Laufe von Jahrhunderten wurde durch die Initiative der osmanischen Rechtsgelehrten dieses Privileg eingeschränkt.
Der Koran schrieb dem Familienoberhaupt zwei elementare Tugenden vor: Mäßigung und Großmut. Verstieß er dagegen, hatte seine Gemahlin das Recht, sich beim Kadi zu beschweren; der wiederum erinnerte ihn nachdrücklich an seine Pflichten. Nun gab es eine Menge Vorschrif-

ten, die im heiligen Buch des Islam zu finden waren. So durfte ein Muslim zwar vier Frauen haben, aber nur, wenn er auch über die finanziellen Mittel für ihren Unterhalt verfügte. Nur wenige Türken kamen also in den Genuß dieser Erlaubnis.

Aus vielen europäischen Reiseberichten geht hervor, daß die meisten männlichen Untertanen des Sultans in der Tat „nur" eine Frau hatten; ihr Leben unterschied sich also kaum von dem der Europäer. Damals wurde eine Menge Unsinn über dieses für Europäer in vieler Hinsicht so unbegreifliche Volk geschrieben. Beispielsweise über die Rolle der Frau in der osmanischen Familie und Gesellschaft. Gewiß, es gab den Haremlik, das „Quartier der Frauen". Aber, wenngleich die Frau am politischen Geschehen auch nicht teilnehmen durfte –, mit Ausnahme von Roxelana, Solimans Gemahlin, die auf ihren Mann einen großen (und verhängnisvollen) Einfluß in Sachen Politik ausübte –, schaltete und waltete sie souverän im Haremlik. Als Ehefrau des Hausherrn schuldeten die Söhne, Töchter, Schwiegersöhne und -töchter sowie die Enkelkinder ihr Gehorsam und Respekt. In ganz großer Ehre stand sie, wenn sie dem Hausherrn einen männlichen Erben geboren hatte, der die Nachkommenschaft sicherte. Im Haremlik des Sultans war es stets die Mutter des herrschenden Sultans, die Valide Sultanin, die Vorrang vor allen anderen Frauen hatte.

Als Gattin des Hausherrn und als Mutter einer meistens zahlreichen Familie leitete die Frau die Geschicke des Haremlik, in dem nicht nur alle Frauen des Hauses, Töchter und weibliche Bedienstete, sondern ebenfalls die Söhne bis zu ihrem siebenten Lebensjahr lebten. Nur in den wohlhabendsten Familien des Reiches vertraute man die Erziehung des männlichen Nachkommens von Kindheit an, zuerst einem Lala, dann einem Hodja, d. h. einem Hauslehrer, an.

Die Hausherrin war es, die für ihren Sohn (oder die Söhne) die Braut aussuchte, die dann, nach ihrer Heirat, ihrer Schwiegermutter im Haremlik unterstand. Wenn der Hausherr starb, übernahm der älteste Sohn die Führung des Hauses und seine Frau stand dann dem Haremlik vor.

Die Kinder, besonders die Söhne, waren der Stolz einer jeden osmanischen Familie, ob arm oder reich. Weil die Söhne die Nachkommenschaft sicherten, wurden sie von Anfang an verwöhnt und mit besonderer Sorgfalt erzogen. Bis zu seinem siebenten Lebensjahr lebte der junge Türke im Haremlik. Sofern er einer armen Familie angehörte, bei seiner Mutter; wenn er einer reichen Familie entstammte, wurde er einer Amme anvertraut. In beiden Fällen war jedoch stets die Mutter für die Erziehung verantwortlich. Sie hatte vor allem darauf zu achten, daß das Kind, ob Junge oder Mädchen, den Eltern den nötigen Respekt entgegenbrachte.

Sie brachte ihm auch die Regeln der Höflichkeit, auf die im Umgang untereinander großer Wert gelegt wurde, und einige Gebete bei, unterwies es in den rituellen Waschungen. Sie – oder die Großmutter – erzählte ihm die traditionellen türkischen Legenden und Geschichten.

Wie wir schon erwähnt haben, wurden in der Erziehung die Jungen gegenüber den Mädchen bevorzugt; sie waren der Stolz der Familie. Die Frauen im Haremlik kümmerten sich geradezu übertrieben um sie, während die Mädchen in allen Dingen zu kurz kamen.

Bis zur Pubertät lebten sie im Haremlik und wurden weit weniger verwöhnt und verzärtelt als die Jungen. Sie durften in den Gassen spielen und brauchten noch keinen Gesichtsschleier zu tragen. Während dieser Zeit brachte die Mutter (oder Großmutter) ihrem Töchterchen einige Gebete sowie die Grundzüge des Koran bei; und in den unbemittelten Familien hörte damit ihre geistige Erziehung in der Regel auch schon auf.

Den Mädchen der begüterten Familien wurde Wissen in Musik, Gesang und im Hersagen von ausgewählten Poesiestücken vermittelt. In den bürgerlichen Familien, die etwa dem damaligen westeuropäischen Mittelstand entsprachen, machten sie sich mit der Hausarbeit vertraut, die sie später bei der Gründung eines eigenen Haushalts verrichten mußten. Ihre schulische Benachteiligung war im 16. Jahrhundert die Regel: Kein Mädchen durfte die Grundschule besuchen.

Die Klassenunterschiede spielten eine große Rolle. War der Vater eines Jungen Arbeiter, Handwerker oder Händler mit bescheidenem Einkommen, so verstand es sich von selbst, daß der Sohn ihm schon früh bei der Arbeit half und schließlich später in dem gleichen Beruf tätig wurde. Seine Laufbahn war sozusagen schon vorbestimmt. Die geistige

Erziehung eines Knaben aus einer wohlsituierten Familie wurde schon in früher Jugend so gründlich praktiziert und vertieft, daß er alle Chancen hatte, später einmal eine glänzende Karriere zu machen. Als großherrlicher Gerichts- oder Verwaltungsbeamter etwa.

Der junge Türke, der über keinen Hauslehrer verfügte, begann seine schulische Ausbildung, im Alter von sieben Jahren, in der Grundschule seines Stadtviertels, der „Mekteb-i Subyan". Der Lehrer, Muallim genannt, war in der Regel ein älterer Mann, dessen Wissen sich auf das Lesen und Schreiben der Koran-Suren beschränkte, der aber im Volk hohes Ansehen genoß. Die erzieherische Aufgabe des Muallim bestand also lediglich darin, den Kindern das Auswendiglernen von Koran-Versen beizubringen. Der Koran war der wichtigste Unterrichtsstoff, den die jungen Türken auswendig lernten. Daneben unterwies der Lehrer seine Zöglinge im Schreiben der arabischen Schrift, deren Verbreitung durch den Koran wesentlich gefördert wurde, und erzählte ihnen die glorreichen Taten der Sultane aus dem Hause Osman. Das Schreiben der Koran-Verse auf arabisch genügte noch lange nicht, um die türkische Sprache zu beherrschen, denn Grammatik und Satzlehre der beiden Sprachen unterscheiden sich grundsätzlich. Die Zeit, die der Junge in einer Mekteb-i Subyan verbrachte, hing vom Willen seiner Eltern ab.

Über die Kinder übte der Muallim eine große Autorität aus. Faule und unfolgsame Schüler konnte er mit Stockhieben auf Hände und Fußsohlen bestrafen. Der Unterricht fand nur morgens, an jedem Tag in der Woche, mit Ausnahme des Freitags und der zahlreichen Feste, statt.

Neben den Mekteb-i Subyan gab es die Grundschulen, die „Tash Mekteb" genannt wurden und meistens von den Stiftern der Medresen erbaut worden waren. Der Lehrer, der hier unterrichtete, hatte eine bessere Schulausbildung als der Muallim genossen und war in der Regel in einer Medrese ausgebildet worden. Im Prinzip konnte jeder junge Türke diese Schule besuchen, doch waren es im allgemeinen die Söhne der Lehrer der Medresen, sowie die Söhne bürgerlicher Eltern, die hier Wissen vermittelt bekamen. Auf gleichem geistigen Niveau standen die Grundschulen verschiedener Derwisch-Klöster.

Gewöhnlich hatte jeder junge Untertan seiner großherrlichen Majestät die Möglichkeit, eine Grundschule zu besuchen, sofern sie in seinem Wohnort vorhanden war. Doch setzten die sozialen Bedingungen zahlreicher Familien dem Schulbesuch ihrer Kinder Grenzen. Nur Kindern aus begüterten Familien war es finanziell möglich, ihre geistige Ausbildung über die Grundschule hinaus zu erweitern.

Die Kinder der Nichtmuslimen wurden, ihrer Religionszugehörigkeit gemäß, von den katholischen oder evangelischen Geistlichen oder vom Rabbiner unterrichtet. Nur wenige von ihnen studierten später Theologie in den Seminaren oder in den talmudischen Schulen. Auch hier waren die finanziellen Mittel der Familien mehr oder weniger maßgebend.

Die jungen lernfähigen und bemittelten Türken setzten ihre Schulausbildung in den Medresen fort, wo der Unterricht durch die Mudarris oder Lehrer des Rechts geleitet wurde. Ihnen zur Seite standen der Naib, der den Mudarris vertrat, sowie ein oder mehrere Assistenten, „Muid" genannt.

Wenn der Schüler nach vier Jahren sein Studium erfolgreich abgeschlossen hatte, konnte er als Sahib seine Studien vervollkommnen, um selbst Mudarris zu werden. Die Medresen waren Bet-, Lehr- und Wohnort zugleich. In den Medresen wurde in erster Linie islamisches Recht, aber auch Mathematik, Literatur, Medizin und Grammatikschreibung gelehrt. Die wohl bekannteste Schule dieser Art in Istanbul zur Zeit Solimans des Prächtigen war die Beyazit-Medrese, wo der Scheik ül-Islam persönlich lehrte. Alle Kadis gingen aus den Medresen hervor. Allerdings waren die Medresen ausschließlich für die Heranbildung und die Ausbildung einer Elite, also für die intelligenten und wohlhabenden jungen Türken geschaffen worden waren. Doch wurde diese bevorzugte Schicht in dem traditionellen, konservativen Geist erzogen, eine geistige Erneuerung setzte sich auch unter dem fortschrittlich eingestellten Soliman nicht durch.

Nur sehr wenige Mudarris erkannten die Zeichen der Zeit und führten beispielsweise die angewandten Wissenschaften in den Unterricht ein. Sie hatten es schwer, sich gegen die Scheiks ül-Islam zu behaupten. Die großen Veränderungen, die in Europa eine Blüte der Wissenschaften hervorbrachten, wurden im osmanischen Reich nicht wahrgenommen.

Das verkrustete Kastensystem mit seinen überalterten Zwängen prägte Schule, Beruf und den Status der Untertanen in der Gesellschaft. Auch war der Kontrast zwischen den Klassen zu unüberwindbar, um eine Annäherung zu ermöglichen. So trugen die Mädchen und Frauen ihr unverdientes Schicksal, als zweitrangig angesehen zu werden. Gewiß, in den reichen Familien wurden die Mädchen schon frühzeitig zur Handarbeit und Musik, auch in der „Kunst sich zu zerstreuen", unterrichtet, während die Mädchen der armen Leute nur kochen lernten.

In der Familie vollzog sich jede wichtige Entscheidung wie ein Zeremoniell. Der Vater teilte seiner Gattin beispielsweise mit, sich nach einer Schwiegertochter umzusehen, sobald der Sohn im heiratsfähigen Alter war. Nicht selten hatte die Mutter bereits ein passendes Mädchen im Auge, was sie ihren Mann wissen ließ. In der Regel aber setzte sie sich mit anderen Familien oder mit Heiratsvermittlerinnen, „Kilavuz" genannt, in Verbindung.

Hatte man eine Braut gewählt, so stattete man ihrer Mutter einen Besuch ab und besprach alles gründlich bei einem festlichen Essen im schönsten Zimmer des Haremlik. War man sich dann einig geworden, oblag dem Vater des Mädchens die Entscheidung. Stimmte er zu, informierte sich seine Frau über Beruf, Vermögen und die Familie des Schwiegersohnes. War man sich endlich „handelseinig", hatte der Bräutigam seiner Auserwählten, die er überhaupt noch nicht kannte, die üblichen Geschenke zu schicken: ein Juwelen-Köfferchen, Parfums, Spiel, kostbare Stoffe und dergleichen. Dem Schwiegervater mußte er eine ansehnliche Geldsumme – „Aghirlik" – zukommen lassen, von der zum Teil die erheblichen Kosten der Heirat gedeckt wurden.

Sodann war der Ehevertrag in Anwesenheit des Imam zu unterschreiben. Beide, Braut und Bräutigam, gaben in zwei „Audienzen" dem Imam das Jawort, denn noch immer durften sie sich nicht sehen.

Erst jetzt war es soweit: die Hochzeitsfeier konnte ihren Anfang nehmen. Gewöhnlich zog sie sich über eine Woche hin. Sie wurde sowohl von den Reichen, als auch den Minderbemittelten, mit großem Pomp begangen. Die Familien präsentierten allen Luxus, den sie sich leisten konnten. Die traditionellen Zeremonien setzten sich in Szene: an jedem Tag eine andere.

Dienstags nahm die Braut ein Bad, am Mittwoch wurde sie geschminkt, tags darauf den eingeladenen Frauen in festlichem Kleid vorgestellt, während der Gatte neugierig auf den Augenblick wartete, daß sie endlich den Schleier abnehmen und sich ihm zeigen durfte. Wir können uns eine solche Prüderie heute kaum noch vorstellen. Mit einem üppigen Hochzeitsmahl nahm die Feierlichkeit ihre Ende. Die junge Ehefrau konnte zu ihrem Mann ziehen, allerdings bedeutete das für sie auch die Unterwerfung unter die „wohlwollende" oder auch strenge Herrschaft ihrer Schwiegermutter.

Ein weiteres wichtiges Ereignis in der osmanischen Familie war die Geburt. Schon im 6. oder 7. Monat der Schwangerschaft wurde eine Hebamme („Ebé Kadin") mit den nötigen Vorbereitungen betraut. Zu ihren Pflichten gehörte es, rechtzeitig einen besonderen Stuhl – „Doghun Iskenlessi" – herbeizuschaffen, in dem die Frau ihr Kind zur Welt brachte.

Nach der Geburt badete die Hebamme das Baby, murmelte dabei eine Reihe von Gebeten und legte es in eine kunstvoll verzierte Wiege („Beshik"). Die Mutter ruhte sich in einem mit einer kostbaren Decke ausgestatteten Bett einige Tage aus und empfing stolz die Familienbesuche. Unterdessen hatte das Familienoberhaupt einen Namen für das Kind gewählt. Den flüsterte er ihm ins Ohr, nachdem er einige Suren aus dem Koran vorgelesen und dreimal die Formel der Basmala – „im Namen des gütigen und barmherzigen Gottes" – gesprochen hatte. Jeder neugeborene Knabe bekam einen „historischen" Namen; einen, der in Beziehung zur osmanischen Geschichte stand wie zum Beispiel: Soliman, Mehmed, Osman oder Selim. Dazu einen persönlichen Beinamen wie „der Vollkommene", „der Reine" oder „der Intelligente". Am siebenten Tag verließ die Mutter das Kindbett, die ganze Familie sang ein Mevlud – ein Lied –, das sich auf die Geburt des Propheten bezog.

Der 40. Tag nach der Geburt wurde festlich begangen. Dann unterzog sich die Mutter rituellen Waschungen oder suchte mit der Hebamme den Hamam auf.

Einige Chronisten aus jener Zeit haben uns Informationen hinterlassen, aus denen wir Schlüsse über die Wohnverhältnisse im osmanischen Reich ziehen können. So steht es fest, daß es keine mehrstöckigen Häuser gab, in denen – wie heute bei uns – mehrere Familien unter einem Dach lebten. Die Häuser in Istanbul und in den anderen Städten waren „niedrig, aus Holz gebaut, sie wirkten trostlos und gleichförmig".
Der Grund für die recht primitive Architektur mag in der Tatsache begründet sein, daß immer wieder Feuersbrünste ganze Straßenzüge der Hauptstadt in Schutt und Asche legten. Überdies waren Steine als Baumaterial teuer und nur für die Reichen erschwinglich.
Ihrer Bedeutung nach gab es in Istanbul drei Kategorien von Wohnungen: Serail, Konak und Ev. Die Serails oder Paläste, die dem Sultan und den Granden des Reiches gehörten; auch im „Goldenen Zeitalter" war ihre Zahl gering. Die Masse der Istanbuler Wohnungen bestand aus Evs, einfachen Häusern. Der Konak (das Patrizierhaus) dagegen war eine typische türkische Wohnung, nach einem bestimmten Plan gebaut und ausgestattet.
Je nach den finanziellen Mitteln, die der Erbauer des Konaks zur Verfügung hatte, bestand der Konak aus zwei Hauptgebäuden, dem Selamlik oder „Quartier der Männer" und dem Haremlik, dem „Quartier der Frauen". In den meisten Fällen waren Selamlik und Haremlik unter einem Dach vereint und im Innern getrennt. Jeder Konak verfügte über ein Erdgeschoß und über ein erstes Stockwerk. Im Erdgeschoß wohnten die Bediensteten. Falls die Küche nicht in einem getrennten Gebäude untergebracht war, befand sie sich ebenfalls im Erdgeschoß. Jeder Konak war mit einer Umfassungsmauer umgeben, hinter der man einen Hof betrat, wo der Konak lag. Oft war der Hof durch einen Garten verlängert, und um den Hof herum standen die Dienstgebäude. In den Konak gelangte man durch eine Tür, und durch ein Binnenzimmer gelangte man über eine Treppe in das erste (und einzige) Stockwerk. Hier lagen: das Emfangszimmer sowie die Zimmer der Männer.
Dahinter führte ein Gang zum Haremlik, der durch eine stets verschlos-

sene Tür vom Selamlik getrennt war. Der Schlüssel befand sich ausschließlich im Besitz des Harem Kahyasi, des Oberaufsehers des Harems. Das Empfangszimmer hatte entweder eine quadratische oder eine rechteckige Form und einige Fenster, durch die man in den Garten oder den Hof blickte. Die Wände waren in der Regel mit Fayence-Plättchen verkleidet.

An den Wänden stand eine mit Teppichen und Kissen ausgestattete Bank, Sofa genannt, auf der sich der Hausherr mit seinen Gästen zum Plaudern niederließ. Das Sofa stand auf dem erhöhten Teil des Empfangszimmers. Die Bänke wurden „Diwan" genannt: ein osmanisches Ruhebett ohne Rückenlehne. Eine Bezeichnung, die nicht mit der Regierung des Sultans, ebenfalls Diwan genannt, zu verwechseln ist. Bevor die Gäste auf dem Sofa Platz nahmen, zogen sie die Schuhe aus. Dieses Empfangszimmer war das einzige, das europäische Besucher zu sehen bekamen. In der Regel waren die anderen Zimmer des Selamlik auf dieselbe Art und Weise wie das Empfangszimmer eingerichtet und besaßen zusätzlich noch Wandschränke. Während Solimans Regierungszeit kannte man das Bett noch nicht, und der Türke schlief auf einer Matte, die am Tag aus dem Zimmer entfernt wurde. Der Haremlik hatte meistens dieselbe Einteilung wie der Selamlik. Im Haremlik hielten sich die Frauen tagsüber auf oder empfingen dort ihre Gäste. Der große Unterschied zwischen Haremlik und Selamlik bestand allerdings darin, daß die Fenster des Haremlik mit Rolladen, Kafes genannt, versehen waren. Sie dienten dem Zweck, jedem Unbefugten den Einblick zu verwehren. Damit jedoch genug Licht in die Zimmer drang, befand sich oberhalb der Fenster eine weitere Reihe von Fenstern, die allerdings kleiner waren. Die Zimmer der Frauen des Haremlik lagen um das Hauptzimmer, das schönste, herum: in ihm wohnte die Hausherrin. Wie im Selamlik war das Mobiliar dürftig.

Trotz des kargen Inventars in den türkischen Wohnungen des 16. Jahrhunderts waren sie nicht ohne Geschmack eingerichtet. Aus zahlreichen ausländischen Reiseberichten geht hervor, daß die Räume der Serails und der Konaks, besonders was die Bemalung und die Drapierung der Wände mit Fayencen anging, mit Eleganz und Kunstsinn gestaltet waren.

Außerdem verfügten die meisten Zimmer der Konaks und der Serails über Wandschränke, deren Türen mit Blumen- oder Früchtemotiven bemalt waren und worin man tagsüber die Schlafmatten unterbrachte. Ferner befanden sich in vielen Zimmern mehr oder weniger reich verzierte Koffer, gefüllt mit feinen Stoffen und Kleidern. Dann gab es Wandbrettchen oder eine Art Spiegel- oder Pfeilertischchen, Kavukluk genannt, auf denen die Turbane lagen sowie Nischen, in denen kostbare Vasen aufgestellt waren. Den Boden schmückten, besonders in den Serails und den Konaks, wertvolle Teppiche. Die Minderbemittelten mußten sich mit einfachen Matten als Bodenbelag zufriedengeben. Tische zum Essen, wie in Europa, gab es im Lande des Sultans nicht. Die Mahlzeiten wurden auf einer großen Kupferplatte aufgetragen, die man auf eine Stütze stellte. Zum Kaffeetrinken benutzte man kleine Sitzschemel.

Während der manchmal strengen Winter standen die Istanbuler vor Heizungsproblemen. Das Hauptzimmer der Wohnungen der Wohlhabenden verfügte über einen Kamin, in dem Holz verbrannt wurde und die nötige Wärme spendete. In den anderen Zimmern war ein Mangal oder Brasero (Kohlenbecken) aus Kupfer oder Bronze aufgestellt, in dem Holzkohle verbrannt wurde. Kamin und Brasero waren die einzigen Heizmittel, die den Istanbulern zur Verfügung standen.
Die reichen Istanbuler schützten sich zusätzlich vor der Kälte, indem sie Pelze anzogen. Es braucht nicht besonders hervorgehoben zu werden, daß die Armen in Istanbul im Winter stark unter der Kälte litten, weil sie sich weder Kamin, Brasero noch Pelze leisten konnten. Auch die Bediensteten der Serails und der Konaks genossen nicht denselben Luxus wie ihre Herren. In allen Serails und in den meisten Konaks lagen die Küchen im Hof. Das ersparte den Hausherrn Küchengeruch und Geräusche.
Die wohlhabenden Familien hatten außerdem noch ein Bad, das aus einem Zimmer mit warmem und aus einem Raum mit kaltem Wasser bestand. Ferner befand sich im Selamlik und im Haremlik ein kleines Zimmer, in dem der Muslim die rituellen Waschungen vornahm. Die armen Familien benutzten ein verborgenes Plätzchen zum Baden, das man Gusulhané nannte. Alle Serails und die meisten Konaks besaßen

einen eigenen Brunnen, während die armen Istanbuler das tägliche Wasser in großen Krügen aufbewahrten.
In den Gärten zahlreicher Konaks gab es ein künstlich angelegtes, eingemauertes Wasserbecken: ein „Havuz". Der „Kiosk", der in den Gartenanlagen aller Serails auf einer Anhöhe stand, ermöglichte es dem Hausherrn, alles zu beobachten, was ringsum vor sich ging. Es handelte sich um einen kleinen Pavillon. Hier konnte man sich ausruhen und plaudern. Er wurde abwechselnd entweder von den Frauen oder den Männern benutzt. Die europäischen Reisenden, die im 16. Jahrhundert das Reich der Osmanen besuchten, fanden die Trennung der Geschlechter seltsam und befremdlich. Sie konnten ja nicht wissen, daß sie einem religiösen Sittengesetz entsprach und vom Koran vorgeschrieben war. Zweifellos führte diese Absonderung zur Entfremdung der Ehepartner und erschwerte die Kommunikation beträchtlich. Spannungen waren wohl kaum zu vermeiden.
Andererseits wurden die Frauen auf diese Weise im Haremlik auch so isoliert, daß die Männer ihrer Kritik entzogen waren und ihre Entscheidungen eigenmächtig und selbstherrlich treffen konnten. Sie genossen Freiheiten, von denen ihre Frauen nicht einmal zu träumen wagten.

Die städtische Verwaltung der Hauptstadt
Stadtverwaltung und Regierung

Die Verwaltung der osmanischen Hauptstadt hing eng mit der wirtschaftspolitischen Führung des Reiches zusammen, denn die verantwortlichen Stadtväter gehörten gleichzeitig zu den Führungsgremien der Hohen Pforte. Diese Abhängigkeit (oder Vereinigung von Verbindlichkeiten und Reichen in einunddemselben Person) bestand schon darin, daß der Großwesir für die politische Leitung des Reiches und gleichzeitig der Hauptstadt verantwortlich war. An jedem Mittwoch trat der Diwan zusammen und widmete sich den Angelegenheiten der Hauptstadt. Nach dieser Sitzung kontrollierte der Großwesir alle Märkte und Basare von Istanbul. Die Kontrolle fand im Rahmen eines feierlichen Umzuges statt.

An der Spitze des Festzuges marschierten die beiden Polizeioffiziere, der Subashi und der Ases Bashi, erfolgt vom Leutnant des Kadi von Istanbul, dem Tschuwash der Hohen Pforte, dem Kadi von Istanbul, dem Aga der Janitscharen und dem Großwesir mit seiner Suite. Den Schluß bildete eine Abteilung von Janitscharen. Vom Diwan aus begab sich der Festzug zuerst nach Oun Kapi, dem Sitz der Zünfte, dann nach Yemish Iskelessi, wo der Großwesir die Kontrolle der Preise für Früchte und Gemüse vornahm. Zum Schluß bewegte sich der Festzug zu den Schlachthäusern von Istanbul, wo er die Fleischpreise kontrollierte. Weil der Großwesir in der Regel mit Arbeit überhäuft war, überließ er fast immer die Kontrolle der Preise seinem Leutnant, dem Kaymakam, der in Wirklichkeit die Geschicke der Hauptstadt leitete. Außerdem waren alle Kadis der Hauptstadt dem Scheik Ül-Islam, der höchsten gerichtlichen Autorität des Reiches, einem religiösen Gelehrten, untergeordnet. Er ließ die Verordnungen, welche die Hauptstadt betrafen, gerichtlich bestätigen oder er verwarf sie. Er entschied ebenfalls in letzer Instanz in religiösen Angelegenheiten der Hauptstadt. Der Aga der Janitscharen, der Kapudan Pascha und der Topju Bashi (Kommandant der Artillerie) waren für die militärische Verwaltung der Reichshauptstadt und die Polizei verantwortlich. Ferner oblag dem Kizlar Aga, dem obersten schwarzen Eunuch, die Verwaltung der frommen Stiftungen in Istanbul. An dieser Aufzählung sieht man, daß die Verwaltung der Hauptstadt eng mit der Verwaltung des Reiches verflochten war.

Obschon kein offizielles Dokument über die Verwaltung der Reichshauptstadt unter Soliman dem Prächtigen vorliegt, ist es anhand von Reiseberichten möglich, die städtische Verwaltung von Istanbul in folgende Dienstbereiche einzuteilen: Gerichtsbarkeit und Rechtsprechung, Polizei, Behörden, Städteplanung und Wegeamt sowie Kontrolle der Lebensmittelversorgung und Märkte.

Die Gerichtsbehörde gehörte ohne Zweifel zu den wichtigsten Ämtern der Hauptstadt, denn alle Muslime, ebenfalls auch die Minderheiten, waren den Gesetzen des Koran und den Regierungsbeschlüssen unterworfen. Den Kadis oblag die Aufgabe, daß Gesetze und Regierungsbeschlüsse von den Untertanen des Sultans befolgt wurden. Der Ranghöchste Kadi war der Kadi von Stanbul, gefolgt vom Kadi von Galata, Eyüp und Üsküdar. Ihnen unterstanden wiederum die Naibs, Gerichtsbeamte, die eine ähnliche Funktion wie die Kadis in den Nahyies, den Gerichts-Unterbezirken der Hauptstadt, ausübten.

Der Kadi von Stanbul hatte den Muhtesib, den Oberaufseher der Märkte von Istanbul und Kontrolleur der Zünfte, als Vorgesetzten. Über die Laufbahn eines Kadi ist bereits ausführlich berichtet worden.

Das „klassische" islamische Strafrecht kannte (und kennt) drei Arten von Straftaten: die gegen Leib und Leben begangen werden; die Delikte, für die im Koran oder Sunna als Recht Gottes geltende Strafen festgelegt sind; schließlich Delikte, für die der Kadi eine angemessene, vergleichsweise leichtere Strafe festsetzt.

Wenn ein dem Opfer gleichwertiger Täter ein vorsätzliches Tötungsdelikt oder eine Körperverletzung beging und eine Vergeltung möglich war, dann konnte der nächste Verwandte des Getöteten – oder bei Körperverletzung der Betroffene selbst – nach dem Schuldspruch, unter der Aufsicht des Kadi, Wiedervergeltung am Schuldigen vollziehen. In anderen Fällen, oder wenn auf Wiedervergeltung verzichtet wurde – der Mörder aber mußte in jedem Fall Buße leisten – hatten der Täter oder seine Sippe ein festgelegtes Blutgeld zu zahlen.

Zu den Delikten, für die der Koran oder Sunna bestimmte, oft sehr drakonische, als Recht Gottes geltende Strafen („hadd") festgelegt hatte, gehörten der widerrechtliche Geschlechtsverkehr, die falsche Bezichtigung der Unzucht, der Diebstahl wertvoller Gegenstände, der Genuß berauschender Getränke und der Straßenraub. Widerrechtlicher Geschlechtsverkehr wurde für Ledige mit 100, für Sklaven mit 50 Peitschenhieben, gegebenenfalls mit Steinigung bis zum Tode, bestraft. Für falsche Bezichtigung der Unzucht sowie für den Genuß berau-

schender Getränke wurden 40 bis 80 Peitschenhiebe verabreicht. Diebstahl wertvoller Gegenstände wurde durch Abtrennung der rechten, im Wiederholungsfalls auch der linken Hand geahndet. Der Straßenraub wurde je nach der Schwere bestraft.
Für alle anderen Delikte setzte der Kadi eine angemessene Strafe fest. Die häufigste dieser Strafen ware die Bastonade. Die Bastonade („falaqa") war im islamischen Orient die gewöhnliche Sühne für geringere Vergehen. Dem Delinquenten wurde mit Riemen, Stöcken oder Stricken auf die nackten Sohlen geschlagen.
Die Kadis, die zugleich den Titel „Molla" trugen und deren Amt auch Mevlevyet genannt wurde, übten die Gerichtsbarkeit über eine Kaza (Gerichtsbezirk) aus. Während der Kadi von Istanbul nur in Stanbul zuständig war, waren die Kazas von Galata, Eyüp und Üsküdar in Nahiyes eingeteilt, in denen die Naibs die Justiz durchführten.
Die Nahibs wurden, wie die Kadis, in den Medresen geschult, doch war ihre Ausbildung nicht so gründlich wie die der Kadis. Die Ernennung zum Naib in Istanbul und in den Vororten erfolgte vom Kadi von Istanbul, während die Ernennung der anderen Naibs von den Kadis außerhalb der Hauptstadt vorgenommen wurde. Urteile und Gerichtsentscheide der Kadis konnten vor den Mazalim-Gerichten (die Rechtsprechung dieser Gerichte beruhte auf der absoluten Gewalt des Sultans) erneut verhandelt werden. Diese Mazalim-Gerichte untersuchten und bestraften ebenfalls die Amtsmißbräuche der Behörden und die Steuerhinterziehungen. Ferner übten sie die allgemeine Aufsicht über die Staatsverwaltung, Polizei und die Frommen Stiftungen aus.
Alle europäischen Reisenden und Gesandten waren über die Rechtschaffenheit und Unparteilichkeit der Kadis den Untertanen des Sultans gegenüber verwundert. Die Prozesse dauerten in der Regel nur vier Tage, ganz gleich ob es sich um einen schweren oder mittelschweren Fall handelte.

Die Polizei

Der Polizei von Istanbul oblag nicht nur die Aufgabe, die öffentliche Ordnung bei Tag und Nacht aufrechtzuerhalten, sondern sie hatte auch den Auftrag, die Basare und Märkte zu kontrollieren, die Verstöße gegen die Gesetze des Korans, die Regierungsbeschlüsse und die Verordnungen des Sultans aufzudecken. Zu ihrem weiteren Aufgabenbereich gehörte das Eingreifen bei politischen Unruhen, der nächtliche Streifendienst, um Betrunkene und „verdächtige Personen" festzunehmen, auch setzte sie das Verbot bestimmter alkoholischer Getränke durch. Die Polizisten besaßen im allgemeinen keine Vollzugsgewalt, die dem Kadi allein zustand, arbeiteten jedoch eng mit dem Kadi zusammen.

Anders als in den islamischen Städten, wie Bagdad und Täbris, gab es in Istanbul nicht einen, sondern mehrere Polizeichefs, die über bestimmte Stadtteile der Hauptstadt die Polizeigewalt ausübten. So amtierte der Aga der Janitscharen als Polizeichef von Stanbul – mit Ausnahme des Sultans-Palastes und der Wohnbezirke von Hagia Sophia und des Hippodroms, wo der Djebedji, der Vorsteher der Waffenschmiede, zuständig war.

Der Topdju Bashi, der Kommandant der Artillerie, der in Tophane residierte, überwachte die Wohnbezirke von Tophane und Pera, der Kapudan Pascha, der Oberkommandierende der osmanischen Marine war für öffentliche Ordnung in Kassim Pascha, Galata und den anderen Vororten des nördlichen Ufers des Goldenen Horns verantwortlich. Dem Bostandji Bashi, dem Vorsteher der Gärtner des Serails (in Wirklichkeit war der Bostandji Bashi der Chef der privaten Garde des Sultans) oblag die Aufgabe, alle Residenzen des Sultans, gleich wo sie in der Hauptstadt lagen, zu überwachen.

Rangmäßig hinter diesen hohen Polizeioffizieren rangierten andere Offiziere: der Muhzir Aga, der Ases Bashi und der Subashi. Der Muhzir Aga hatte als Offizier Befehlsgewalt über die Janitscharen, war aber außerdem mit besonderen polizeilichen Aufgaben betraut. Er vertrat die Janitscharen beim Großwesir, dessen Gunst er im allgemeinen sicher war. Dann legte er die Konflikte bei, die zwischen den Janitscharen und dem Großwesir entstanden und ließ die Soldaten festnehmen, die sich eines Vergehens schuldig gemacht hatten. Die Strafe wurde sofort verhängt und bestand in der Regel in der Bastonade. Gewöhnlich war der Muhzir Aga ein militärischer Polizeichef, dessen polizeiliche Befugnisse sich auf die Janitscharen der Hauptstadt beschränkten.

Sowohl der Ases Bashi als der Subashi kümmerten sich um die Istanbuler Bevölkerung. Während der Subashi für Ruhe und Ordnung während des Tages sorgen mußte, war der Ases Bashi dafür in der Nacht verantwortlich. Der Ases Bashi hatte mehrere Aufgaben zu bewältigen. Er mußte zunächst für die Sicherheit der Istanbuler sorgen, die sich nachts auf die Straßen begaben. Die Straßen waren nicht beleuchtet; wer sich trotzdem hinauswagte, mußte eine Laterne benutzen. Die dem Ases Bashi untergeordneten Polizeiagenten verhafteten nachts alle diejenigen, die auf irgendeine Weise gegen die nächtliche Ordnung der Hauptstadt verstoßen hatten.

In der Regel sperrten sie die Gesetzesübertreter für eine Nacht ins Gefängnis. Meistens aber mußten die armen Sünder in einem bestimmten Wirtshaus während der ganzen Nacht Holz zum Feuern der Bade-Kessel heranschleppen. Weil dies eine schmutzige Arbeit war, wußte jeder nach der Entlassung des Delinquenten, daß er zu der unangenehmen Strafe verurteilt worden war: er wurde der „Külhan Beyi“, „Mann des Ofens“, tituliert. Laut Evliya Celebi waren die Polizeiagenten des Ases Bashi „Leute, die festnahmen, einsperrten, Schläge verteilten und Untertanen des Sultans in Ketten legten“.

Der berühmte osmanische Chronist Evliya Celebi schien davon nicht gerade angetan zu sein. In jedem Wohnbezirk gab es Bekdjis oder Nachtwächter, die dem Ases Bashi unterstanden. Weil es sich bei diesen Nachtwächtern meistens um ältere und des öfteren physisch schwache Leute handelte, konnten sie die Istanbuler, die sich nachts auf die Straßen begaben, kaum in genügender Weise schützen.

Die Verantwortung des Subashi der Istanbuler Bevölkerung gegenüber war weit größer als die des Mahzir Aga oder des Ases Bashi. Er war für die Ordnung bei Tag verantwortlich und mußte mit dem Muthesib dafür sorgen, daß die Verordnungen des Diwan, die die Handwerker betrafen, von ihnen eingehalten wurden. Ferner hatten seine Leute die

Aufgabe, Betrunkene, Übeltäter, Streitsüchtige und diejenigen Händler zu bestrafen, die unter dem Gewicht und über dem festgesetzten Preis Waren feilboten.

Wir wissen, daß der Subashi und seine Leute beim Strafvollzug nicht immer gelinde mit den Delinquenten umgingen. Fast alle europäischen Augenzeugen berichten übereinstimmend, daß Gewalttaten, wie Mord, selten waren. Wenn der Mörder nicht gefunden wurde, mußten die Bewohner des Wohnbezirks, wo das Verbrechen begangen wurde, einen hohen „Blutpreis“ entrichten. Dies trug dazu bei, daß die betreffenden Bewohner fieberhaft nach dem Mörder suchten.

Außer den erwähnten Polizeiagenten gab es noch andere, die ihres Amtes in Istanbul walteten. Der Beudjek Bashi hatte die besondere Aufgabe, nach Dieben zu suchen. Seine Leute – unter ihnen befanden sich ebenfalls Frauen – waren eine Art Polizei in Zivil und genossen einen guten Ruf bei der Bevölkerung. Oft handelte es sich bei den Beamten des Beudjek Bashi um bekehrte und reumütige Diebe oder Kriminelle, die sich im Auffinden von Dieben besonders hervortaten.

Dem Salma Bashi Tschukadar unterstanden verkleidete Polizisten, die täglich die öffentlichen Einrichtungen, Märkte, Basare und Herbergen heimlich überwachten. So verboten sie den Prostituierten, ihr Gewerbe in bestimmten Lokalen und in der Nähe von Friedhöfen auszuüben und paßten auf, daß die Janitscharen keine Streitereien und Schlägereien in Istanbul inszenierten. Jeden Tag erstattete der Salma Bashi Tschukadar seinem Vorgesetzten Bericht, durch den der Diwan erfuhr, welche politische Meinung in Istanbul vorherrschte.

Dank dieses gutorganisierten und weitverzweigten Polizei-Apparates waren die Untertanen des Sultans in der Reichshauptstadt ihres Lebens und ihrer Habe sicher. Wegen der ungeheuren politischen und wirtschaftlichen Wichtigkeit der Hauptstadt – Istanbul war die Drehscheibe des osmanischen Imperiums, hier liefen alle politischen Fäden zusammen – bestanden der Sultan und der Diwan darauf, daß die bunt gemischte Bevölkerung in Ruhe arbeiten und leben konnte und die Gesetze respektiert wurden. Ab und zu probten die Janitscharen unter Soliman dann doch den Aufstand, der stets mit brutaler Härte unterdrückt wurde. Freigeister hatten im Staat des allmächtigen Sultans keinen Platz.

Eine so ungemein wichtige Stadt wie Istanbul stellte die Stadtbehörden täglich vor vielfältige Probleme, die es zu bewältigen galt. Es war Solimans größter Wunsch, die Stadt am Bosporus zur würdigen und glanzvollen Metropole seines Riesenreiches zu machen. Außerdem mußte die Istanbuler Bevölkerung, die kontinuierlich zunahm, täglich ernährt, untergebracht und mit allem nötigen versorgt werden. Alle diese Aufgaben stellten sich den zivilen Behörden, den Enims oder Intendanten und den Katibs oder Sekretären. Sie gehörten der großherrlichen Verwaltung an, doch beschränkte sich ihr Wirkungs- und Arbeitskreis praktisch nur auf die Hauptstadt.

Der erste dieser zivilen Beamten war der Shehir Emini oder Stadtpräfekt. Die Ernennung zu dem hohen Amt geht auf Mehmet Fatih zurück. In Solimans Regierungszeit hatte der Shehir Emini die Oberaufsicht über alle Neubauten und alle reparaturbedürftigen Gebäude und war für die Wasserzufuhr in die Hauptstadt verantwortlich. Ihm zur Seite standen drei Fachleute: der Mimar Bashi oder Chefarchitekt, der Su Naziri oder Oberaufseher der Wasserzufuhr sowie der Tahir Subashi (oder Tscheupluk Subashi), der für die Sauberkeit Istanbuls zu sorgen hatte.

Ohne die Erlaubnis des Mimar Bashi durfte niemand in Istanbul ein Haus oder Gebäude errichten. Selbst wenn er die Genehmigung hatte, bedurfte es noch der Zustimmung des Shehir Emini. Beim Bau eines öffentlichen Gebäudes oder einer Moschee stellte der Shehir Emini Geld, Arbeiter und Baumaterial zur Verfügung. Man sollte meinen, daß die Genehmigung zur Erlaubnis eines Neubaus, nach den jährlichen Bränden in Istanbul, keine Schwierigkeiten bereitet hätte. Das war aber nicht der Fall. Nur wer imstande war, die Gebühr für die Baugenehmigung in bar an den Bina Emini, den Bautenaufseher, zu bezahlen, konnte mit dem Neubau beginnen.

Die Bautenaufseher, die dem Mimar Bashi unterstanden, durchliefen die Hauptstadt, um die Bauten, ob alt oder neu, zu inspizieren. Wenn sie feststellten, daß z. B. ein Haus oder ein Palast ohne Genehmigung errichtet worden war, hatten sie das Recht, den Bau durch einen

Demoliertrupp abreißen zu lassen. Obendrein wurde der Eigentümer noch bestraft. Einige europäische Reisende waren der Meinung, daß diese Bestimmung nicht immer durchgeführt wurde, und der Bautenaufseher nach Erhalt eines angemessenen Schmiergeldes ein Auge zudrückte.

Zusammen mit dem Su Naziri trug der Mimar Bashi die Verantwortung für die Wasserversorgung der Hauptstadt. Gleichzeitig hatte er die Oberaufsicht über die Aquädukte von Istanbul, denn die Wasserzufuhr war lebensnotwendig, weil die Bevölkerung Istanbuls laufend zunahm. Soliman der Prächtige ließ mehrere Aquädukte erbauen, um das kostbare Naß von den Hügeln, die zwischen dem Schwarzen Meer, dem Goldenen Horn und dem Marmarameer lagen, in die Hauptstadt zu leiten. Zusätzlich ließen er, seine Großwesire und Wesire zahlreiche Brunnen als „Fromme Stiftungen" errichten. Es handelte sich entweder um die monumentalen Brunnen, die Sebils, oder um Brunnen einfacher Art in den verschiedenen Wohnbezirken: die Tschechme.

Die Aufgabe, die Straßen von Istanbul sauber zu halten, oblag dem Tscheupluk Subashi, dem eine Schar von Straßenkehrern unterstand. Sie sammelten den Abfall der Haushalte in großen Müllkörben, die am Ufer des Bosporus aufgestellt waren, um ihn dann ins Meer zu werfen. Chronisten zufolge waren die Straßen Istanbuls zur Zeit des „Goldenen Zeitalters" nicht immer sauber und manchmal mit Abfällen und Unrat bedeckt. In vielen europäischen Städten sah es in jener Zeit kaum besser aus.

Die Kontrolle der Lebensmittel- und Rohstoffzufuhr und der Märkte

Die Sicherung der Lebensmittelversorgung der Istanbuler Bevölkerung und die regelmäßige Zufuhr von Rohstoffen für die zahlreichen Betriebe und Handwerker der osmanischen Metropole war ohne Zweifel von lebenswichtiger Bedeutung. Theoretisch war der Großwesir für das wirtschaftliche Gedeihen der Stadt verantwortlich. Doch angesichts der kaum zu bewältigenden politischen Pflichten, die das hohe Amt mit sich brachte, vertrat ihn sein Leutnant (oder Substitut), Kaymakan, dem der Kadi und der Arpa Emini, der Vorsteher der Gerste, zur Seite standen.

Der Arpa Emini, der sich anfangs nur um die Versorgung von Gerste für die großherrlichen Marställe kümmerte, sah im Laufe der Zeit seinen Aufgabenbereich beträchtlich vergrößert, als er zum Aufseher aller Beamten ernannt wurde, die für den Serail, den Diwan und für Istanbul in den einzelnen Provinzen des Reiches Getreide einkauften. Man kann sagen, er war ein „Versorgungsminister".

Die staatlichen Instanzen legten besonderen Wert auf die gesicherte Versorgung der Hauptstadt mit Lebensmitteln und Rohstoffen. Das geht aus den Ihtasabs, den polizeilichen Verordnungen, hervor, die die Bevölkerung vor jedem Preiswucher schützten. Damit die Bestimmungen gebührend von den Händlern befolgt wurden, hatte der Großwesir den Kadis von Istanbul, Galata und Eyüp entsprechende Vollmachten für die Ausübung ihres Amtes übertragen.

In Wirklichkeit war der Kadi der Vertreter des Diwan bei den Zünften, mit denen wir uns noch ausführlich beschäftigen werden. Er überwachte ihre Geschäftstätigkeit, verteilte die eingeführten Rohstoffe unter die privaten und staatlichen Betriebe und Handwerker, setzte die Preise fest und bestrafte Betrüger und Schmuggler. Ferner teilte er ihnen die Beschlüsse des Diwans mit und verhandelte mit ihnen über die Festlegung der gültigen Preise.

In allen Bereichen des Zunftwesens stand der Muthesib dem Kadi zur Seite, der unter Soliman zum mächtigen Staatsbeamten emporgestiegen war. Der Posten war jedoch nicht erst von den Osmanen geschaffen worden. Er bestand bereits in den arabisch-muslimischen Ländern vor der Ausbreitung des Osmanischen Reiches. Der Muthesib hatte das Recht, sowohl religiöse als auch wirtschaftliche Vergehen zu ahnden. Im Laufe der Zeit hatte er sich auf die Bekämpfung und Bestrafung von Wirtschafts-Delikten spezialisiert. Es lag in seinem Ermessen, die Geschäftsleute und Handwerker zu zwingen, die Verordnungen des Diwans einzuhalten. Er verteilte die Rohstoff-Kontingente, die nach Istanbul eingeführt wurden, unter die Zünfte, setzte die Warenpreise fest, kontrollierte die Maße und Gewichte und trieb die besonderen Steuern ein, die die Zünfte entrichten mußten.

Um die eigene Entlohnung und die seiner Leute, der Kol-Orghlanlari, sicherzustellen, durfte er verschiedene Steuern erheben: tägliche

Gebühren zum Abhalten von Märkten, zum Eröffnen eines Geschäftes, Abgaben zur Herstellung bestimmter Produkte sowie Stempel-, Wiege- und Einfuhrsteuern. Es kam des öfteren vor, daß der Muthesib, um seine Einkünfte zu erhöhen, sich neue Steuern einfallen ließ. Dann kam es stets zu Ausschreitungen der Zünfte gegen den Muthesib, die unter Soliman dem Prächtigen meistens bereits im Keim erstickt wurden.

Soldaten und Militärbehörden in Istanbul

Ein kleiner Teil der Istanbuler Bevölkerung entging der Kontrolle der zivilen Beamten der Hohen Pforte: die in Garnison liegenden Soldaten und die von ihnen, die mit polizeilicher Gewalt ausgestattet waren. Sie waren von ihren Offizieren und besonderen Richtern abhängig und führten in Wirklichkeit ein von der übrigen Bevölkerung isoliertes Leben. Während es Soliman noch verstand, diese stets zur Rebellion bereiten Soldaten in Schach zu halten, bildeten sie unter seinen Nachfolgern einen ständigen und gefährlichen Unruheherd für die Hauptstadt und das Reich.

Die Militärs in Istanbul gehörten Truppenverbänden mehrerer Waffengattungen an: den Janitscharen (Infanterie), den Spahis (Kavallerie), den Topdjus (Artillerie), den Top Arabadjis (Tross) sowie den Djebedjis (Waffenschmiede). Diese Korps trugen die allgemeine Bezeichnung „Odjak", zu deutsch: Herd. Ihre Anführer waren der Aga der Janitscharen, der Aga der Spahis, der Topdju Bashi, der Top Arabadji und der Djebedji Bashi, denen verschiedene Offiziere zur Seite standen. Über das Rekrutierunssystem, die Ausbildung und die Aufstiegsmöglichkeiten der Janitscharen ist bereits berichtet worden. Sie waren in vier Abteilungen, Djemaat, Beuluk, Seymen oder Sekban und Adjemi Oghlan eingeteilt. Jede Abteilung umfaßte eine bestimmte Anzahl von Orta (insgesamt 229), die wiederum in Oda unterteilt waren. Zur Zeit Solimans betrug die Zahl der Orta der Janitscharen 77, etwa ein Drittel aller Janitscharen.

In Istanbul waren die Janitscharen in vier großen Kasernen untergebracht. Doch wohnten nicht alle in den Kasernen: eine bestimmte

Anzahl von ihnen gehörte zu den Wachtruppen der einzelnen Stadtbezirke, andere Janitscharen wiederum waren verschiedenen Stadtverwaltungen und den fremden Gesandtschaften als Wächter zugeteilt. Sie alle besaßen ein Messer als Bewaffnung, mit dem sie nicht selten Unheil anrichteten.

Das nach den Janitscharen stärkste Armeekorps der Stadt waren die Spahis oder die Reiterei. Die Spahis waren in vier Gruppen eingeteilt: Spahis, Silahdars, Ulufedjis und Garips. Unter Soliman betrug die Zahl der Spahis, die in Istanbul kaserniert waren, etwa 1500. Wie die Janitscharen, waren die Spahis stets bereit, gegen die Hohe Pforte zu rebellieren, wenn es um eine Gehaltserhöhung oder die Verteilung der Kriegsbeute ging. Nur eine politisch starke Persönlichkeit, wie Soliman der Prächtige sie verkörperte, konnte die Spahis von unbesonnenen Schritten abhalten.

Die Djebedjis oder die Waffenschmiede waren alle gegenüber der Hagia Sophia, der von Mehmet Fatih 1453 zur Moschee umgewandelten ehemaligen christlichen Kirche, einquartiert. Unter Soliman dürften hier etwa 800 Waffenschmiede untergebracht gewesen sein. Sicherlich waren die Djebedjis nicht so aufrührerisch und unfolgsam wie die Janitscharen und Spahis. Türkischen Unterlagen zufolge wurden die Djebedjis nicht schlecht bezahlt.

Der Odjak der Topdjus war erst von Mehmet dem Eroberer gegründet worden. Er hatte sie am Rande von Galata kaserniert, wo eine Kanonengießerei erbaut wurde und ihrem Quartier den Namen gab: Tophane. Die Zahl der Topdjus dürfte damals etwa 200 betragen haben.

Die Soldaten des Trosses, deren Zahl zwischen 600 und 700 lag, waren in den Kasernen von Tophane und von Ahir-Kapi, am westlichen Ende des Serails untergebracht.

Das wirtschaftliche Leben in der Hauptstadt

Die Zünfte

Alle Einwohner, die eine wirtschaftliche Tätigkeit ausübten, waren in Zünften (Esnaf) zusammengefaßt und organisiert. Unter Sultan Beyezit II. wurden die Zünfte der Stadt erstmals in einem Dokument erwähnt. Doch bestanden sie bereits früher, denn wir wissen, daß verschiedene Zünfte unter Mehmet Fatih auf ihre Privilegien pochten. Mehmet Fatih, der bestrebt war, den wirtschaftlich und politisch ausgebrannten Leib des altehrwürdigen Konstantinopel mit neuem Leben zu durchdringen, verhandelte mit den Zünften und erneuerte ihre Privilegien. Doch mußten sie sich der neuen islamisch-osmanischen „Machtordnung“ fügen.

Es muß erwähnt werden, daß auch alle Nichtmuslimen, Christen und Juden, die in Istanbul eine ökonomische Tätigkeit ausübten, in Zünften zusammengefaßt waren. Die Zahl der Zünfte unter Soliman dem Prächtigen kann nicht genau festgestellt werden. Sie dürfte um tausend herum liegen. Wenn wir Evliya Celebi glauben können, waren alle männlichen und erwachsenen Bewohner der Hauptstadt (ob ökonomisch tätig oder nicht?) in Zünften registriert. Eine Ausnahme bildeten allerdings die Janitscharen, verschiedene Militärs sowie die Palastdiener. Diese Registrierpflicht versteht sich aus dem Wunsch der Hohen Pforte, alle ihre Untertanen persönlich zu erfassen. Zum anderen war der Islam eine Gemeinschaftsreligion, die es dem wirtschaftlich Tätigen nicht gestattete, isoliert sein Leben zu führen. Ob Muslime oder Nichtmuslime, niemand konnte sich diesem religiösen und wirtschaftlichen Zwang zur Einordnung entziehen.

Außer den religiösen Gemeinschaften besaßen nur die Zünfte in Istanbul eine festgefügte Organisation. Der Berufstätige, der in einer solchen Organisation integriert war, traf dort auf Mitmenschen, die den gleichen Beruf ausübten, die gleiche Lebensart und Bedürfnisse hatten. Bei den Zünften handelte es sich nicht um politische Organisationen. Sie spielten – jedenfalls unter Soliman dem Prächtigen – in der osmanischen Hauptstadt nur eine wirtschaftliche und soziale Rolle. Ihre Vertreter beim Diwan waren lediglich berufliche Beauftragte und hatten die Aufgabe, die ökonomische Tätigkeit der Zünfte festzulegen und die materiellen Interessen der Zunftmitglieder zu verteidigen.

Der innere Aufbau einer Istanbuler Zunft

Im 16. und 17. Jahrhundert erfuhren die Istanbuler Zünfte keine strukturellen Änderungen. Sie hatten auch keinen Anlaß dazu unter Soliman. Das Wirtschaftsleben verlief in ruhigen Bahnen und war von einer gewissen Dynamik geprägt.

Die Basis bildeten die Meister (Usta), die Arbeiter (Kalfa) und die Lehrlinge (Tschirak). Die Lehrlinge hingen vom Meister ab, der für ihre Berufsausbildung verantwortlich war. Der Weg vom Lehrling zum Meister war alles andere als leicht, weil nicht nur die berufliche Eignung verlangt wurde. Denn nicht jeder konnte ein Geschäft oder einen Handwerksbetrieb eröffnen. Ihre Zahl war beschränkt. Nur der Meister hatte das Privileg, ein Geschäft, einen Bazar oder einen Handwerksbetrieb zu besitzen. Darum gab es nicht allzu viele Meister. Sie waren darauf bedacht, daß kein beruflich ungeeigneter Lehrling Meister und damit zum Konkurrenten wurde. Das Privileg, anfangs „Ustalik“, dann „Ghedik“ genannt, war die Voraussetzung dafür, ein Geschäft oder einen Handwerksbetrieb zu besitzen. Es war ein persönliches Recht und konnte von dem Meister im Falle seines Todes vererbt werden. Allerdings mußte der Erbe nachweisen, daß er in dem betreffenden Handwerk bereits als Lehrling sein Können unter Beweis gestellt hatte.

Es war durchaus möglich, daß sich die Meister einer bestimmten Zunft gegen eine solche Vererbung aussprachen. Der Ghedik konnte verkauft oder von einem Erben einer anderen Person anvertraut werden. Doch ist anzunehmen, daß er niemals an einen Arbeiter verkauft oder übertragen wurde, der nicht die berufliche Eignung hatte. Wenn es sich um ein lukratives Handwerk handelte, forderte der Besitzer stets einen entsprechend hohen Preis.

Der Ghedik konnte aber auch von einem Privatmann erworben werden, der nicht der Zunft angehörte. Ebenso von einem Meister der gleichen Zunft, denn es war nicht verboten, mehrere Unternehmen zu besitzen. Schließlich hatte der Diwan die Möglichkeit, Ghediks zu schaffen und sie an einflußreiche Personen zu vergeben.

Die Rechte der Zünfte wurden von einem Vorstand gegenüber dem Diwan wahrgenommen und verteidigt, der von den Meistern gewählt worden war. Er setzte sich aus verschiedenen Interessenvertretern zusammen, sowohl in den Fragen der religiösen Probleme, als auch in den beruflichen Forderungen. Diese – unseren Gewerkschaften ähnlichen – Funktionäre wurden von den älteren Meistern unterstützt. Die „Ihtiyarlar („Die Alten") vertraten die Anliegen der Zünfte. Die wichtigste Person im Vorstand war der Kethüda – oder: Kahya, wie der Beigeordnete genannt wurde. Er wurde aus den Meistern ausgewählt, was ihm ein Prestige einbrachte. Seine Wahl oblag einzig und allein den Meistern in freier Entscheidung.

Bei gemischten Zünften, also wenn die Zünfte aus Muslimen und Nichtmuslimen zusammengesetzt waren, bereitete die Wahl des Kethüda Schwierigkeiten. Wer wählte dann den Kethüda, die Muslimen oder die Nichtmuslimen? Eines stand allerdings fest: eine Zunft konnte zwei oder mehrere Kethüdas wählen. Außerdem gab es Kethüdas der „Ungläubigen", nämlich Christen, sofern die Zünfte überwiegend christliche Mitglieder hatten.

Es ist anzunehmen, daß das Amt eines Kethüda durch den Kadi ratifiziert werden mußte und er nach seiner Wahl eine gewisse Summe an das Finanzamt abführte. Seine Amtszeit dürfte ein Jahr betragen haben; und er konnte wiedergewählt werden. Die Hauptaufgaben des Kethüda bestanden darin, die Streitigkeiten zwischen den einzelnen Zunftmitgliedern zu schlichten, die Zünfte beim Diwan zu vertreten und dort ihre Forderungen vorzutragen. Dem Kethüda standen ein oder mehrere Yiyit Baschi, wörtlich übersetzt: „aufrichtiger Mann", zur Seite. Vermutlich wurde der Yiyit Baschi ebenfalls gewählt.

Diese kurze Beschreibung gilt für alle Zünfte der osmanischen Hauptstadt. Sie macht deutlich, daß es für die Mitglieder der Zunft notwendig war, sich zusammenzuschließen. Die Zunft als solche Vereinigung war für jeden von Nutzen: für den Diwan, der eine zusammenhängende und leicht kontrollierbare Körperschaft vor sich hatte und für die Mitglieder selbst, die ihre Forderungen geschlossen vortragen und verteidigen konnten. Andererseits ergab sich im Laufe der Zeit bei den Zünften ein Nachteil; es breitete sich ein gewisser Konservatismus aus, der den technischen Fortschritt bremste. Das wirkte sich besonders unter den Nachfolgern Solimans des Prächtigen aus, an denen der technische Fortschritt aus Westeuropa spurlos vorübergegangen war.

Die Beziehungen der Zünfte zum Diwan

Über den Kethüda und den Yiyit Baschi standen die Zünfte von Istanbul in steter Verbindung zum Diwan. Es wurde bereits erwähnt, daß der Großwesir, der für die Verwaltung der Reichshauptstadt verantwortlich war, wegen Arbeitsüberlastung den größten Teil seiner Ämter an den Kaymakam und an die Kadis abgegeben hatte. Der Kadi von Istanbul wurde von den Zünften als der eigentliche Vertreter des Diwan ihnen gegenüber angesehen.

Der Muthesib, sozusagen der Stellvertreter des Kadi, stand laufend in engem Kontakt zu den Zünften. Er sorgte dafür, daß die Gesetze und Verordnungen des Diwan, welche die Zünfte betrafen, durchgeführt und beachtet wurden.

Um sein vielseitiges Amt ausführen zu können, standen ihm eine gewisse Zahl von Kol Oghlanlari (Beamte) zur Seite.

In der Regierungszeit Solimans legte der Diwan großen Wert darauf, daß die festgesetzten Preise eingehalten wurden, damit der Käufer und der Verkäufer zufrieden waren. Wenn die Preise in Istanbul stabil waren, dann waren sie es auch im ganzen Reich, denn jeder Untertan blickte zur Reichshauptstadt. Und der Sultan und der Diwan wußten das. Aus glaubhaften türkischen Dokumenten geht hervor, daß es während der Regierungszeit Solimans des Prächtigen zu keinen nennenswerten Preissteigerungen kam.

Die politische und soziale Rolle der Zünfte

Die Zünfte in Istanbul waren nicht nur reine berufliche Organisationen. Jeder geschäftsausübende Istanbuler, der einer Zunft beitrat, trat gleichzeitig einer bestimmten sozialen Bevölkerungsgruppe bei, die ihm, seinem jährlichen Beitrag gemäß, Hilfe in der Not leistete.
Jede Zunft verfügte über eine sogenannte Solidaritäts-Kasse, deren Einlagen aus den Beiträgen ihrer Mitglieder und aus den Zahlungen der Meister bestanden, die diese bei der Beförderung eines Lehrlings an die Kasse abführen mußten. In Übereinstimmung mit dem Vorstand der Zunft wurden diese Gelder für bestimmte Zwecke verwendet: wenn ein Zunftmitglied krank und dadurch arbeitsunfähig war, erhielt seine Familie eine gewisse Summe, um die Notlage überbrücken zu können; wurde ein Zunftmitglied arbeitslos, erhielt es Arbeislosengeld der Solidaritäts-Kasse. Wenn ein Zunftmitglied starb und seine Familie zu arm war, um die Beerdigungskosten zu bestreiten, dann übernahm die Zunftkasse die Kosten. Im Lande des Sultans war jeder Gewerbetreibende obligatorisch gegen Krankheit, Arbeitslosigkeit und Dürftigkeit versichert.
Während des Fastenmonats der Mohammedaner, Ramadan – der Islam kennt ein gebotenes Fasten im Ramadan sowie ein freiwilliges Fasten als verdienstliches Werk und Fasten als Bußwerk – verteilten die Zünfte vor den großen Moscheen Reis an die Notdürftigen. Diese Spenden gingen zu Lasten der Solidaritäts-Kassen der Zünfte. Ferner bestritten die Zunftkassen die manchmal erheblichen Kosten der wichtigen Zunftfeste und das Geschenk, das jedem Sultan von den Zünften bei seiner Thronbesteigung überreicht wurde. Geschlossen bestanden die Esnaf eifersüchtig auf ihren Privilegien und verteidigten mit allen Mitteln ihre Rechte gegen den Sultan und seine Regierung. Untereinander überwachte jede Zunft die andere, damit keine die bestehende Ordnung störte.
Angesichts der autokratischen Herrschaft des Sultans, unter der alles politische Tun eigenmächtig nach Solimans Willen verlief, verfügten die Zünfte über keine politische Macht im Staate. Die Politik war allein Sache des Sultans; und das Gewerbe war Sache der Zünfte, die sich

jedoch nach einer von Soliman erlassenen gewerblichen Ordnung richten mußten.

Die Geschäftsleute: Groß- und Kleinhändler

Vom demographischen Standpunkt aus gesehen war Istanbul zur Zeit Solimans des Prächtigen eine Weltstadt mit ungeheurem Ausmaß. Täglich mußten Tausende von Tonnen an Lebensmitteln und Rohstoffen aus allen Teilen des Riesenreiches in die Reichshauptstadt gebracht werden, um ihre Lebensfähigkeit zu sichern. Der Schwerpunkt lag auf den Einfuhren, während nur ein verschwindend kleiner Teil der in Istanbul hergestellten Waren ins Ausland verkauft wurde. So war der Außenhandel ein Gewerbezweig, der kaum Beachtung fand.

Die Rohstoffe und Waren, die nach Istanbul gelangten, wurden in den weiträumigen Lagerhäusern der Hohen Pforte oder der Istanbuler Großhändler für eine gewisse Zeit gestapelt, dann erst kamen sie zur Verteilung. Wir wissen, daß sowohl die Regierung als auch die Zünfte eine ziemlich scharfe Kontrolle über die Verteilung ausübten, damit alle Rohstoffe zu den berechtigten Empfängern gelangten.

Der Groß- und Fernhandel der Hauptstadt, der praktisch nur aus den Einfuhren aus dem Innern des Reiches bestand, befand sich ganz in der Hand der Groß- und Fernhändler. Istanbul und seine Umgebung waren außerstande, die Bevölkerung mit dem Nötigen zu versorgen und so mußten die Groß- und Fernhändler alle Rohstoffe herbeischaffen. Selbst im Getreide- und Fleischhandel, der von der Regierung scharf kontrolliert wurde, übten sie eine Kontrolle aus. Wir wissen, daß der Fleischhandel nur von wenigen Istanbuler Großhändlern, der Djeleb-Keshan, betrieben wurde, die ebenfalls große Schlachthöfe in Istanbul und große Viehherden auf dem Lande besaßen.

Es ist auch zu vermuten, daß eine ganze Reihe von Metzgerläden den Djeleb-Kashane in der Hauptstadt gehörten. Weil der Groß- und Fernhandel bedeutende Kapitalinvestitionen erforderte, war eine bestimmte Anzahl hoher Regierungsbeamter daran beteiligt, die ihr Vermögen gewinnbringend anzulegen und zu vermehren wußten. Selbst mancher Leiter einer Frommen Stiftung war an diesem Handel beteiligt. Im Reich des Sultans gab es keine Diskrepanz zwischen dem Amt eines Regierungsbeamten und einem Großhändler. Sie arbeiteten jovial zusammen.

Die Großhändler waren ebenfalls die Importeure von Leder und Fellen, die an die Lohgerber, Färber, Schuhmacher und Lederhändler verteilt wurden. Es lag nahe, daß die großen Mengen an Leder und Fellen, die jährlich in die osmanische Hauptstadt gelangten, nur von finanzstarken Großhändlern aufgekauft werden konnten, die Kleinhändler und Handwerker dagegen waren von diesem lukrativen Geschäft ausgeschlossen. Dasselbe galt für die Luxuswaren, die aus dem Orient und Europa nach Istanbul eingeführt wurden: kostbare Teppiche und Schmuck aus dem Iran und aus Afghanistan, Parfums und Spezereien aus Indien, Seide aus China, teure Pelze aus Rußland sowie feine Stoffe aus Venedig, Frankreich und England.

Wenn wir Evliya Celebi glauben schenken, betrug die Zahl der Großhändler in Istanbul, in der Regierungszeit Solimans des Prächtigen, rund 15000, die ebenfalls 3000 Geschäfte besaßen und 16000 Verkäufer beschäftigten. Es muß hervorgehoben werden, daß sich dieser Großhandel praktisch nur in den Grenzen des Großreiches abspielte. Die Schiffseigentümer, die diese großen Importgeschäfte betrieben, befuhren nur das Schwarze Meer und das östliche Mittelmeer. Der Landhandel im Innern des Reiches befand sich in den Händen der Türken, Griechen, Juden und einigen Armeniern. Auch wurden fast sämtliche Großgeschäfte in Istanbul, selten in den Hafenstädten Antalya, Alanya, Izmit, Amasra und Sinop abgewickelt. Istanbul war nicht nur die politische, sondern ebenfalls die wirtschaftliche Drehscheibe des Reiches, und alle anderen Häfen waren im Laufe des 15. und 16. Jahrhunderts zur wirtschaftlichen Bedeutungslosigkeit herabgesunken.

Die Kleinhändler und Ladengeschäfte

Die überwiegende Mehrzahl der Istanbuler Geschäftsleute setzte sich aus Kleinhändlern, Inhabern von Geschäften jeder Art und aus fahrenden Händlern zusammen. Wirtschaftlich ganz von Großhändlern abhängig, streng von den Regierungsbeamten in ihren Tätigkeiten kontrolliert und fest in den Händen der Zünfte, war ihr Los alles andere als beneidenswert. Angesichts dieser allseitigen Überwachung hatten sie kaum die Möglichkeit, ein Vermögen zu erarbeiten. Meistens besaßen diese kleinen Händler oder Handwerker schäbige Ladenlokale Koltuk genannt, in denen sie ihre wenigen Produkte – in der Regel handelte es sich um minderwertige Ware – verkauften und die nur einen beschränkten Gewinn ermöglichten. Sie boten Lebensmittel, Stoffe, Schuhe, Pantoffeln, Drogen, Parfums und Kleider an. Laut Evliya Celebi soll ihre Zahl immerhin 50 000 in Istanbul betragen haben. Selbst wenn manche von ihnen wirtschaftlich unabhängig waren, übten sie keinen Einfluß auf das Wirtschaftsgeschehen aus, das ausschließlich von den finanzkräftigen Großhändlern diktiert wurde. Keiner von ihnen war imstande, ein großes Warenlager anzulegen.

Die Inhaber eines Ladens, die Lebensmittel verkauften, standen im täglichen Konkurrenzkampf mit den fahrenden Händlern, den Seyyar. Diese Seyyar boten meistens Früchte und Gemüse auf der Straße an, sie verkauften ihre Waren oft unter dem festgesetzten Preis. Weil sie für die Regierungsbeamten schwer erfaßbar waren, zahlten sie die Steuern nicht, die die Inhaber der Läden entrichten mußten. Bei ihnen handelte es sich um Untertanen aus der Provinz, die nach Istanbul kamen, um dem traurigen Lose eines anatolischen Bauern zu entrinnen. In Istanbul angekommen, wandten sie sich an die Janitscharen. Diese streckten ihnen zum Einkauf verschiedener Waren Geld vor und beide teilten dann den Gewinn, dessen Spanne jedoch niedrig war. Die Seyyar dürften nicht in Zünften organisiert gewesen sein. Zu den Inhabern der Läden und den Seyyar gesellten sich noch die Eskidji, die Gebrauchtwaren aufkauften. Kreischend zogen sie durch die Straßen von Istanbul, um ihre dürftigen und armseligen Waren anzubieten.

Zur letzten Kategorie der Kleinhändler gehörten die Handwerker, die auf der Straße vor ihren Läden oder in den Werkstätten ihre Produkte selbst herstellten und gleichzeitig feilboten. Im allgemeinen konzentrierten sich die Handwerker einer Zunft in einer Straße, eine Gruppierung, die, wie bereits hervorgehoben, sowohl von der Regierung als auch von den Zünften bevorzugt und gefördert wurde.

Laut Evliya Celebi soll es in Istanbul während des „Goldenen Zeitalters“ 79264 Handwerker gegeben haben, die 23215 Werkstätten oder Läden betrieben. Einerseits waren diese Handwerker ganz von den Lieferungen der Großhändler abhängig, und zum anderen wurden sie streng von den Regierungsbeamten kontrolliert. Trotz dieser Abhängigkeit und Kontrolle verstanden sie es, ihre Rechte durch die Vertreter ihrer Zünfte der Regierung gegenüber zu wahren.

Die Hohe Pforte und der Handel

In der Reichshauptstadt gab es mehrere sogenannte Großverbraucher: der Serail, die Kasernen, die Arsenale, kurzum, alle Einrichtungen, die vom Sultan und vom Diwan abhingen. Sie waren Großabnehmer von Lebensmitteln, Rohstoffen, Kleidern und Luxuswaren. Hinsichtlich der Belieferung und der Versorgung genossen sie absolute Priorität vor allen anderen Betrieben und Werkstätten. Die Versorgung der staatlichen Institutionen vollzog sich auf zwei Wegen. Bezüglich der Lieferung von Lebensmitteln und verschiedenen lebenswichtigen Rohstoffen, erhielt der Sultan einen Teil der Produktion bestimmter Dörfer und Gegenden, die bereits lange vor Solimans Thronbesteigung festgelegt worden waren. Dies war der Fall für die Lieferung von Schafen, Geflügel, Früchten, Gemüse, Weizen, Hafer und Holz. Ein Regierungsbeamter überwachte diese Transaktionen, die unabhängig von dem eigentlichen Wirtschaftsleben der Hauptstadt abgewickelt wurden. Alle lebenswichtigen Rohstoffe, die zum Bau von Schiffen und zur Herstellung von Waffen verwendet wurden, waren Gegenstand eines Staatsmonopols und durften nicht ausgeführt werden. Außerdem war es strikt verboten, Gold, Silber und Kupfer, die zur Münzherstellung dienten, zu exportieren.

Der zweite Versorgungsweg der großherrlichen Einrichtungen und Betriebe lief über mehrere Regierungsbeamte, die auf den Märkten von Istanbul oder in der Provinz Einkäufe machten. So kauften sie z. B. die Stoffe in Saloniki ein, aus denen die Kleider für die Janitscharen angefertigt wurden. In Istanbul selbst hatten die finanzstarken Palastbeamten Gelegenheit, alle Luxusgüter, wie Edelsteine, kostbare Stoffe, Spiegel aus Venedig, Parfums und Spezereien einzukaufen. Besonders zu Solimans Zeiten, als riesiges Beutegut nach Istanbul floß, erzielte der Luxusgüter-Markt noch nie vorher gekannte hohe Umsätze.

Die Märkte von Istanbul

Woche für Woche wurden auf bestimmten Plätzen der Stadt von den Händlern Waren angeboten. Diese Märkte benannte man nach dem Tag, an dem sie stattfanden: „Sali pazari", der Markt am Dienstag; er wurde zwischen Galata und Tophane abgehalten. In Fethiye war am Mittwoch der Markttag „Tscharshaba pazari" und so fort. Es wurden hier nur Lebensmittel verkauft. Das Angebot war groß. Die Beamten des Methesib kontrollierten streng, ob die festgesetzten Preise eingehalten wurden.

In Istanbul blühte auch der Sklavenhandel. Der Umsatz soll beträchtlich gewesen sein. Nur reiche Leute, hohe Regierungsbeamte und der Sultan kauften sich Sklaven und Sklavinnen. Dieser „Menschenmarkt" wurde ausschließlich von Juden betrieben. Wir können darüber von einem Augenzeugen mehr erfahren: dem französischen Reisenden Du Loir. Er notierte in sein Tagebuch:

„Die Juden, die den Sklavenhandel zu Istanbul beherrschten, erzogen die Sklaven und Sklavinnen mit größter Sorgfalt, um sie zu Höchstpreisen verkaufen zu können. Sie brachten den Sklavinnen mancherlei Dinge, wie z. B. das Weben und das Musizieren bei und führten sie in die Umgangsformen des Hofes ein. Die Sklaven, besonders aber die Sklavinnen, stammten aus Rußland, dem Kaukasus, manchmal aus Polen.

Der Sklavenmarkt, „Esir pazari" genannt, lag in der Nähe des Bedesten oder „Kapali Carsi", des gedeckten oder geschlossenen Marktes. Es handelte sich um einen großen Platz, der von kleinen Zimmern umgeben war, in denen die Sklaven und Sklavinnen getrennt feilgeboten wurden. Dorthin begab sich ein wohlhabender Untertan des Sultans oder ein hoher Regierungsbeamter, der einen Bediensteten, eine Bedienstete oder eine Konkubine haben wollte."

Der Sklavenhandel wurde von einem Regierungsbeamten scharf überwacht, er erhob auf den Preis jedes verkauften Sklaven (oder Sklavin) den zehnten Teil als Steuer. Wohl lag der gesamte Sklavenhandel in den Händen der Juden, doch durfte kein Jude seinem Glaubensgenossen einen Sklaven verkaufen. Auch war es unter Soliman verboten, einem Christen einen Sklaven zu verkaufen. Erst unter seinem Nachfolger wurden diese Bestimmungen stark gelockert. Nicht selten kam es beim Sklavenhandel zu Betrügereien der Hohen Pforte gegenüber. Oft kaufte man einen Sklaven nicht auf dem offiziellen Sklavenmarkt, sondern direkt im Haus des Händlers, und umging damit den Tribut; oder der Regierungsbeamte „übersah" den Kauf und steckte die Hälfte des Zehnten in die eigene Tasche.
Die Preise für Sklaven und Sklavinnen waren unterschiedlich. Dem englischen Reisenden Lithgow zufolge betrug der Preis für eine jungfräuliche Sklavin 800 Piaster, während eine Witwe von 30 Jahren etwa 500 Piaster wert war. Diejenigen, die weben und musizieren konnten, wurden zwischen 1200 und 2000 Piaster gehandelt. Obwohl nur eine beschränkte Anzahl von Untertanen (Juden) im Sklavenhandel tätig war, spielte er aufgrund seines hohen Umsatzes eine bedeutende Rolle im Wirtschaftsleben der Reichshauptstadt, schon deswegen, weil der Sultan und die hohen Regierungsbeamten zu den besten und zahlungskräftigsten Kunden gehörten.
Außer dem Lebensmittel- und Sklavenmarkt wurde ein Pferde-, Geflügel- und Flohmarkt in Istanbul abgehalten. Wir wissen, daß auch dieser Handel strengen Verkaufsregeln unterworfen war.
Trotz dieser Wochen- und Jahrmärkte wurden die meisten Geschäfte in den Läden der Kleiderhändler und Handwerker abgewickelt. Hier kauften die meisten Untertanen der Hohen Pforte ihre täglichen Gebrauchsartikel und wurde stundenlang um einem Piaster gefeilscht.

Die Industrie

Neben den zahlreichen kleinen und mittleren Handwerksbetrieben gab es in Istanbul eine Industrie, unter der man die großherrlichen Fabriken verstand und in denen eine beträchtliche Anzahl von gelernten, ungelernten Arbeitern sowie Angestellte beschäftigt waren. In einigen Fabriken wurde sogar im Zeichen des technischen Fortschritts gearbeitet, wie z. B. in der Kanonengießerei von Tophane oder im Arsenal von Kassim Pascha, wo türkische und westeuropäische Ingenieure und Zeichner für damalige Begriffe moderne Waffen herstellten.

Diese großherrlichen Betriebe, die ausschließlich für die Hohe Pforte arbeiteten, kann man in zwei Kategorien einteilen: Fabriken, die für die Armee und die Flotte und diejenigen, die für den Serail und die anderen Paläste des Sultans produzierten.

Zur ersten Kategorie gehörten vor allem das große Arsenal von Kassim Pascha, wo Solimans machtvolles Kriegsinstrument, die Flotte, gebaut wurde; und die Kanonengießerei von Tophane, die für den Landkrieg die so wichtigen Waffen erzeugte. In den beiden Waffenschmieden von Kassim Pascha und Tophane planten und arbeiteten Tausende von Beschäftigten, um Solimans waffentechnische Überlegenheit gegenüber seinen Feinden im Abendland zu sichern: Artillerie- und Flottenoffiziere verschiedener Grade, Ingenieure, Zeichner, gelernte und ungelernte Arbeiter, Sklaven und Galeerensträflinge.

Die Herstellung der verschiedenen Waffentypen war strengen Regeln unterworfen. Der Produktionsrhythmus wurde durch den staatlichen Verbrauch und durch die Zufuhr von Rohstoffen bestimmt. Dem Arsenal von Kassim Pascha und der Kanonengießerei von Tophane ähnlich waren die Istanbuler Waffenschmiede, „Tufenkhane", und die Pulverfabriken, die „Baruthane". Alle Waffenfabriken wurden von einem Regierungsbeamten, dem Emin, geleitet. In Kassim Pascha unterstand er jedoch dem Großadmiral des Sultans und trug den Titel „Tersane Emini".

Nach Solimans des Prächtigen Thronbesteigung bereiteten die Versorgung und der Unterhalt mehrerer tausend Janitscharen, Spahis und anderer Militärs der Hohen Pforte einige Sorgen. Um die beiden Probleme zufriedenstellend zu lösen, ließ Soliman ein großes Lager in Istanbul einrichten, das die Truppen mit allem Notwendigen versah. Einmal im Jahr, am Tag der „Heiligen Nacht" („Kadir Ghedjesi") öffnete das Lager seine Tore. Im Beisein der Befehlshaber der Janitscharen und der Spahis sowie des leitenden Regierungsbeamten erhielt jeder großherrliche Soldat 10 Ashin (Elle) Stoff, Musselin sowie einige Hemden. Der Stoff wurde dann, zur Herstellung von Waffenröcken, an die staatlichen Schneider weitergegeben, die in zwei großen Werkstätten arbeiteten. Der Musselin diente zur Anfertigung von Turbanen, die von den Janitscharen und den Spahis in Friedenszeiten getragen wurden.

Die Lebensmittelversorgung der Istanbuler Truppen lag in den Händen der Oberaufseher der staatlichen Biskuit-, Brot- und Bozafabriken (Boza: ein aus Gerste und Hirsegras hergestelltes Getränk). In Istanbul gab es ebenfalls eine Fabrik, die ausschließlich Kerzen für die Janitscharen herstellte. In diesen großherrlichen Fabriken arbeiteten, ausgenommen die beiden großen Arsenale, rund 5000 Mann. Mit den beiden Arsenalen spielten sie im Istanbuler Wirtschaftsleben eine bedeutende Rolle.

Zum Unterhalt der staatlichen Paläste waren eine große Schreinerei, die unter der Leitung eines Kunsttischlers stand, eine Bronzegießerei, eine Werkstatt zur Herstellung von Bleiplatten und eine Anstreicherei verantwortlich, die, nach Evliya Celebis Feststellung, etwa 1000 Mann beschäftigten. Ferner arbeiteten Glaser und Vasenfabrikanten für den Sultan. Aus türkischen Dokumenten geht hervor, daß in den Fayence-Fabriken am Goldenen Horn – ihre Gründung geht entweder auf Selim I. oder Soliman den Prächtigen zurück – wegen der regen Nachfrage nach ihren Erzeugnissen Hochbetrieb herrschte. Im „Goldenen Zeitalter“ galten besonders schöne Stücke glasierter Tonware als Anlagekapital. Die Kleider der Bediensteten des Sultans wurden in staatlichen Schneidereien hergestellt, in denen sowohl die Schneider als auch die Dolamadjis (Hersteller von „Dolama“: lang herabwallende Kleider) beschäftigt waren. Eine besondere Zunft, die der Sarikdjis, fertigte Turbane für den Sultan und seine Regierungsbeamten an. Im Reich des Sultans entsprach jeder Turban einer bestimmten Funktion, Amt oder Titel.

Einer weiteren Zunft oblag die Herstellung kostbarer Festgewänder, „Hilat“ genannt, die der Sultan an die hohen Würdenträger, Regierungsbeamte und verdienstvolle Untertanen verschenkte. Diese Feiertagskleider wurden aus kostbaren Stoffen hergestellt und waren oft mit

teuren Pelzen besetzt. Allein 105 Schneider standen im Dienst Solimans des Prächtigen, die tagaus, tagein die festlichen Gewänder nähten.
Zu den großherrlichen Fabriken kann ebenfalls die staatliche Münzstätte gezählt werden, die in der Nähe der Beyazit-Moschee lag und unter der Leitung des Kutschuk Defterdar, des Untervorstehers der Finanzen, stand. Eine Besonderheit der staatlichen Münzstätte lag darin, daß dort ebenfalls „ungläubige" Münzmeister, Christen und Juden, angestellt waren und von der Hohen Pforte entlohnt wurden.

Weitere wichtige und weniger wichtige Berufe

Wenn auch die meisten Beschäftigten der osmanischen Hauptstadt durch die Zünfte beruflich erfaßt waren, gab es doch zwischen 40000 und 50000 Personen, – die Zahl muß mit Vorsicht zur Kenntnis genommen werden –, die ihr Brot auf weniger traditionelle Art verdienten und keiner Zunft angehörten.
Da gab es die „intellektuellen und wissenschaftlichen" Berufe, die Berufe der Volks-Unterhalter und schließlich die „kleinen" Berufe, wie man damals in Istanbul zu sagen pflegte. Obwohl die „intellektuellen und wissenschaftlichen" Berufe keine wirtschaftliche Rolle spielten, hatten sie doch ein besonderes moralisches, ja sogar politisches Gewicht. Der Scheik ül-islam, das geistige Oberhaupt des Reiches, stand an der Spitze der geistlichen Elite des Sultans, die in zwei Kategorien eingeteilt war: diejenigen, die ein religiöses Amt, u.a. Muezzin, Imam oder Scheik innehatten, und die, die „Ulema", Lehrer an einer Koranschule oder an einer Medrese waren. In der Regel wurden die Lehrkörper der Koranschulen und Medresen von den Frommen Stiftungen entlohnt.
Zu den „intellektuellen" Berufen zählte man ebenfalls die Dichter und Schriftsteller, – zu Solimans Zeiten soll sich ihre Zahl auf 800 belaufen haben – , die Buchhändler, „Sahhaf" genannt, die sich in der „Buchhändler-Straße" (Sahhaf Tscharshisi), unweit der Beyazit-Moschee, niedergelassen hatten. Ferner die Papier- und Schreibwarenhändler, sowie die Buchbinder.

Während die Dichter und Schriftsteller meistens in Zurückgezogenheit lebten, standen die „Yazidjis" (die „öffentlichen" Schriftsteller, wie sie genannt wurden) sowie die „Arzuhaldjis", die Redakteure von Bittschriften in engem Kontakt mit der Bevölkerung und Stadt. Es wurde bereits berichtet, daß niemand einen Laden ohne besondere Erlaubnis der Hohen Pforte in Istanbul aufmachen durfte. Trotzdem hatte eine kleine Anzahl von Schriftstellern ohne (oder stillschweigende?) Erlaubnis ihre Verkaufsstände in den Höfen der großen Moscheen aufgeschlagen, um dort ihre literarischen Erzeugnisse feilzubieten. Alle aufgezählten Berufe durften nur von Muslimen ausgeübt werden.
Es war den „Ungläubigen" im Lande des Sultans nicht erlaubt, „intellekuelle" Berufe auszuüben. Die Hohe Pforte duldete keine Einmischung durch die Christen in ihre Glaubensfragen. Nur wenige Berufe wie die eines Arztes für Allgemeine Medizin, eines Augenarztes und des Chirurgen waren den Nichtmuslims vorbehalten.
Die Osmanen hatten bereits im 14. Jahrhundert die fortschrittliche Medizin der Araber übernommen und unter Soliman zu einer beachtlichen Wissenschaft entwickelt. Gewöhnlich wurden Juden Ärzte, aber auch Griechen und Armenier. Die Untertanen des Sultans entschlossen sich nur selten zu diesem Beruf. Am Hof konnte ein Jude oder Grieche durchaus Chefarzt werden. Ferner war es den „Ungläubigen" gestattet, eine Apotheke zu eröffnen. Die Medikamente wurden allerdings hauptsächlich aus Venedig eingeführt, wie aus türkischen Dokumenten hervorgeht.
Eine ganz besondere Berufsgruppe bildeten die Volksbelustiger in Istanbul, deren Zahl von Evliya Celebi mit 15000 angegeben wird. Sie wurden in mehrere Kategorien eingeteilt: zuerst die Seiltänzer und Akrobaten, die Türken, Araber, Perser, Armenier, Griechen oder Jemeniten waren. Sie beteiligten sich regelmäßig an den großherrlichen Festen in der osmanischen Hauptstadt und waren beim Volk sehr beliebt; dann folgten die Taschenspieler, Gaukler, vor allem die Schattenspieler („Karagheuz"). Sie traten besonders während des Fastenmonats Ramadan auf, fehlten in keinem Stadtviertel. Zu dieser Berufsgruppe zählten ebenfalls die Bärenführer, zumeist Zigeuner, die Vogelhändler und die Nachtigallenhändler, die „phantastisch singende

Nachtigallen liefern konnten", wie es in einem anonymen Reisebericht des 16. Jahrhunderts heißt.
Dann gab es in der osmanischen Hauptstadt etwa 6000 Musiker, bei denen es sich einerseits um offizielle Musiker („Mether"), die in Solimans Diensten standen und jeden Morgen die Palastangestellten zum Gebet wecken mußten, und andererseits um private Musiker handelte. Die privaten Musiker waren in 70 Zünften zusammengefaßt, wurden von Sazèndè Baschi geleitet und beteiligten sich an bestimmten Derwisch-Zeremonien, an Zunftfesten sowie an privaten Festen, die von hohen Regierungsbeamten gegeben wurden.
Zum Schluß sind noch die Barbiere, die einen Laden besaßen und gleichzeitig das Amt eines Beschneiders ausübten – im Lande des Sultans wurde im allgemeinen im siebenten Lebensjahr und im Herbst beschnitten – sowie die Wasserträger zu erwähnen. Während die meisten Wasserträger das Wasser in ledernen Wasserschläuchen mühsam auf ihren Rücken über die unebenen Straßen von Istanbul von Stadtteil zu Stadtteil schleppten, ließ eine geringe Zahl von ihnen das kostbare Naß in Krügen von Lasttieren zu ihren Kunden transportieren.
Bei den meisten Wasserträgern handelte es sich um entwurzelte Bauern aus dem Innern Anatoliens, wo es für sie keinen Lebensunterhalt mehr gab. Manche von ihnen arbeiteten auch als Gärtner; oder als Ruderer auf den Booten, die Lebensmittel von Stanbul nach Üsküdar transportierten, um zusätzlich Geld nebenher einzunehmen.
Zweifellos verdienten die Musiker, Gaukler, Volksbelustiger, Schattenspieler und Wasserträger nur das Allernotwendigste, gerade soviel, um ihren Lebensunterhalt zu bestreiten, doch geht sowohl aus türkischen als auch aus Berichten europäischer Reisenden und Gesandten des 16. Jahrhunderts übereinstimmend hervor, daß sie unter Soliman dem Prächtigen keine Not litten.

Die großherrliche Geldwirtschaft

Es wurde bereits erwähnt, daß Soliman der Prächtige großen Wert auf die regelmäßige Versorgung der Istanbuler Bevölkerung mit allem Notwendigen legte. Die Hauptstadt genoß absoluten Vorrang vor allen

anderen Städten des Reiches. Der ständige Warenstrom aus allen Teilen des Riesenreiches nach Istanbul brachte einen enormen Geldumlauf und Geldmanipulationen mit sich. Das Stoffgeld, also das Geld, das aus Edelmetallen hergestellt war, wurde regelrecht gehandelt und gehortet. In Solimans Regierungszeit waren europäische Goldmünzen, die in Spanien, Frankreich, den Niederlanden, Venedig und Florenz geprägt worden waren, in Umlauf. Weil sie ihren Wert stets behielten, waren sie sehr beliebt und wurden regelmäßig von den wohlhabenden Osmanen, den hohen Regierungsbeamten, vor allem vom Sultan persönlich aufgekauft, um dann in ihren privaten Schatzkammern zu verschwinden. Diese Goldmünzen wurden im allgemeinen „Altun" und Anfang des 16. Jahrhunderts „Filuri" („Florin") oder „Shahi" genannt. Nach der Eroberung Ägyptens durch Solimans Vater, Selim I., kam die ägyptische Goldmünze „Ashrafi" in begrenzter Menge ins Land. Die Türken nannten sie „Eshrefi Altun", – die Europäer kurz „Sultanin". Gleichzeitig waren der ungarische und der deutsche Dukaten und die venezianische Zechine (Goldmünze) in Istanbul als Wert- und Spekulationsobjekt sehr gefragt.
Während fast alle Goldmünzen im Reich des Sultans zum Horten aufgekauft wurden und nicht dem Handel dienten, galten die Silbermünzen als allgemeines Zahlungsmittel. Die häufigste Silbermünze war der Asper („Aktchè") oder der „Kleine Weiße", wie er damals noch genannt wurde. Bis in die Mitte des 16. Jahrhunderts zählte man 40 Asper für einen Piaster, während man im Jahre 1600, unter der Herrschaft des Sultans Mohammed III., bereits 80 Asper für einen Piaster zahlen mußte. An dieser Stelle muß jedoch hervorgehoben werden, daß die Silbermünze Asper, die kleinste türkische Silbermünze, einen ziemlich großen Gehalt an Kupfer hatte, so daß man nicht von einer Silbermünze im eigentlichen Sinn, sondern eher von einer versilberten Kupfermünze sprechen kann. „Der Asper", so heißt es in einem zeitgenössischen Reisebericht, „ist so klein und so dünn, daß man ihn zwischen den Fingern verliert."
In der Zeit des „Goldenen Zeitalters", als gewaltige Mengen an Beutegut aus dem Vorderen Orient, aus Nordafrika und dem Balkan nach Istanbul gelangten, bestand ein Gleichgewicht zwischen der Menge des

umlaufenden Geldes und der vorhandenen Waren. Nach dem Tod des überragenden Sultans Soliman änderte sich das bald. Die großen Eroberungszüge waren vorüber, das kostbare Beutegut blieb aus, und das Silber wurde knapp.
Zu Anfang des 17. Jahrhunderts begann der ökonomische Abstieg des einst so blühenden Reiches: das Sultanat geriet im Laufe des 18. Jahrhunderts mehrmals an den Rand einer wirtschaftlichen und politischen Krise.

Der lokale Handel: die Verproviantierung der Hauptstadt. Der internationale Handel

Istanbul war mit Abstand das größte Verbrauchs-Zentrum des Reiches. Die Rohstoff- und Wareneinfuhren überstiegen bei weitem die Ausfuhren, so daß der Schwerpunkt auf dem lokalen Handel lag. Türkischen Dokumenten zufolge sollen jährlich 4 Mio. Schafe, 3 Mio. Ziegen und 200 000 Ochsen an die Istanbuler Schlachthöfe geliefert worden sein und die Bäcker sollen täglich 500 Tonnen Mehl verarbeitet haben.
Um die gleichmäßige Rohstoff- und Lebensmittelzufuhr zu sichern, hatte die Hohe Pforte eine sogenannte „Verproviantierungs-Politik" ausgearbeitet, nach der sich jeder Lieferant richten mußte. So waren z. B. Weizen-Exporte strikt verboten; vom Sultan festgelegte Regionen mußten ausschließlich für die Hauptstadt produzieren. Die Versorgung erforderte die Bereitstellung beträchtlicher Transportmittel, vor allem Frachtschiffe, so daß, neben den Großhändlern und Importeuren, die Reeder und Schiffskapitäne eine große Rolle im Wirtschaftsleben der Hauptstadt spielten.
Der Getreide- und Reishandel lag ausschließlich in den Händen türkischer Großhändler und Kapitalisten, die ihrerseits von der Hohen Pforte kontrolliert wurden. Das Getreide wurde aus Thrakien, den Gebieten längs der Küste des Marmarameeres und der Ägäis, sowie aus den unter osmanischer Oberhoheit stehenden Donau-Fürstentümern, der Reis aus Ägypten nach Istanbul eingeführt. Die Schafe und Ziegen kamen vor allem aus dem Balkan, aus Inner-Anatolien und dem

kilikischen Taurus. Obwohl dieser Handel von den Großhändlern, "Djeleb Keshan", geleitet wurde, bestimmte die Hohe Pforte, daß etwa ein Dreißigstel aller Schafe und Ziegen des Reiches nach Istanbul geliefert werden mußte, um den Fleischbedarf der Hauptstadt zu sichern. Das südliche Thrakien und die Gegend von Izmit (Nikomedien) lieferten das Geflügel für die Hauptstadt.

Außerdem waren ganze Dörfer, die zum großherrlichen Besitz gehörten, verpflichtet, jährlich eine bestimmte Anzahl von Gänsen, Hühnern und Tauben an die Küche des Sultans abzugeben. Ferner kamen der Fisch aus dem Bosporus und dem Schwarzen Meer, die Früchte und der köstliche Yoghurt aus der Umgebung von Istanbul, der Käse aus verschiedenen Gegenden des Reiches, die Oliven aus West-Anatolien, die Zitronen aus Kilikien, der Honig aus der Walachei, das Salz aus Ägypten und der Krim und der Kaffee aus dem Jemen.

Mit Ausnahme von Blei, Zinn und verschiedenen chemischen Produkten und Drogen lieferten die einzelnen Provinzen des Reiches alle Rohstoffe nach Istanbul, die dort zur Herstellung von Fertigwaren gebraucht wurden.

Wie bereits geschildert wurde, befand sich der gesamte Zulieferhandel nach Istanbul ausschließlich in den Händen türkischer Großhändler, während der Außenhandel, der nur einen Bruchteil des Binnenhandels ausmachte, von Ausländern bewerkstelligt wurde. Auf der Exportliste der Osmanen standen hauptsächlich Leder, Wolle und Häute, gefolgt von Wachs, Seide, Alaun, Hanf, Flachs und Gewürzen, dagegen nur selten Porzellan, Perlen und Kaviar. In keinem Dokument wird die Ausfuhr von kriegswichtigem Material, wie Eisen und Schiffsholz, erwähnt. Die Importe dagegen wiesen eine größere Verschiedenheit auf: Frankreich lieferte feine Mützen, die in Marseille hergestellt wurden, Stoffe, Serge, roten Weinstein und Farinzucker; in Spanien kauften jüdische Händler die Produkte der Neuen Welt, vor allem Brasilholz und Cochenille für die Hohe Pforte ein; und aus Indien kamen Pfeffer, Gewürznüsse, Zimt und Ingwer nach Istanbul. Venedig führte Stoffe, Samt, Satin, Glas, Spiegel, pharmazeutische Produkte und Papier ein. Die Engländer Zinn, Blei, Eisen und Stoffe, die Holländer schließlich Gewürze und Stoffe.

Wohl versuchten die christlichen Kaufleute aus England, Frankreich, den Niederlanden und Venedig auf dem großen und kaufkräftigen Markt von Istanbul damals Fuß zu fassen, was ihnen allerdings nur in beschränktem Maße gelang; doch lagen besonders die Engländer und Niederländer wegen der Stoffe in scharfem Konkurrenzkampf miteinander. Weder in der Kriegführung gegen Soliman noch im Handel mit der Hohen Pforte bewiesen die Europäer „christliche" Solidarität. Jeder versuchte auf seine Art, und meistens Gegeneinander, mit Istanbul ins Geschäft zu kommen.

Alle Handelswege führten nach Istanbul

Geopolitisch war die osmanische Reichshauptstadt ein bedeutender Schnittpunkt großer Handels- und Seewege von Osten nach Westen, von Norden nach Süden.

Bei allen westeuropäischen Reisenden und Gesandten rief der Ausbau und der Zustand der osmanischen Handelswege Bewunderung hervor. Eine erste wichtige Handels- und Karawanenstraße verlief von Istanbul über Edessa nach Bagdad. Eine zweite führte von Istanbul über Antiochia, Tripoli, Damaskus, Jerusalem nach Kairo und dann nach Alexandrien. Auf diesen beiden Verkehrsverbindungen gelangten Salz, Gewürze, Olivenöl, Weihrauch, Perlen, Edelsteine und Brokat, mühsam auf dem Rücken der Kamele und Dromedare, nach Istanbul.

Eine dritte wichtige Handelsstraße lief von Istanbul über Adrianopel, Nisch, Belgrad nach Wien. Über die großherrliche Straße Adrianopel-Istanbul, auch „Kaiserstraße" genannt, wurden jährlich große Mengen an Fleisch und Getreide in die osmanische Hauptstadt gebracht, um ihre Versorgung sicherzustellen. Diese drei großen Verkehrsadern spielten, besonders während des Krieges, eine überaus bedeutende strategische und militärische Rolle für die Truppen der Armee und den Nachschub. Auf diesen Straßen führte Soliman seine Janitscharen in den „Heiligen Krieg" und nur mit ihnen gelang es ihm, die meisten Aufstände bereits im Keime zu ersticken, weil er seine Truppen rasch an den Brennpunkten einsetzen konnte.

Ansonsten benutzten nur wenige Fuhrwerke („Arabas"), meistens jedoch Kamel- und Maultierkarawanen, alle diese Straßen. Unter osmanischer Oberhoheit begegnete man auf den weiten Strecken nur selten Fuhrwerken, die Nichtmuslimen gehörten. Ab und zu traf man auf eine venezianische oder ragusanische Karawane, die Güter von den Adria-Häfen Ragusa, Cattaro, Spalato, Durazzo und Alessio nach Adrianopel oder Istanbul beförderte.
Europäischen Reiseberichten zufolge schwankte die Zahl der Lasttiere einer Karawane zwischen 100 und 3000. Während Solimans Regierungszeit wurden Karawanen kaum angegriffen und ausgeraubt. Die Reisezeit hing vom Aufenthalt ab, den sie in einer Stadt machte. So brauchte eine Karawane 5 bis 6 Tage, um von Istanbul nach Adrianopel, 25 bis 35 Tage, um nach Spalato, und 25 bis 30 Tage, um nach Belgrad zu gelangen. Keine Karawane hielt irgendwo unterwegs an, sondern machte nur in bestimmten Karawansereien („Kervansaray") Halt. Berühmte Karawansereien im asiatischen Teil des Osmanenreiches waren im 16. Jahrhundert Ankara, Tokat, Sivas und Erzerum. Fast alle Karawanen-Reisen waren beschwerlich und langsam. Besonders in Ost- und Inneranatolien hatten die Karawanen die strengen Winter und, je nach der Höhenlage, die mehr oder weniger heißen Sommer zu ertragen. Die zermürbenden Strapazen müssen außerordentlich gewesen sein. Kein Wunder, daß solche Reisen lieber vermieden wurden, zumal es ja auch die Seeverbindungen gab.
Allerdings verfügte das Osmanische Reich über keine Handelsflotte. Dazu fehlte einfach das nötige Geld. Überdies machte der Außenhandel nur einen geringen Bruchteil des gesamten Handels aus. Also mußten so gut wie alle Waren auf dem Landweg transportiert werden. Das mag uns angesichts der günstigen Lage des Landes am Meer verwundern. Schließlich hatte Istanbul einen Hafen von beachtlicher Größe.
Dafür besaß die Hohe Pforte zweifellos die stärkste Kriegsflotte der damaligen Welt. Die Ära Solimans war ja eine Epoche ständiger Feldzüge und Machtkämpfe. Viele Eroberungen ließen sich nur mit Schiffen durchführen. Denken wir nur an die Belagerung und Einnahme der Insel Malta, die ohne eine überlegene Armada kaum möglich gewesen wäre.

Die Osmanen zogen es vor, Handelsschiffe zu mieten: aus Venedig, Ragusa und anderen fremden Hafenstädten. Die Schiffe der bedeutenden Anliegerstaaten beherrschten die Seerouten der Adria, des Mittelmeeres und des Schwarzen Meeres: von Venedig über Ragusa und Methone nach Istanbul und umgekehrt von der osmanischen Metropole nach Ceteta Alba (Weissenburg, Akkerman; an der Mündung des Dnjester), nach Kaffa und Sinope.
Lediglich im Marmarameer wurde die gesamte Küsten-Schiffahrt von osmanischen Reedereien betrieben. Hier wurden hauptsächlich Rohstoffe und Gebrauchsgüter zwischen Istanbul und Üsküdar befördert.
Das Anheuern fremder Schiffe barg für die Hohe Pforte eine Gefahr. In Friedenszeiten gab es gewiß keine Probleme, aber bei kriegerischen Auseinandersetzungen konnten sich die Besitzer weigern, Seetransporte für den Sultan durchzuführen. Die Folgen mußten sich hart auf die osmanische Wirtschaft auswirken, denn das Ausbleiben der lebenswichtigen Lieferungen führte dann zu einem Notstand. Nun, in gewisser Weise war auf Venedig Verlaß; der Doge hielt sich aus den Kriegen zwischen den Osmanen und ihren westeuropäischen Gegnern heraus. Ebenso war es mit Ragusa. Sicherlich befürchtete man bei einer feindlichen Haltung Repressalien von der Hohen Pforte.
Die Seereisen hatten gegenüber den Landreisen den großen Vorteil, daß sie zeitmäßig bedeutend kürzer waren. Ein Frachter brauchte von Istanbul nach Sinope zwischen 4 und 6 Tage, von Istanbul nach Trapezunt zwischen 7 und 8 Tage und von Istanbul zur Donaumündung zwischen 3 und 4 Tage, während eine Landreise von der osmanischen Hauptstadt nach Trapezunt immerhin 25 Tage dauerte. Doch machten die Stürme des Schwarzen Meeres den Schiffern oft schwer zu schaffen. Im Winter wagte sich vom Monat November bis März kaum ein Schiff hinaus. Außerdem waren die Häfen gegen Stürme nur mangelhaft geschützt.
Der internationale Mittelmeerhandel lag in den Händen der Engländer, Niederländer, Franzosen und Venezianer, weniger der Genuesen und Ragusaner. Die nichtosmanischen Schiffe liefen allerdings stets Gefahr, von nordafrikanischen Korsaren angegriffen zu werden, die im Dienst der Hohen Pforte einen lukrativen Kaperkrieg betrieben. Allerdings

operierten ebenfalls christliche Korsaren im östlichen Mittelmeer und kaperten ab und zu ein osmanisches Küstenschiff.
Sobald ein nichtosmanisches Schiff in die Dardanellen einfuhr, mußte es die Flagge des Landes hissen, dem es erlaubt war, mit der Hohen Pforte Handel zu treiben. Bei der Ankunft in Istanbul hatten der Kapitän und ein Maat verschiedene Formalitäten zu erfüllen. Erst dann konnte das fremde Handelsschiff anlegen und seine Waren ausladen. Auf der Rückfahrt mußten einige lokale Steuern entrichtet, die Konsulatsrechte bezahlt und beim Passieren der Dardanellen wiederum die Flagge gehißt werden. Alle diese Formalitäten wurden von Juden im Auftrag der Hohen Pforte erledigt.

Das städtische, soziale und wirtschaftliche Milieu der Hauptstadt des Reiches

Als Mehmet Fatih 1453 zum Sturm auf Konstantinopel antrat, war Byzanz als glanzvolle Großmacht, mit seiner altehrwürdigen Hauptstadt, nur mehr ein Schatten seiner selbst. Der Wohlstand gehörte vergangenen Zeiten an. Die geschäftliche Atmosphäre der Hauptstraße, die durch die Mitte der Stadt vom Charisios, dem heutigen Adrianopel-Tor zum Alten Palast verlief, war längst erloschen. Die Gebäude des Alten Kaiserpalastes, im Südosten von Konstantinopel, waren nicht mehr bewohnbar.

Nur wenige Kirchen innerhalb des Palastbereiches wurden noch in Stand gehalten. Der Palast des Patriarchen war ebenfalls nicht mehr bewohnt. Die Bevölkerung, die mit den Einwohnern der Vororte noch im dreizehnten Jahrhundert rund eine Million gezählt hatte, war 1453 auf knapp hunderttausend zusammengeschrumpft. Die Mehrzahl bestand aus Griechen, gefolgt von Venezianern, Genuesen, Florentinern, Ragusanern, Katalanen, Juden und einer geringen Anzahl von Muslimen.

Sofort nach der Eroberung der byzantinischen Hauptstadt ließ Mehmet „der Eroberer" den größten Teil der griechischen Bevölkerung deportieren und durch Türken aus Anatolien ersetzen. Gleichzeitig zwang er Nicht-Muslimen des Balkans, die bereits seine Autorität hatten anerkennen müssen, nach Istanbul zu kommen. Alle Neuankömmlinge ließen sich geschlossen in ihrem neuen Wohnort, ihrer Herkunft gemäß, nieder und gaben des öfteren ihren neuen Wohnbezirken den Namen ihres alten Wohnortes: Karaman, Balat und Aksarai. Nach und nach siedelte Mehmet Inselgriechen und Griechen vom Peloponnes, Armenier aus Kleinasien sowie Juden aus Saloniki in Istanbul zwangsweise an. Er wies den Neuankömmlingen die von den Griechen verlassenen Häuser zu und gewährte ihnen umfangreiche Handelsprivilegien.

Der Sultan war entschlossen, die wirtschaftlich ruinierte Stadt zur würdigen Hauptstadt einer aufstrebenden Weltmacht zu machen und Kairo, das zu seiner Regierungszeit noch in den Händen der Mamluken war, zu überflügeln. Trotz massiver Deportationen hatte Istanbul beim Regierungsantritt Solimans des Prächtigen knapp eine Viertelmillion Einwohner.

Gewaltigen Zuwachs erhielt die Stadt unter Beyazit II., vor allem aber unter Selim I. und Soliman dem Prächtigen. Beyazit II. ließ Hunderte von Walachen, meistens Handwerker, Selim I. Tausende von Kaukasiern und Einwohner des eroberten Täbris und Soliman Zehntausende von Syrern, Ägyptern und Serben nach Istanbul umsiedeln. Doch kamen zahlreiche Neuankömmlinge auch freiwillig, so die Mauren und Juden, die im intoleranten katholischen Spanien nicht mehr geduldet waren, christliche Handwerker aus Bosnien und Albanien und Araber aus Nordafrika, die sich von der neuen Pracht der osmanischen Hauptstadt angezogen fühlten.

Während der Regierungszeit Solimans herrschte eine fieberhafte Bautätigkeit in Istanbul. Zahlreiche Moscheen, fromme Stiftungen und Paläste wurden erbaut, von Soliman und seinen Großwesiren finanziert. Die rege Bautätigkeit zog Tausende von Handwerkern nach der Hauptstadt. Gleichzeitig erforderte die Vergrößerung der Armee und Marine wiederum Tausende von Spezialisten, die in militärischen Dingen erfahren waren. Dieser ständige Zuzug von Handwerkern aus allen Teilen des Reiches bewirkte die rapide Entfaltung des Handels und der Produktion zahlreicher Versorgungsgüter.

Obwohl unter Soliman niemals eine Volkszählung durchgeführt wurde, enthalten osmanische Dokumente glaubwürdige statistische Angaben. Demnach lag die Zahl zwischen 1520 und 1535 bei 46635 muselmanischen, 25252 christlichen und 8570 jüdischen Haushalten. Insgesamt umfaßten diese rund 80000 Haushalte etwa 400000 Personen. Durch ein anderes osmanisches Dokument erfahren wir, daß Istanbul 104000 Evs, Konaks Yalis und Paläste hatte. 60000 sollen Muslimen, 40000 Christen und der Rest Juden gehört haben. Alle diese

Zahlen sind jedoch mit Vorsicht aufzunehmen. Es sollen etwa 150 bis 180 Einwohner auf einem Hektar gelebt haben. Doch war diese Dichte nicht überall gleich, denn wir wissen, daß es in Istanbul ausgedehnte Grünanlagen gab.

Die ethnische und religiöse Verteilung der Instanbuler Bevölkerung. Die Minderheiten.

Die Bevölkerung der osmanischen Hauptstadt war gemischt und der Herkunft nach in Gruppen gespalten. In den Straßen Istanbuls begegneten sich Türken, Armenier, Griechen, Juden, Albaner, Serben, Bosnier, Walachen von der Moldau und Zigeuner. In Galata trafen sich fast nur Europäer – oder „Franken", wie sie genannt wurden. Nur wenige Europäer lebten zur Zeit Solimans im Stadtteil Stanbul, der eigentlichen Hauptstadt. Und die, die in Galata wohnten, überquerten das Goldene Horn nur in offiziellem Auftrag, etwa wenn sie die europäischen Gesandten zu den Palästen des Großwesirs und des Sultans begleiteten.

Auch wenn Muslime und Nicht-Muslime in den Straßen von Istanbul nebeneinander hergingen, so waren ihre Quartiere doch voneinander getrennt. Die Minderheiten hatten in der Regel ihre Wohnsitze um eine Kirche oder Synagoge herum; oder sie lebten in geschlossenen Gruppen inmitten einer türkisch-muslimischen Bevölkerung. Progrome, wie sie Europa kannte, gab es zur Zeit Solimans nicht. Keine Minderheit hatte Belästigungen von der türkischen Bevölkerung zu befürchten. Es wurde den „Gastarbeitern" zwar keine sonderliche Sympathie, kein Mitgefühl entgegengebracht, doch es gab keine Feindschaft zwischen den Muslimen und Andersgläubigen.

Soliman und der Diwan unterstützten die ethnischen und religiösen Gegensätze, weil sie sich davon vielleicht Impulse für diese neue, aus zahlreichen Ingredienzien gemischte Gemeinschaft versprachen. Die Minderheiten, die für sich mehr oder weniger isoliert neben den muslimischen Einheimischen lebten, wurden ja toleriert. Sie durften frei und uneingeschränkt ihre eigenen Sitten und Gebräuche pflegen.

Wer als Neuankömmling aus fremden Ländern in die Stadt kam, fand bei seinen Landsleuten Schutz und Verständnis. Sicherlich hatte diese Politik auch einen praktischen Vorteil: die osmanischen Behörden konnten die Ausländer so leichter unter Kontrolle halten. Denn es entwickelten sich gewissermaßen nationale Eigenständigkeiten, die unterschiedlichen Volksgruppen fühlten sich als selbstbewußte Mitbürger akzeptiert.
Ihre religiösen Führer waren autark. So konnte der griechische Patriarch über seine Landsleute, über die Armenier und andere Anhänger ihres Glaubens, der Großrabbiner über die Juden etc. die Gerichtbarkeit ausüben. Gewiß waren sie froh über die Regelung, in besimmten Wohnbezirken miteinandern leben zu können, hatten sie doch ihre Schäflein beisammen, sie waren nicht in ganz Istanbul verstreut.
Aus den Berichten der beiden durchaus glaubwürdigen Chronisten Evliya Celebi und Eremya Celebi wissen wir recht genau, wo sich die einzelnen Volksgruppen in der Stadt angesiedelt hatten.
Der Bevölkerungsanteil der Griechen, die nach der Eroberung im Jahre 1453 in Istanbul bleiben durften, war gering. Die meisten von ihnen hatte man nach Brussa, Adrianopel, Gallipoli und Philippoli deportiert. Um die ausgewiesenen Griechen zu ersetzen – Mehmet Fatih wußte, daß er sie zur Ausübung verschiedener Berufe unbedingt bauchte – ließ er zwangsweise Griechen mit ihren Familien aus Morea, Trapezunt, Smyrna, Sinope, Samsun sowie von den Inseln Samos, Thasos und Mythilene nach Istanbul holen. Unter Soliman kamen auch andere Griechen, diesmal freiwillig: von den beruflichen Möglichkeiten angezogen. Sie ließen sich zwischen Balat und Djibali, an den Gestaden das Goldenen Horns, nieder, wo sich die wohlhabenden Kaufleute und hohe Verwaltungsbeamte – etwa die offiziellen Dolmetscher („Drogman") – luxuriöse Villen aus Stein hatten erbauen lassen. Viele Griechen wohnten auch in Galata, Tophane, Kassim Pascha und in Hasköy. In der näheren Umgebung quartierten sie sich in Tarabya und Büyük-Dere, sowie in Üsküdar, auf der asiatischen Seite, ein.
Die orthodoxen Griechen besaßen immerhin über rund 30 Kirchen: sechs (oder sieben) im Wohnbezirk von Samatya, drei in Kun Kapi, drei

in Galata, vier zwischen Balat und Djibali und drei in Yeniköy am Bosporus.

Die Juden, die in Istanbul lebten, stammten aus verschiedenen Ländern. Die Osmanen jedoch sahen sie als eine einzige Gemeinschaft, unter der Leitung des Großrabbiners. Darin gab es verschiedene Gruppen, die sich geographisch, geschichtlich und religiös voneinander unterschieden: Die Romanoiten, die Nachkommen der byzantinischen Juden, die sich strikt an die religiöse Orthodoxie hielten; die Gruppe der Karaiten, die in Fragen der Religion eine tolerantere Haltung als die Romanoiten vertraten; dann die Sephaditen, die sich aus den Juden zusammensetzten, die Ende des 15. Jahrhunderts aus Spanien und Portugal vertrieben worden waren. Schließlich die Eskenaziden, die auf Befehl Ludwigs X. aus Bayern vertrieben worden waren und in Istanbul Zuflucht gefunden hatten.

Einem türkischen Dokument zufolge hatten sich die Juden, einige Jahre nach der Eroberung von Konstantinopel, in siebzehn Wohnbezirken von Istanbul niedergelassen (oder sie waren von Mehmet Fatih dazu gezwungen worden, sich in bestimmten Wohnbezirken anzusiedeln), vor allem in Bahtche Kapi, Balat, Balik Pazari und Oun Kapani.

Neben dem Großrabbiner, der für alle Juden zuständig war, stand jeder nationalen Gruppe noch ein eigener Rabbiner vor, der mit dem jeweiligen Gruppenleiter, „hashgaha“ genannt, die Führung innehatte.

Die Juden gehörten mehreren Zünften an, sie übten verschiedene Berufe aus. So fungierten sie als Geschäftsvermittler zwischen Osmanen und Nichtosmanen, sie waren Bankiers und hatten beträchtliche Summen in den Innen- und Transithandel der Hohen Pforte investiert. Viele von ihnen übten freie Berufe aus, vor allem als Arzt.

Unter Beyazit II. war in Istanbul die erste Druckerei gegründet worden: von Juden. Unter Soliman dem Prächtigen gab es keine vornehme osmanische Familie, die nicht mit einem Juden in irgendeiner Beziehung stand. „Sie waren so geschickt und fleißig“, schreibt der französische Reisende Michel Febvre, „daß sogar die Griechen und Armenier als geriebene Geschäftsleute nicht daran vorbeikamen, ihre Dienste zu beanspruchen.“ Es wurde bereits hervorgehoben, daß die Juden kein Progrom in Istanbul zu befürchten hatten.

Die ersten Armenier wurden unter Mehmet dem Eroberer, zwangsweise aus Siwas, Kayseri und Tokat nach Istanbul verpflanzt und in Sulumonastir angesiedelt. Andere kamen unter Soliman aus Bursa, Ankara und Adana und ließen sich in Galata, Samatya oder in Sulumonastir nieder, wo auch der Sitz des armenischen Patriarchats war. Insgesamt verfügten die Armenier über neun Kirchen in Istanbul, davon fünf in Stanbul.

Gewöhnlich übten die Armenier zwei Arten von Berufen aus. Während sich die einen im Handel und Bankwesen betätigten, gingen die anderen einem Handwerk nach: Bäcker, Gold-, Silber- und Kupferschmied. Selten traten sie als Vermittler zwischen Osmanen und Nichtosmanen auf. In der Regierungszeit Solimans waren die Armenier geeinter als die Griechen und sogar die Juden.

Eine weitere wichtige Minderheit, die in Istanbul zu jener Zeit lebte, waren die Albanesen. Sie waren fast ausnahmslos Muslime. Anders als z. B. die Griechen bildeten sie keine Nation im wahren Sinne des Wortes, übten aber ganz bestimmte Berufe aus: fahrende Händler, Brunnengräber und Pflasterer. Andere wiederum dienten in der osmanischen Armee oder im Palast des Sultans. Einigen von ihnen gelang es sogar, das höchste Amt des Staates, das des Großwesirs, zu erobern.

Die Ägypter, Syrer und Iraker waren in der osmanischen Hauptstadt im Bauwesen, hauptsächlich im Behauen von Steinen und in der Bildhauerei tätig. Ferner galten sie als anerkannte Fachleute in der Herstellung von Steingut, Töpferwaren und Keramik. Soliman der Prächtige hatte eine gewisse Zahl von ihnen in Galata, dort, wo die Sankt-Paulus-Kirche stand, die in eine Moschee umgewandelt worden war, angesiedelt. Diese Moschee wurde ihre Gebetsstätte und hieß „Arab Djamii", Moschee der Araber.

Außer den bereits erwähnten Minderheiten lebten in Istanbul Zigeuner, die ihr Leben tagsüber als Bärenführer und Volks-Unterhalter, aber auch als Handwerker, hauptsächlich als Schmiede, fristeten. Abends kehrten sie wieder in ihr Lager zurück, das sie in der Nähe des Adrianopel-Tores aufgeschlagen hatten. Die Serben und Moldau-Walachen handelten mit Gemüse, Früchten, geräuchertem Fleisch und

Käse, die Iraner waren hauptsächlich Geschäftsleute und lebten im Wohnbezirk von Mahmut Pascha und die Karamanen (Griechen, die türkisch sprachen) hatten sich in Narli Kapi, Kum Kapi sowie um das Fanar (Griechenviertel in Istanbul) herum angesiedelt. Auch lebte eine gewisse Zahl von Georgiern in der kosmopolitischen Hauptstadt des Osmanen-Reiches.

In dieser gemischten, bunten Völkerwelt verlor niemand seine Ursprünglichkeit, die durch die Bewahrung der Sitten und Gebräuche, sowie die Ausübung der Religion gesichert war. Muslime, Juden und Christen unterschieden sich äußerlich durch ihre Trachten oder Kleidung, die von der Hohen Pforte vorgeschrieben war. Doch hielten sich die Untertanen des Sultans, selbst unter Solimen, nicht immer an diese Verordnung: jeder trug das, was er wollte und sich leisten konnte. Außerdem wohnte jeder in seinem Wohnviertel („mahalle"), das die Hohe Pforte ihm bei seiner Ankunft in Istanbul zugewiesen hatte, und dieser Wohnbezirk bildete eine Gemeinde, die sich um eine Moschee, Kirche oder Synagoge scharte und von einem Imam, Patriarchen oder Rabbiner geleitet wurde. Nur selten ließ sich ein Einwohner anderer Herkunft in einem fremden Wohnbezirk in Istanbul nieder; und die Türken mieden es, ihren Wohnsitz in dem Bezirk einer Minderheit zu nehmen. Eine Ausnahme bildete allerdings Galata, wo verschiedene Minderheiten miteinander lebten und zu denen sich die Europäer gesellt hatten. Doch galt Galata als die „Stadt der Ungläubigen". Die Hohe Pforte kümmerte sich nicht darum, unter welchen Bedingungen die Zuwanderer dort lebten.

Bezüglich der Steuerabgabe war der Begriff „Minderheiten" von der Hohen Pforte genau definiert worden. Als solche galten alle Nicht-Muslime, welche die Kopfsteuer („djiziye") bezahlten und die hinsichtlich der Gerichtsbarkeit von ihren jeweiligen religiösen Führern in Istanbul abhingen. Sie waren den Verordnungen des Sultans unterworfen, hatten Zutritt zu den Zünften und genossen durch offizielle Dokumente garantierte Privilegien. Nur selten wurde das Mitglied einer Minderheit ein hoher Beamter. Als Drogman, Arzt und Chirurg brauchten sie die Kopfsteuer nicht zu entrichten.

Obwohl die Turbulenz der osmanischen Außenpolitik und der Fremdenhaß mancher Großwesire den Minderheiten in Istanbul das Leben schwer machten und ihre Privilegien mißachtet wurden, kam es unter Soliman dem Prächtigen nur sehr selten vor, daß sie Opfer von Ausschreitungen durch die Türken wurden. Dann mußten ihre religiösen Führer und die Gesandten alles daran setzen, um den Konflikt beizulegen. Im allgemeinen jedoch lebten die Fremden unter dem Sultan unbehelligt und konnten ihre mitgebrachten Gewohnheiten und Traditionen pflegen.

Istanbul: drei Städte – Stanbul, Galata und Üsküdar

„Die Stadt Istanbul ist auf einer Landspitze erbaut, die fast eine viereckige Form hat; und ein Winkel davon schiebt sich in das Meer vor, das das europäische Festland umspült, gegenüber dem Ort, wo das antike Chalcedon lag, das man heute die „Stadt der Kadis" nennt; und indem sie sich durch einen anderen Winkel ausdehnt, scheint sie mit der Natur konspiriert zu haben, um den Bosporus von Thrakien enger zu machen, von dem man sagt, daß man die Hähne der anderen Seite, der asiatischen, schreien hört."

Pietro della Valle, italienischer Reisender, Anfang 16. Jahrhundert

Die eindrucksvolle Lage der Stadt hat fast jeden Reisenden, gleich welchen Jahrhunderts, in Staunen versetzt. Sie hatte sicherlich Jason und seine Argonauten begeistert, als sie, in vorgeschichtlicher Zeit, durch die antike Propontis segelnd auf der Suche nach dem Goldenen Vlies, an der Spitze der Dreieckshalbinsel anlangten. Es ist die sogenannte Serail-Spitze (türkisch: „Saray Burnu"). Hier in einer prachtvollen, imposanten Naturszenerie, münden der Bosporus und die Gewässer der Hafenbucht, des Goldenen Horns, ins Marmarameer. Istanbul ist die einzige Stadt (und Hauptstadt bis 1923) der Welt, die auf zwei Kontinenten liegt. Der Mythe zufolge soll Byzas aus Megara 667 v. Chr. die Stadt gegründet haben, doch spricht Plinius von der Kolonie (oder Stadt?) Lygos, die es um 900 v. Chr. auf der Saray-Spitze gegeben haben soll. Wir wissen, daß Byzantion, das den Namen des Gründers erhielt, sich schnell zu einem Handelszentrum entwickelte und durch seinen delikaten Fisch und vorzüglichen Wein weit und breit bekannt war.

Nacheinander eroberten Perser, Athener und Spartaner die Stadt. Während die Byzantiner der Belagerung durch den Makedonier Philipp standhielten, öffneten sie seinem Sohn, Alexander dem Großen, kampflos die Tore. Dann wurde Byzantion römisch.

Im Jahre 324 n. Chr. fand auf den Höhen bei Üsküdar, auf der asiatischen Seite, unweit den Toren der Stadt die entscheidende Schlacht zwischen Konstantin und Licinius statt. Dieser gigantische Machtkampf wurde mit einem geradezu modernen Truppenpotential ausgetragen: Mit 300000 Soldaten, 500 Kriegs- und 2000 Transportschiffen. 40000 Tote kostete das Ringen um den Sieg der Christenheit in Kleinasien.

Sechs Jahre später, bei der Stadteinweihung, wurden alle diese Opfer durch die unblutigen Weihgaben an den Gott der „barmherzigen Liebe“ verdrängt. Byzanz erhielt nun den Namen „Konstantinopel“. Zusammen mit Justinian ging der Kaiser daran, seinen Traum von einem „nova roma“ zu verwirklichen. Eine der schönsten Hauptstädte der Welt, in der Tat ein „neues Rom“, wurde in Glanz und Gloria erbaut.

Sieben Jahrhunderte danach: die große politische Wende. Im Jahre 1071 erlitt die byzantinische Armee, unter Romanos IV. in der Schlacht von Manzikert gegen die Seldschuken, eine katastrophale Niederlage. Dann, 1204, eroberten die Heere der Kreuzfahrer die Stadt am Bosporus und plünderten sie. Mit dem Glanz war es vorbei. Zwar gelang es Michael VIII. Palaiogolos, die Metropole wieder einzunehmen und das byzantinische Reich wiederherzustellen, doch das Los der Stadt war besiegelt.

Wir können hier nur in geraffter Form die bewegte Historie in Erinnerung rufen, die wichtigsten Ereignisse rekonstruieren. Unser besonderes Interesse gilt ja dem Werden und der Bedeutung des osmanischen Reiches. Anfang des 14. Jahrhunderts beginnt es sich einen Platz in der Geschichte zu suchen. Knapp 150 Jahre später war Konstantinopel osmanisch. Nun wird es fortan Istanbul heißen. Eine Stadt, die eigentlich aus drei Städten zusammengesetzt ist.

Stanbul, die alte griechische Stadt der byzantinischen Kaiser, Stanbul, die neue Stadt der Sultane, liegt auf einer Dreiecksinsel, nach Norden begrenzt vom Goldenen Horn, nach Süden vom Marmarameer, dem antiken Propontis. Nach der Eroberung der Stadt durch Mehmet Fatih, im Jahre 1452, verlor Stanbul seinen griechisch-byzantinischen Charakter und nahm das typische Gepräge einer osmanischen Stadt an. Es wurde Hauptstadt des osmanischen Reiches.

In Stanbul wohnten der Sultan, seine Familie und sein großes Gefolge, hier tagte der Diwan. Hier befanden sich auch die größten Sultans-Moscheen, die Moscheen der Großwesire und Wesire, die Medresen (theologische Lehranstalten) sowie die großen Verwaltungsgebäude des Reiches. Stanbul allein war in den Augen der Osmanen die wahre und würdige Hauptstadt des Reiches, während sie Galata als die „Stadt der Ungläubigen", der Christen ansahen.

Zahlreiche europäische Reisende des 16. Jahrhunderts beschrieben Stanbul, im Vergleich zu Rom, als die „Stadt der sieben Hügel". Doch handelt es sich, anders als in Rom, um niedrige Erdhügel, die von prachtvollen Moscheen, der Fatih-Moschee, der Selim I.-Moschee und der Süleymniye zur Zeit Solimans des Prächtigen gekrönt wurden. Sie prägten während des „Goldenen Zeitalters" das Stanbuler Stadtbild und prägen es noch heute.

Stanbul beeindruckte zahlreiche europäische Reisende durch seine mächtigen Außenmauern, besonders durch die Theodosianische Mauer. Die äußeren Befestigungswerke waren so stark, daß Stanbul zu Recht den Namen „wohlbeschützte Stadt des Islam" trug. Um in die Hauptstadt des Reiches zu gelangen, mußte man eines der vielen bewachten Stadttore benutzen. Vor der Theodosianischen Mauer begann das flache Land. Zwei Vororte, Yedikule („die Sieben Türme") am Marmarameer und Eyüp am Goldenen Horn, lagen allerdings noch vor der Mauer. Der Vorort Eyüp hatte sich um das Grab des Eyüp (Hiob) Ensari, des Bannerträgers der ersten Glaubensheere des Islam und dem Freund Mohammeds herum entwickelt. Die Moschee des Eyüp gilt noch heute als die heiligste Istanbuls.

Das Goldene Horn – türkisch: „Halic", das heißt: Meeresarm – ist ein Nebengewässer des Bosporus, über den zu Solimans Zeit keine Brücke führte. Er erstreckt sich von der Serailspitze aus etwa 11 Kilometer nach

Nordwesten und ist im Durchschnitt 400 Meter breit. Früher hießen die beiden kleinen Zuflüsse, das Alibey Suyu („Herrn Alis Wasser") und das Kagithane Suyu („Papiermühlenwasser"), die das Goldene Horn an seinem nördlichen Ende aufnimmt, „die Süßen Wasser Europas". Hier hatten Soliman und seine Vorgänger reizvolle Gärten angelegt, Lustschlößchen und herrliche Pavillons errichtet. Von alledem ist heute nichts mehr vorhanden. Am Stanbuler Ufer des Goldenen Horns herrschte emsiges Geschäftstreiben. Eine schwere eiserne Kette, die etwa 200 Meter vor der heutigen Galata-Brücke vom Ufer von Stanbul bis zum Ufer von Galata gespannt war, versperrte die Einfahrt zum Goldenen Horn.

Nördlich vom Goldenen Horn liegt Galata, Istanbuls zweite Stadt. Über die Herkunft des Namens wissen wir nichts Sicheres. Nachdem 1261 Konstantinopel von der Herrschaft der Lateiner befreit worden war, verliehen die byzantinischen Kaiser den genuesischen Handelsleuten großzügige Handelsprivilegien. Bis zur Eroberung von Konstantinopel durch Mehmet Fatih im Jahre 1453 führten die genuesischen Handelsleute hier ein fast autonomes Leben. Ein von der Republik Genua ernannter Gouverneur („podesta") leitete die wirtschaftspolitischen Geschicke der Handelskolonie Galata.

Nach der Eroberung mußte der größte Teil der Stadtwälle der „Stadt der Ungläubigen" niedergerissen werden. Wohl war Galata keine genuesische Handelsenklave mehr, doch behielten die genuesischen Kaufleute den größten Teil ihrer Privilegien. Laut Evliya Celebi war Galata nur von wenigen Muslimen bewohnt. Hingegen hatten zahlreiche Armenier, Griechen, Juden dort ihren Wohnsitz und durften ihre Gotteshäuser behalten. Hauptsächlich aber war Galata die Stadt der Genuesen, Engländer, Franzosen und Holländer, kurzum: der Europäer oder „Franken", wie sie von den Osmanen genannt wurden.

In Galata legten die europäischen Handelsschiffe an, dort waren alle Handwerker vertreten, die mit dem Schiffsbau zu tun hatten: Kalfatarer, Seiler und Tuchmacher. Wenn wir Celebi Glauben schenken können, war Galata wegen seiner Schenken weit und breit berühmt, deren Wein aus Ancona, Saragossa, Tenedos und Mudanya kam. Ferner schreibt Celebi: „Als ich hindurchging (Galata), sah ich viele hundert

mit baren Füßen und Häuptern berauscht in der Straße liegen." Und weiter: „Galata sagen, heißt Wirtshäuser sagen. Gott verzeihe uns."
Unterhalb von Galata liegt Péra, das heißt auf griechisch „gegenüber". Heute wird Péra offiziell Beyoglo (Sohn des Herrn) genannt, der alte Name Péra wird kaum noch verwendet. Péra war zu Solimans Zeiten stark ländlich geprägt. In den Beschreibungen osmanischer Schriftsteller des 16. Jahrhunderts ist öfter von den „Weingärten von Péra" die Rede. Damals befanden sich hier nur wenige Villen wohlhabender genuesischer Kaufleute, ein Kloster der „Tanzenden Derwische" (Derwisch: arabisch „fakir". Persische, etymologisch noch ungenügend erklärte Bezeichnung für muslimische Gottesmänner sufischer Richtung) sowie ein Palast des Großwesirs Ibrahim Pascha, in dem junge Pagen für den Serail ausgebildet wurden.

Zu Galata und Péra gehörten ebenfalls die beiden bedeutendsten Arsenale des Osmanenreiches: das Artillerie-Arsenal von Tophane und das Schiffs-Arsenal von Kasim Pascha, am Goldenen Horn. Um diese beiden Baukomplexe herum waren im Lauf der Zeit Vororte entstanden, in denen nicht nur die Arbeiter wohnten, die in den Arsenalen arbeiteten, sondern wo auch zahlreiche Händler ihre Waren und Dienste feilboten.

Sowohl Péra als Galata wurden (und werden noch heute) vom mächtigen Galataturm überragt. Er bildete vor der Eroberung Konstantinopels den höchsten Punkt der genuesischen Befestigungswerke des mittelalterlichen Galata. Während des „Goldenen Zeitalters" diente er als Beobachtungsturm, um die Brände in der Stadt rechtzeitig wahrzunehmen.

Mit dem Artillerie-Arsenal Tophane endete der Wohnbezirk von Galata. Von Tophane bis Besiktas (gleich hinter dem 1853 erbauten Dolmabahçe-Palast) dehnten sich herrliche Gärten aus, die Soliman und seine Vorgänger hatten anlegen lassen. Von Besiktas gelangten die Bewohner mit einem Boot nach Üsküdar, dem asiatischen Teil Istanbuls. Heute bewältigt eine Autofähre die Überfahrt.

Istanbuls asiatischer Stadtteil Üsküdar, das antike Chrysopolis („Goldstadt") war eine Art Vorstadt der einst blühenden griechischen Stadt Chalcedon gewesen. Durch zahlreiche Kriege war Chalcedons politischer und wirtschaftlicher Niedergang bereits in der Römerzeit besiegelt, es wurde durch Chrysopolis abgelöst. Im 14. Jahrhundert befand sich Chrysopolis bereits in der Hand der Osmanen. Aus Reiseberichten geht hervor, daß hier der Endpunkt der wichtigen Handelsstraße Aleppo-Karaman-Konia-Akschehir-Kara Hisar-Kütahya und Bursa war.

Unter Soliman wurde Üsküdar mit prachtvollen Moscheen und frommen Stiftungen ausgestattet. So errichtete Sinan, Solimans Meisterarchitekt, 1547–1548 eine schöne Moschee für Mihrimah (Sonn-und-Mond) Sultan, die Tochter Solimans des Prächtigen und Gemahlin des Großwesirs Rüstam Pascha. Des weiteren hatten andere Granden des Reiches ihre stattlichen Wohnhäuser (Konak) in Üsküdar errichten lassen. Während die einen lieber im ländlichen und geruhsamen Üsküdar als im geschäftigen und lauten Stanbul wohnten, zogen die anderen es vor, im asiatischen Teil von Istanbul, in ihrer angestammten Heimat, zu leben.

Damals war Üsküdar eine Stadt mit doppelter Bedeutung: ein Handelszentrum und zugleich ein bevorzugter Residenzort für reiche Handelsleute aus Stanbul und für zahlreiche Größen des Reiches. Mit Üsküdar besaß der Sultan sozusagen einen Brückenkopf auf der asiatischen Seite des Bosporus. Der Name „Bosporus“ erklärt sich aus einer Sage. Wörtlich übersetzt bedeutet er: „Die Furt der Kuh“. Der Überlieferung zufolge soll Zeus in Io, die Tochter des Inachos, verliebt gewesen sein. Um sie der Eifersucht Heras zu entziehen, verwandelte sie der Gott in eine Kuh. Doch Hera hatte das Spiel durchschaut: sie setzte ein tödliches Insekt auf die Kuh an, die sich in ihrer Angst in die Fluten gestürzt haben soll, die Europa von Asien trennten.

Sicherlich gäbe es Istanbul in seiner überragenden Einzigartigkeit überhaupt nicht ohne den Bosporus, der in der Historie erstmals im Jahre 512 v. Chr. Erwähnung findet: Damals überquerte der persische Könige Dareius mit seinem Heer die Wasserstraße, um gegen die Skythen zu Felde zu ziehen. Seitdem ist der Bosporus eng mit dem Schicksal der Stadt verknüpft, die vermutlich schon 667 v. Chr. an seinem südlichen Ende gegründet worden ist.

Der Bosporus, der das Schwarze Meer mit dem Marmarameer in

südwestlicher Richtung verbindet, hat eine Länge von rund 30 Kilometern und eine Breite, die zwischen 700 und 3500 Metern schwankt. Seine durchschnittliche Tiefe beträgt 50 – 75 Meter. Wegen des gewundenen Verlaufs und den zahlreichen Buchten war die Schiffahrt seit eh und je manchen Tücken ausgesetzt: unberechenbare Strömungen, Wasserwirbel, heftige Stürme, dichter Nebel und sogar Eisberge machten den Seeleuten schwer zu schaffen.

An den beiden Ufern zogen sich Hügelketten hin, in geringer Höhe und reich bewaldet mit einer exotischen Flora: Zypressen, Platanen, Terebinthen, Aleppokiefern, Roßkastanien und dem Judasbaum. Zu Solimans Zeiten hatten hier die wohlhabenden Bürger ihre Sommervillen, die „Yalis", von denen heute nur wenige Reste vorhanden sind. Nur die üppige Natur hat sich fast unverändert erhalten.

Istanbul war aufgrund der exponierten Lage immer wechselvollen klimatischen Einflüssen ausgesetzt. Man unterschied zwischen dem Wind, der vom Balkan herwehte („Kara Yel"), und dem aus Anatolien („Keshishleme"): er brachte im Winter manchmal heftige Schneefälle mit. Stürme und Regengüsse, von den beiden Meeren her, sorgten für unfreundliches Wetter. Im Sommer herrschte oft ein so feuchtes und schwüles Klima vor, daß das Leben in der Stadt kaum noch zu ertragen war. Man freute sich dann über die Brise aus der Richtung des Schwarzen Meeres, den „Meltem": er brachte die ersehnte Erleichterung.

Bei alledem dürfen die Vorteile bei der Lage der Stadt nicht übersehen werden. Sie ließ sich gut verteidigen, wenngleich sie auch leicht angegriffen werden konnte. Der Bosporus war plötzlichen Zugriffen von der asiatischen Seite her ohne Schwierigkeiten zugänglich. Möglicherweise konnte der Hafen – er bot dank seiner Tiefe und Breite einigen Schutz – auch blockiert werden. Istanbul hatte überdies kein fruchtbares Hinterland mit einer reichen Agrarkultur wie die meisten europäischen Hauptstädte. Es mußte also hauptsächlich über das Meer versorgt werden. Wir haben bereits erwähnt, wie gering das Interesse der Osmanen an der Schiffahrt gewesen ist und wie abhängig sie von den italienischen Seerepubliken waren. Trotzdem wird in den alten Chroniken Istanbul als die prächtigste Metropole der Welt im 16. Jahrhundert bezeichnet.

Dabei waren die Straßenverhältnisse, besonders in der Regenzeit, katastrophal. In einem französischen Reisebericht ist vermerkt: „Die Straßen sind schlecht gepflastert, viele überhaupt nicht; und alle sind sehr dreckig." Und der englische Besucher Wheler stellt lakonisch fest: „Istanbuls Straßen sind eng, dunkel und schmutzig und beiderseitig von schäbigen und niedrigen Häusern begrenzt."

Wenn es lange geregnet hatte, wurden die Straßen zu wahren Sümpfen. Kehricht und Abfälle aller Art sammelten sich zu stinkenden Halden an. Was konnte da die Stadtverwaltung mit ihren Verordnungen ausrichten, in denen drakonische Strafen angekündigt wurden, wenn die Einwohner nicht selbst für Sauberkeit sorgten und die Schäden reparierten? Kaum jemand schleppte den Müll gehorsam zum Meer, um ihn ins Wasser zu werfen, „wie das Gesetz es befahl".

Es gab in Istanbul nur eine einzige, halbwegs mondäne Straße, die vom Serail nach Adrianopel führte. Sie war breit angelegt und wurde von Soliman und seinem Gefolge benutzt. Auf ihr nahm der Sultan die Paraden der Janitscharen ab. So etwas wie eine „Avenue", die den Namen „Diwan Yulu Djaddessi" – die Straße des Diwan – trug. An ihr lagen einige der schönsten Moscheen der Metropole. Sie war mit großem Aufwand angelegt worden, was gar nicht so einfach, angesichts der Unebenheiten des Bodens, gewesen sein dürfte.

Die anderen Straßen paßten sich nur schwer der hügeligen Beschaffenheit des Areals an. Man fuhr auf ihnen mit Fuhrwerken und Karren oder transportierte mit Pferden die getätigten Einkäufe. Armenische Lastenträger trugen für einen Hungerlohn zu Fuß, was ihnen die begüterten Mitbürger aufluden.

Im Grunde muß alles recht dürftig in dieser so „glanzvollen" Hauptstadt gewesen sein. Die Häuser und die kleinen Läden machten einen ärmlichen Eindruck. Nach einem nicht unbedingt glaubwürdigen Bericht aus jener Zeit hatte Istanbul ungefähr 36000 Häuser, deren Ausstattung in krassem Gegensatz zum prunkvollen Palast des Sultans, zu den Moscheen, Medresen, Bädern und Palästen der osmanischen Granden standen.

Auch die „Konaks", die Wohnhäuser der reichen Geschäftsleute, sahen von außen recht bescheiden aus, während ihre Räumlichkeiten mit dem

Luxus und Komfort ausgestattet waren, den sich die Oberschicht damals leisten konnte. Wir haben über diese „Klassenunterschiede“ ja bereits berichtet. Der Grund für die schäbige Fassade: man wollte nicht den Neid der ärmeren Schichten erwecken.

Wir haben ja bereits erwähnt, daß so gut wie alle Häuser aus Holz erbaut waren. Auch über die Feuersbrünste und ihre Folgen ist an anderer Stelle informiert worden. Man sollte annehmen, daß sich durch sie die Topografie Istanbuls ständig änderte. Dem war aber nicht so. Die wenigen Steinbauten, die das Feuer überstanden, markierten die Straßenzüge. Die niedergebrannten Häuser wurden sogleich an derselben Stelle neu errichtet. Die Wohnplätze waren genau festgelegt. Nach einer Verordnung der Stadtverwaltung aus dem Jahre 1558 durfte kein Einwohner in der Nähe der Stadtmauer, einer Moschee oder einer Wasserstelle ein Haus bauen. Allerdings wurde das Gesetz unter Soliman gelegentlich mißachtet.

Werfen wir noch einen Blick auf den imponierenden Hafen, von dem seit eh und je die Existenz und wirtschaftliche Versorgung der Hauptstadt abhing. Das Goldene Horn bot zu allen Zeiten den osmanisch-türkischen Schiffsleuten einen sicheren Unterschlupf, der von ihnen schon deshalb geschätzt wurde, weil er der einzige Hafen zwischen der Einfahrt in die Dardanellen und der Ausfahrt des Bosporus ist, wo sie sich vor den Stürmen des Schwarzen Meeres in Sicherheit bringen konnten. „Dieser Hafen“, so schreibt ein anonymer Berichterstatter im 16. Jahrhundert, „ist so gut verschlossen und so ruhig, daß man ihn eher für einen Kanal als für ein von der Natur geschaffenes Werk hält.“

Der von Hügeln umgebene Hafen ist in der Tat gut gegen die Nord- und Südwinde geschützt, außerdem ist seine Wasserfläche ziemlich ausgedehnt. Unter Soliman soll er immerhin 1000 Schiffe aufgenommen haben. Wenn auch diese Zahl mit Vorsicht aufgenommen werden muß, – es gibt leider keinen offiziellen Bericht des 16. Jahrhunderts, der die Aufnahmekapazität des Hafens angibt –, so sind sich doch alle europäischen Reisenden darüber einig, daß der Hafen von Istanbul einer der größten der damaligen bekannten Welt war.

Wir wissen ebenfalls mit Sicherheit, daß die Schiffe ohne Schwierigkeiten, sowohl auf der Seite von Galata als auf der Seite von Stanbul anlegen konnten. Dieser Vorteil ersparte den Kaufleuten das stets kostspielige Umladen. Ein weiterer Vorzug des Hafens lag in der Tatsache, daß er sich inmitten einer volkreichen Stadt befand. Es gab also keinen Mangel an Arbeitskräften; Matrosen und Schiffsjungen konnten leicht angeheuert werden. Allerdings brachte der Hafen auch Probleme. Wegen der Dreiteilung der Hauptstadt in Stanbul, Galata und Üsküdar war ein ständiges Umladen der Waren notwendig. Tagsüber beförderten Hunderte von kleinen Booten die Güter und Passagiere zwischen dem europäischen und dem asiatischen Ufer hin und her. Oft kam es dabei zu Zusammenstößen, nicht selten kenterten die Schiffe. Die Betriebsamkeit flaute erst bei Einbruch der Nacht ab.

Die Situation wurde noch durch die gleichzeitige Benutzung der Anlagen als Kriegshafen erschwert. Überdies befanden sich innerhalb der Begrenzungen des Kassim Pascha – des Flottenarsenals – noch das Hauptquartier des obersten Herrn der osmanischen Kriegsflotte und zahlreiche Büros seines „Ministeriums". Das Arsenal war einst von Mehmet Fatih („dem Eroberer") angelegt worden. Schon bei Solimans Regierungsantritt erwies es sich als zu klein, denn die Zahl der Kriegsschiffe hatte beträchtlich zugenommen.

Folglich wurde die Kapazität der Werften und Peers dauernd erweitert. Um das Arsenal herum entstand eine Siedlung, in der zwangsweise Griechen und Georgier – Männer, die sich im Schiffsbau auskannten – einquartiert wurden. Unter Soliman dem Prächtigen waren hier Tausende von Zimmerleuten, Schreinern, Kalfataren, Schmieden, Seilern und Steuermännern gegen ihren Willen zur Fronarbeit gezwungen worden.

Mittelpunkt der Vorstadt war das Arsenal, durch eine Mauer von den Unterkünften der Zwangsarbeiter getrennt. So lebten der Großadmiral, sein Stab und andere Militärs unmittelbar neben den Sklaven, bei denen es sich um Bagno-Sträflinge handelte: Christen vom Balkan, Tataren, Russen. Ihre Zahl muß zwischen 20000 und 40000 Mann gelegen haben; die Umstände waren alles andere als human. Nach dem französischen Reisenden Tournefort handelte es sich bei dem Kassim Pascha um das „größte Gefängnis" der Welt. Die einzige Möglichkeit,

dieser Hölle zu entrinnen, war der Loskauf. Doch Soliman gab die billigen, geschulten Arbeitskräfte nur ungern frei.
Das Arsenal Kassim hatte für damalige Maßstäbe außergewöhnliche Dimensionen. Zweifellos gehörte es mit seinen vielen Werften zu den größten Hafeneinrichtungen des 16. Jahrhunderts; wenn es nicht überhaupt das größte gewesen ist. Ungefähr 150 – 200 Kriegsschiffe sollen sich hier unter Soliman befunden haben. Es wurde bereits erwähnt, daß auch das sogenannte Marineministerium seinen Sitz im Kassim Pascha hatte. Hier beriet sich der Kapudan Pascha – der Oberkommandierende der osmanischen Marine – mit seinen Offizieren über die aktuellen Angriffstaktiken; ihm wurden von den Bauingenieuren die Schiffspläne zur Begutachtung und Genehmigung vorgelegt. Kassim Pascha war ebenfalls ein riesiges Depot, wo sämtliche Materialien zum Schiffsbau gestapelt waren. Besonders während der Kriegsvorbereitungen – man denke an Rhodos und Malta – herrschte eine fieberhafte Tätigkeit. Hier wurden das Schiffsbauholz der Schwarzmeerküste und aus der Gegend von Izmit, Pech Harz und Asphalt aus Smyrna und Albanien, Talg aus Kaffa, Eisen aus Saloniki und aus den Donaugegenden, Hanf aus Ägypten, Tau- und Segelwerk aus Trapezunt, Segeltuch aus Anatolien, Kupfer aus den anatolischen Minen und Zinn aus Europa, hauptsächlich aus England, ausgeladen.
Der Handelshafen Istanbuls dehnte sich zu beiden Seiten des Goldenen Horns aus. Der bekannteste Teil war Galata mit den beiden Siedlungen Karaköy und Tophane: die Endstationen genuesischer, venezianischer, englischer, französischer und holländischer Schiffe. Ab und zu legte auch ein griechisches Handelsschiff in Galata an. Osmanische Schiffe dagegen sah man nur selten.
Der Hafen von Galata galt nach wie vor als „unheilig“, als der Hafen für Fremde. Soliman begnügte sich mit der Errichtung von Zollstationen in Galata. Osmanische, vor allem jüdische Zöllner im Dienst der Hohen Pforte, erhoben Zölle und erledigten alle Formalitäten für die Europäer. Immer mehr waren es die Juden, die als Handelsagenten zwischen den Osmanen und den Europäern amtierten. Gleichzeitig entstanden in Galata Handelsagenturen und Industriezweige, die mit der Schiffahrt zu tun hatten.

So lebten unter Soliman dem Prächtigen, als das Reich wirtschaftlich einen noch nie gekannten Höhepunkt erreicht hatte, Hunderte von Verwaltungsbeamten, Handelsagenten, Schreibern, Matrosen, Schiffswächtern und Händlern, die alle vom osmanisch-europäischen Handel profitierten und Galata zu einem der geschäftigsten Orte der Hauptstadt machten.

Galata war der Hafen der „Fremden“: der Europäer oder oder Nichtmuslimen. Der internationale Hafen von Istanbul, aber nicht der Versorgungshafen der Hauptstadt. Am Südufer des Goldenen Horns, zwischen Bahtche Kapi und Balat legten die osmanischen (und griechischen) Handelsschiffe an, die die Küstenschiffahrt im Marmarameer oder die Fernschiffahrt im Ägäischen-, Schwarzen- und Mittelländischen Meer bewältigten. Diese Schiffe waren es, die die osmanische Hauptstadt mit Lebensmitteln versorgten und sämtliche Rohstoffe aus allen Teilen des Riesenreiches nach Istanbul brachten. So wurden z. B. in Odun Iskelessi Bauholz, in Oun Kapani Mehl und in Ayazma die Produkte ausgeladen, die aus Süd-Thrakien kamen. In der Nähe der Anlegestellen befanden sich die Depots der privaten Geschäftsleute und des Staates, sowie zahlreiche kleine Werkstätten und Basare.

Unter der Regierungszeit Solimans des Prächtigen, als sich die Grenzen des Reiches von der Donau bis zum Euphrat und Nil ausdehnten, als unermeßliche Beuteschätze nach Istanbul flossen und es zu einer der reichsten Städte der Erde machten, herrschte im Hafen eine rege Tätigkeit. Die Bevölkerung, die unter Soliman von Jahr zu Jahr kontinuierlich zunahm, Tausende von Geschäftsleuten aus den Provinzen des Reiches, die geschäftshalber nach Istanbul kamen, und die zahlreichen Gesandten der europäischen Mächte mußten ernährt, die Wünsche der osmanischen Granden nach immer mehr Luxuswaren erfüllt werden. Doch beschränkte sich die Geschäftstätigkeit nur auf die Einfuhr, nicht auf den Export von Waren.

Die Rohstoffe, die angeliefert wurden, kauften die Betriebe der Stadt zur Weiterverarbeitung auf. Es handelte sich also allein um Versorgungsgüter, die im Hafen gelöscht wurden.

Die Nachfrage nach Luxuswaren konnte nur in den Zeiten der triumphalen Siege gestillt werden, als die Kriegsbeute in großen Mengen

nach Istanbul kam. Nach der Ära Solimans begann die Wirtschaft, der Warenumschlag im Hafen, zu stagnieren. Istanbul war ja in der Hauptsache keine produzierende, sondern eine konsumierende Stadt. Die „Exporte" bestanden lediglich aus den Transitlieferungen, die von der Schwarzmeer-Küste, aus Nordanatolien, Armenien und Persien stammten und mit den Schiffen nach Europa weitergeleitet wurden. Eine Flotte von Privatunternehmern wickelte dieses im Grunde recht magere Geschäft ab.
So zeigte sich die Kehrseite der osmanischen Macht, die sich einzig und allein auf die Kriegsflotte und die Armee stützte, während die Meere von den Handelsschiffen der europäischen Staaten durchkreuzt wurden.

Stanbul: Stadt der Moscheen, Medresen, Frommen Stiftungen und Basare

Fünf prachtvolle Moscheen prägten im „Goldenen Zeitalter" das Stadtbild von Stanbul: Die Süleymaniye Cami, die Selim I. Cami, die Shezade Cami, die Bayazidyie Cami und die Mihrimah Cami. Unter ihnen wirkt die Süleymaniye-Moschee wie ein steingewordenes Sinnbild der Solimanschen Epoche. Ein majestätischer Kultbau; „ein Ort, wo man zum Gebet niederfällt", wie ein Chronist vermerkt.
Über Sinan – auch „Yusuf" genannt –, Solimans Meisterarchitekten, wissen wir kaum etwas. Er soll in der Nähe von Kayseri aufgewachsen und noch in der Ära von Soliman I. durch die Knabenlese nach Istanbul gekommen sein, wo er zum Zimmermann und im Bauhandwerk ausgebildet wurde. Unter Soliman nahm er an mehreren Feldzügen teil, brachte es bei den Janitscharen zum Offizier und erregte bei der Lösung schwieriger Pionieraufgaben solches Aufsehen, daß er zum Baumeister des Reiches ernannt wurde.
Unter seinem Gönner Soliman konnte er sein außergewöhnliches technisches und künstlerisches Talent beweisen und zielstrebig entfalten. „Sinan ist der einzige Mensch, der mich nicht enttäuscht hat", ist eine verbürgte Äußerung des Sultans.
Sinan, ein „Architekt ohne Pläne", wie man ihn später nannte: keine

Zeichnungen und Entwürfe von seinen zahlreichen Projekten sind jemals gefunden worden. Er hat im Laufe einer glänzenden Karriere 334 Bauwerke geschaffen: Große und kleine Moscheen, Paläste, Türben, Bibliotheken, Medresen, Krankenhäuser, Armenküchen, Karavansereien, Brücken und Aquädukte. Zweifellos vermochte er das alles nicht allein zu planen; er mußte natürlich Mitarbeiter gehabt haben.
Es ist denkbar, daß in Istanbul eine „Sinan-Schule" bestanden hat, in der sich – wie auch anderswo im Mittelalter – das Prinzip der Bauhütten praktizierte. Uns liegen freilich keine Hinweise darüber vor. Zwei Moscheen von Sinan sind besonders hervorzuheben. Das wohl prachtvollste Bauwerk ist die Süleymaniye-Moschee auf der Kuppe des Höhenrückens über dem Goldenen Horn, an der Westseite Stanbuls – oberhalb der Galatabrücke, die zu Solimans Zeiten noch nicht vorhanden war. Seine in jeder Hinsicht vollkommenste Moschee aber steht in Edirne: die Selimiye Cami. Um zu verstehen, was eine Moschee für die islamischen Gläubigen bedeutet, müssen wir uns auf Mohammed berufen. Der Prophet soll der Überlieferung zufolge zu seinen Anhängern gesagt haben: „Wer eine Moschee baut, dem errichtet Gott ein Haus im Paradies." Es gibt allerdings im Koran keine Bauvorschriften. Eine Moschee – arabisch: „masgid" – ist ein Kultbau, in dem sich die Muslime zum gemeinsamen oder persönlichen Gebet versammeln. Man unterscheidet die „Freitagsmoschee", in der sich die Gläubigen an jedem Freitag einfinden, sowie eine Vielzahl kleinerer Moscheen. Jede Moschee besitzt einen „Mihraḅ": eine leere Nische in der Wand, die die Gebetsrichtung – „Kibla" – nach Mekka markiert. Ferner eine Kanzel („Minbar"), auf der die Freitagspredigt gehalten wird; häufig auch eine Estrade unweit des Mihrab, von der herab der Muezzin – der Gebetsrufer – seine melodisch-monotone Stimme erschallen läßt, und eine kleine Waschanlage, wo der Muslim die rituelle Waschung vor dem Gebet vornehmen kann. Schließlich noch eine Herrscherloge („maqsura"), die für den Sultan und seine Administration reserviert war. Alle diese großen Moscheen waren mit kostbaren Teppichen und Matten ausgelegt und mit herrlichen Leuchtern ausgestattet. Bilder und Kultgegenstände finden sich – im Gegensatz zu den christlichen Kirchen – nirgendwo. Jede Moschee verfügt über ein oder mehrere

Minarette; die Türme für die Muezzin und ihre Gebetsrufe („adan"). Die prachtvollen Kuppelmoscheen, die der Reisende noch heute in Istanbul bestaunen kann, wurden erst unter den osmanischen Bauherren vollendet. Ihren Höhepunkt erreichte die sakrale Baukunst in der osmanischen Hauptstadt. Wohl war die Hagia Sophia Sinans Vorbild, doch hat er sie nicht kopiert.

Sinans Prachtstück steht in Istanbul: die Süleymaniye Cami, die zweitgrößte Sultansmoschee der Stadt. Ihr Bauherr war Soliman der Prächtige. Sie wurde 1550 begonnen und 1557 vollendet. Alle Einzelbauten des gesamten Moscheenkomplexes waren jedoch erst um 1560 herum fertig. Vor der Moschee liegt ein herrlicher Arkadenhof, der mit reich verzierten Säulen aus Marmor, Granit und Porphyr ausgestattet ist. An jedem der vier Eckpunkte des Hofes erhebt sich ein Minarett. Die vier Minarette sollen (vermutlich) darauf hinweisen, daß Soliman der vierte Sultan war, der in Istanbul herrschte.

Der weite Raum der Moschee hat einen quadratischen Grundriß. Der Durchmesser der gewaltigen Kuppel beträgt 27,5 Meter, ihre Scheitelhöhe über dem Fußboden beträgt 47 Meter. Die Bögen, die die Hauptkuppel tragen, ruhen auf vier dicken Pfeilern. Der große Innenraum der Moschee ist durchgängig nach einem Zentrum hin angelegt. Der Eindruck des Innenraumes ist schlicht und monumental zugleich. Zu der Moschee gehören ebenfalls die Türben Solimans und der Haseki Hürrem, Solimans zweiter Gemahlin, das Dar-ül Hadis, die Schule „der mündlichen Überlieferung der Prophetenworte Mohammeds", die beiden Medresen, die Salis Medrese und die Rabi Medrese, das Dar-ül Kura, eine Schule zur Erlernung der verschiedenen Arten der Koranrezitation, die Evvel Medrese und Sani Medrese, die Armenküche, die heute Museum für Türkische und Islamische Kunst ist, sowie die Karawanserei. In der Nordostecke der gewaltigen Anlage befindet sich Sinans Türbe, wo der altehrwürdige Baumeister des Reiches zur ewigen Ruhe gebettet ist. Er starb 1588, fast 22 Jahre nach dem Tod seines kunstsinnigen Gönners.

Die große und eindrucksvolle Moschee, die Beyazidiye, wurde zwischen 1501 und 1506 erbaut. Ihr Architekt war nicht, wie früher angenommen, ein gewisser Kemalettin oder Hayrettin, sondern er hieß

Yakub -sah bin Sultan -sah und baute ebenfalls die Karawanserei von Bursa. Über das Privatleben dieses ebenfalls hervorragenden Architekten und Baumeisters wissen wir nichts. Sein Auftraggeber war Sultan Beyazit II., Sohn des Mehmet Fatih. Zur Moschee gehören eine Grundschule, Grabbauten, ein Bad und eine Armenküche. Mit dem Bau der Beyazidiye begann die große klassische Epoche der Moschee-Bauten, die zwei Jahrhunderte lang währte.

Durch einen farbenprächtigen Hof gelangt man ins Innere der Moschee. Säulen aus Rosengranit und rotem Porphyr aus Assuan (Ägypten) stützen die Spitzbögen im Vorhof. Die vierundzwanzig Joche der Arkaden werden von kleinen Kuppeln überwölbt. Drei schöne Portale bilden den Zugang zu den Arkaden. Die Zentralkuppel mit erweiterten Halbkuppeln erinnert an die Architektur der Hagia Sophia, doch stellt die Einbeziehung der Seitenschiffe in den Hauptraum der Moschee bereits eine Abweichung von dieser dar. Auffallend ist, daß die Sultansloge nicht links, sondern rechts vom Mimbar aufgestellt ist. Die Kuppel hat einen Durchmesser von 17 Metern.

Hinter der Moschee befinden sich die Türben von Beayzit II., seiner Tochter Secuk Hatun, sowie des Großwesirs Koca Resit Pascha, des 1587 verstorbenen Führers der reformerischen Tanzimat-Bewegung.

Zu den Frommen Stiftungen der Beyazidye-Moschee gehören die große zweiteilige Subyan mektebi (die Grundschule), die Armenküche sowie die Medrese. Die Grundschule hat eine Vorhalle und zwei Kuppeln. Sie ist die älteste noch erhaltene Schule Istanbuls. Heute beherbergt das restaurierte Gebäude die Bibliothek des türkischen Journalisten hakki tarik us, ein eifriger Verfechter der Kleinschreibung. Die eindrucksvolle Armenküche liegt schräg gegenüber dem Nordminarett der Beyazidiye, die vermutlich ebenfalls als Herberge gedient hat. Sultan Abdül Hamit II. ließ die Armenküche in eine Bibliothek umwandeln, die heute die Staatsbibliothek ist.

Am äußersten westlichen Ende des Platzes liegt die Medrese mit dem Vorlesungsraum und den Wohnzellen für Studenten. Jetzt ist hier die Stadtbibliothek untergebracht. Dahinter liegt das zur Beyazidiye gehörende „Hamam“ (Badehaus), das sowohl für Frauen als für Männer eingerichtet war. Leider ist es heute eine Ruine. Zeitgenössischen Berichten zufolge soll dieses Badehaus eines der schönsten von ganz Stanbul gewesen sein.

Auf hoher Terrasse über dem Goldenen Horn thront majestätisch die Moschee des Sultans Selim I., „des Gestrengen". Sie wurde noch zu Selims I. Regierungszeit angefangen und unter Soliman dem Prächtigen 1522 fertiggestellt. Den Baumeister kennen wir nicht. Durch einen Vorhof gelangen wir in den Zentralraum, dessen Einrichtung sparsam ist. Die Sultansloge, Mimbar und Mihrbar sind jedoch von besonderer Schönheit. Auffallend sind die Farbigkeit der Iznikkacheln in den Lünetten und die leuchtenden Farben der Blumen- und Blattmotive. Die Anbauten nördlich und südlich des großen Zentralraumes dienten den durchreisenden Derwischen als Hospiz.

Im Garten hinter der Moschee liegt die herrliche Türbe Selims I., von der Evliya Celebi schrieb: „Es gibt keines Herrschers Grab, das den Besucher so mit Staunen erfüllte, wie das von Selim. Hier liegt er, und wie ein siebenköpfiger Drache ragt über seinen Katafalk der „Selimiye", der Turban. Meine Wenigkeit, Evliya, ist während dreier Jahre Vorleser frommer Verse in dieser Türbe gewesen." Über Selim I., der nur acht Jahre herrschte und im Durchschnitt jedes Jahr einen Großwesir hinrichten ließ, lautete eine osmanische Redensart: „Selim starb an einem Blutgeschwür, Ungarn blieb noch draußen vor der Tür."

Seiner Türbe gegenüber befindet sich eine weitere, in der vier Kinder Solimans des Prächtigen liegen. 1543 starb Solimans Sohn Mehmet an Blattern, zweiundzwanzig Jahre alt. Fünf Jahre nach dem Tod seines geliebten Sohnes gab Soliman Sinan den Auftrag, zu dessen Gedächtnis die Sehzade Cami, die „Prinzenmoschee", zu bauen. Sinan war damals noch hoher Offizier der Genietruppe. Bei der Sehzade Moschee handelte es sich um die erste Sultansmoschee von gewaltigem Ausmaß. Der gesamte Stiftungskomplex umfaßt außer einer Moschee: Türben, eine Medrese, ein Hospital, eine Grundschule und eine Armenküche. Den Kuppelraum erweiterte Sinan durch vier ausgliedernde Halbkuppeln. Es ist die einzige Moschee, in der keine Säulen verwendet wurden.

Das Innere des Gebetshauses ist weit und geräumig. Das Äußere versah Sinan mit viel zierendem Beiwerk. Besonders schön sind die beiden Minarette.

Hinter der Moschee liegen im ummauerten Garten die Türben der Sehzade Mehmet, der beiden Großwesire Rüstem Pascha und Ibrahim Pascha sowie der Hatice Sultan, der Tochter Murats III. (1574–1595) und der Fatma Sultan, der Enkeltochter des Prinzen Mehmet.

In der großen Türbe liegt Sehzade Mehmet begraben. Die herrliche Kachelverkleidung mit ihrer Farbenpracht vermittelt dem Besucher einen wahrhaft paradiesischen Eindruck. Neben dieser einmaligen keramischen Ausstattung der Türbe fallen die Buntglasfenster in der oberen Fensterreihe auf. Kenner versichern, die Kuppel der Sehzade-Türbe sei die schönste von Istanbul.

Links neben dem Prinzen sind seine Tochter Humasah Sultan und rechts sein Bruder Prinz Cihangir bestattet. Prinz Cihangir starb 1553 aus Anhänglichkeit zu seinem älteren Halbbruder Prinz Mustafa.

Links hinter dem prachtvollen Grabbau des Sehzade Mehmet befindet sich die Türbe des Großwesirs Rüstem Pascha, der zu seiner Zeit „die Glückslaus" genannt wurde. Sinan baute diese Türbe und schmückte sie vom Boden bis zur Kuppel mit Fliesen aus. Die Fayencefliesen der Rüstem Pascha Türbe sind zwar von gewisser Schönheit, lassen sich aber mit denen der Türbe des Sehzade Mehmet nicht vergleichen. Im Jahre 1561, als Rüstem Pascha starb, hatte die Fayencetechnik allerdings ihren Höhepunkt noch nicht erreicht.

Gegenüber dem Westtor liegt die Türbe des Großwesirs Ibrahim Pascha. Sie ist das Werk des Architekten Dalgic Ahmet Aga und kann sich neben Sinans Türben sehen lassen. Die Fliesen sind von hoher technischer Perfektion. Die beiden anderen Türben der Hatice Sultan und der Fatma Sultan sind schmucklos.

An der Hinterseite der Umfassungsmauer der Gesamtanlage, an ihrer nordwestlichen Ecke, liegt die Medrese. Sie wurde restauriert und dient heute den Universitätsstudenten als Unterkunft. Weiter östlich liegt die Karawanserei, die heute die naturwissenschaftlichen Versuchsräume des nahe gelegenen „Vefa Lisesi" (Oberschule) beherbergt. Schließlich gehörten noch zur Stiftung die Grundschule und die Armenküche.

In den Jahren 1547–1548 errichtete Sinan die stattliche Mihrimah

(Sonn-und-Mond) Sultan-Moschee für die Tochter Solimans des Prächtigen und Gemahlin des Großwesirs Rüstem Pascha. Wegen ihrer Nähe zum Anlegeplatz („iskele") wird sie Iskele-Moschee genannt und wegen ihrer dominierenden Lage ist die Außenansicht besonders eindrucksvoll, was man allerdings nicht vom Innern behaupten kann. Weil die Zentralkuppel nur auf drei Halbkuppeln aufliegt, wirkt der Raum wie abgeschnitten. Auf der Nordseite des Moscheenkomplexes liegt die Medrese, die heute als Klinik dient. In der einstigen Grundschule ist eine Kinderbibliothek untergebracht.

Erwähnenswert sind noch zwei weitere Bauwerke des Meisterarchitekten Sinan: die Rüstem Pascha und die Ibrahim Pascha Moscheen. Die Rüstem Pascha Moschee ist von den kleinsten Moscheen Istanbuls eine der schönsten. Der aus der Gegend von Sarajevo stammende Rüstem – er trug den Namen des iranischen Nationalhelden Rustem aus Firdusis „Shahname" –, der unter Soliman zweimal Großwesir war und Solimans Lieblingstochter Mihrimah (Sonne-und-Mond) zur Gemahlin hatte, gab Sinan 1561 den Auftrag, sie zu erbauen.

Die hervorragende Fayenceverkleidung, die fast die Gesamtfläche des unteren Raumes bedeckt, und die aus den Brennöfen von Iznik stammt, hat die Moschee berühmt gemacht. Im Jahre 1551 erbaute Sinan für Hadim („den Verschnittenen") Ibrahim Pascha, den zweiten Großwesir dieses Namens unter Soliman, die Anlage. Diese Moschee war wegen der hohen Handwerkskunst bekannt, mit der die Sultansloge, der Mimbar aus Marmor und die Türfelder mit ihren Elfenbeineinlagen gearbeitet worden waren. Im Garten befindet sich die Türbe des Stifters. „Hamam" (öffentliches Bad) und Schule, die noch dazu gehörten, sind verschwunden.

Alle monumentalen Moscheen in Stanbul wurden auf den Stadthügeln errichtet, hoch über allen anderen Gebäuden. Sie entstanden jedoch erst unter Soliman dem Prächtigen, als eine gewaltige Kriegsbeute aus den Feldzügen sowie Tribute und Steuereinnahmen aus den eroberten Gebieten den Bau dieser Kultstätten möglich machten. Soliman hatte das große, einmalige Glück, daß der wohl genialste Moscheen-Konstrukteur Sinan zur selben Zeit wie er lebte.

Durch Sinans Wirken erreichte die osmanische Architektur im 16.

Jahrhundert einen nie zuvor (und danach) gekannten Höhepunkt. Nach der kurzen Beschreibung der bekanntesten Moscheen des „Goldenen Zeitalters“ drängt sich die Frage auf: Wieviele Gebetshäuser, Sultansmoscheen und kleine Moschen, „mescit“ genannt, gab es im 16. Jahrhundert allein in Istanbul? Nach einem osmanischen Dokument, das vom Ende des 16. Jahrhunderts stammt, soll es 485 Moscheen sowie 4492 kleine Moscheen gegeben haben. Leider erwähnt dieses Dokument nicht die Größe und die Namen der Moscheen, so daß die Angaben mit Vorsicht aufgenommen werden müssen.

Neben dem Harem beschäftigte der Basar die Phantasie jedes europäischen Reisenden im 16. Jahrhundert. Basar (arabisch: „suq“; persisch: „bazar“ und türkisch: „carsi“): Darunter versteht man den traditionellen Umschlagplatz von Waren in jeder orientalischen Stadt.

Die Bezeichnungen suq, bazar und carsi werden ebenfalls für alle Arten von Handels- und Gewerbeplätzen gebraucht. In engerem Sinn wird Basar als traditioneller Geschäftsbezirk innerhalb der Stadt, meistens im Zentrum, verstanden. Ein Basargebiet besteht aus Ladenzeilen entlang meistens überdachter Gassen, Innenhofgebäuden und aus überdachten Hallen. Dazwischen befinden sich Moscheen, Medresen, Bäder und Brunnen. Der Basar hat keine Wohnfunktion. Wohnen und Wirtschaften waren im Osmanenreich streng voneinander getrennt.

Als Basar-Waren galten (und gelten) Gewürze, Spezereien, Tuche, Textilien, Teppiche, Kelims, Leder-, Seiler-, Schmiedewaren, Schuhe und Decken. Als typische Basarhandwerker waren Gold-, Silber-, Kupfer- und Blechschmiede, Tischler, Färber, Seiler, Weber, Töpfer, Kunst- und Lederhandwerker vertreten. Wegen Geruchs- und Lärmbelästigung sowie Brandgefahr, waren einige Handwerke außerhalb des Basars angesiedelt.

Das große und bedeutendste Wirtschaftszentrum der alten Gewerbestadt Stanbul war der Große Basar, den zahlreiche europäische Reisende mit Recht als „die Stadt in der Hauptstadt“ bezeichneten. Ähnliche Große Basars gab es nur in Bursa, Damaskus, Täbris, Aleppo, Isfahan, Tunis, Fes und Teheran.

Die Zahl der einzelnen Läden, die sich innerhalb des Großen Basars während des „Goldenen Zeitalters“ befanden, steht nicht einwandfrei

fest. Man darf aber annehmen, daß es sich immerhin um 4000 Läden jeder Art handelte. Eine der Herzkammern des Großen Basars war der Alte Bedesten (Bedesten: geschlossener und gedeckter Markt). Er bildete innerhalb des Großen Basars eine architektonische Einheit.
An der Stelle des Großen Basars soll sich, bereits zur Zeit der byzantinischen Kaiser, ein gedeckter Markt befunden haben, wie aus dem Reisebericht des arabischen Reisenden Ibn Battuta hervorgeht, der Konstantinopel unter der Herrschaft des Palaiologen Johannes V. Palaiologos (1341–1376) besuchte. Verschiedene osmanische Geschichtsforscher nahmen daher an, daß es sich beim Alten Bedesten im einen byzantinischen Bau handelte. Heute sind sich die Wissenschaftler einig darüber, daß der gesamte Baukomplex des Großen Basars rein osmanischer Herkunft ist. Nach der Eroberung von Konstantinopel gab Mehmet Fatih den Befehl, dort einen Bedesten zu bauen und zwar auf der Grundlage der Basars von Bursa und Edirne. Der Sandal Bedesten mit seinen 20 Kuppeln, der seinen Namen einem dort feilgebotenen kostbaren Seidensatin verdankt, wurde unter Soliman dem Prächtigen errichtet. Heute dient er der Istanbuler Stadtverwaltung als Auktionshalle.
Das Zentrum des Großen Basars ist nach wie vor die große Kuppelhalle, der Alte Bedesten. Er ist von 15 Kuppeln überwölbt und wird von 8 mächtigen Pfeilern getragen. Zu Solimans Zeiten wurden hier Kostbarkeiten des ganzen Reiches angeboten. Reiche Bürger ließen ihre Pretiosen in Truhen von den Händlern, gegen entsprechende Gebühr, in Verwahrung nehmen. Falls der Besitzer dieser Schätze starb, ohne einen rechtmäßigen Erben zu hinterlassen, oder wenn sie ganz einfach in Vergessenheit gerieten, verfielen sie dem Staatssäckel.
Allabendlich wurden die eisernen Tore zum Großen Basar verriegelt. Weil sich zahlreiche Geschäfte im Alten Bedesten jedoch nicht abschließen ließen, hatten sie ihre eigenen Wächter, die nichts mit den Nachtwächtern von Istanbul gemein hatten, wie sie von sich behaupteten. Diebstähle waren allerdings selten. Sie wurden im übrigen hart bestraft. Die Geschäftsleute des Sandal Bedesten (und des Großen Basars) waren gemeinhin sehr reich und gut organisiert. Sie besaßen ihre Yalis (Sommervillen) und führten einen aufwendigen Lebenswandel.

Sie hatten ihre eigenen Träger und Wächter. Alle Handwerker der Basare waren in Zünften organisiert. Nach ihrem gemeinsamen Gebet auf dem Betplatz („Dua meydani") begaben sich die einzelnen Zunftmitglieder zu ihren Läden, wo gearbeitet und gefeilscht wurde.
Um den Großen Basar herum lagen noch eine bestimmte Anzahl von Märkten. In der Nähe der „Verbrannten Säule" (Cemberlitas) lag der Sklavenmarkt. Die zum Kauf angebotenen Sklaven wurden jedoch nur zum Teil ausgestellt. Dunkelhäutige Sklavinnen und Männer konnten frei besichtigt werden, die weißen Sklavinnen, vor allem Georgierinnen und Tscherkessinen, wurden jedoch nicht öffentlich gezeigt.

Topkapi Sarayi, eine Welt für sich

„Der Palast des Großen Herrn, den man Serail oder Hohe Pforte nennt, hat ungefähr die Form eines Dreiecks. Zwei Seiten davon liegen am Meer und eine Seite ist nach der Stadt gerichtet. Er ist von einer hohen Mauer umgeben, die mit Türmen und Bastionen versehen ist. Zahlreiche Wächter behalten Tag und Nacht alles im Auge. In ihm wohnen soviele Leute, daß sie eine Stadt bevölkern könnten."

De Bruyn, französischer Reisender, 16. Jahrhundert

Das Topkapi Saraiy, wegen der starken Befestigung des zur Seeseite gelegenen Haupttores auch „Kanonentor-Serail" genannt, der bedeutendste Baukomplex osmanischer Profanarchitektur, war nicht nur der ständige Aufenthaltsort des Obersten Herren aller osmanischen Untertanen, sondern ebenfalls Regierungssitz. In Solimans Großem Palast und im Diwan fielen alle politischen, wirtschaftlichen, religiösen und militärischen Entscheidungen. Seit der Eroberung Ägyptens, als Selim I. sich das Kalifat übertragen ließ, war das Topkapi Sarayi das Zentrum der orthodoxen sunnitisch-islamischen Welt.
Als Mehmet Fatih 1453 Konstantinopel eroberte, suchte er nach einem geeigneten Palast in Stanbul, fand aber, daß die Paläste der byzantinischen Kaiser sehr vernachlässigt waren und seinem Geschmack, vor allem seinem neuen Prestige, nicht entsprachen. Auf dem dritten

Stadthügel von Stanbul wählte er ein von Sträuchern überwuchertes Grunstück aus und ließ den Palast erbauen, der später den Namen Altes Serail („Eski Sarayi“) erhielt.

Sechs Jahre später jedoch waren die von herrlichen Gärten umgebenen Palastanlagen bereits zu klein und Mehmet Fatih ließ einen neuen und noch prunkvolleren Palastkomplex, an der Nordseite des ersten Stadthügels von Stanbul, errichten. Das Serail, das der Besucher heute sieht, wurde fast ganz nach dem Geschmack seines Auftraggebers, zwischen 1459 und 1465, erbaut. Zur Verteidigung der Palastanlagen wurde die Spitze von Stanbul durch eine Wehrmauer mit Türmen abgesperrt. Diese Mauer verlief von den ehemaligen byzantinischen Seemauern am Goldenen Horn bis zum Marmarameer. Außer dem Privatpalast des Sultans und dem Diwan befand sich in seinen Mauern die Palastschule, eine Eliteschule, wo die Kandidaten für die höchsten politischen und religiösen Ämter des Reiches ausgebildet wurden. Die ganze Anlage war in einen ersten, zweiten, dritten und vierten Hof sowie in den Harem gegliedert.

Diese Gliederung entsprach genau ihren Funktionen. Im ersten Hof (auch „Janitscharenhof“ genannt) befanden sich die Wirtschaftsgebäude: Bäckereien, in denen die großherrlichen Bäcker als erste mit der Arbeit begannen – alle Brote mußten eine Stunde vor dem Mittagsgebet fertig sein –, das Hospital, Magazine, die Irene-Kirche, die als Waffendepot diente, sowie Wohnräume (aus Holz erbaut), in denen die zahlreichen Bediensteten wohnten. Dann gab es noch eine kleine Moschee, von der heute nichts mehr vorhanden ist. Außerdem befanden sich hier ein herrlicher Zitronengarten sowie der Henkersbrunnen, der in das „Tor der Begrüßung“ (Bab-üs-Selam) eingebaut worden war.

In ihm wuschen sich die Scharfrichter nach der Enthauptung mit dem Schwert die Hände; und hier mußt jeder vom Pferd steigen. Nur der Sultan allein konnte durchreiten. Die Köpfe der prominenten Opfer wurden auf den „Exempel-Steinen“ aufgestellt. Der Weg zum Palast führte durch das „Tor des vom Paradiesvogel beschatteten Kaisers“ (Bab-i Hümayun).

Sofort nach dem Morgengebet wurden die Herdfeuer im Küchentrakt des Serails entfacht. Dann wurde das Essen für die zahlreichen Bediensteten und Besucher zubereitet. Ein oberster Chefkoch war für die Serail-Küche verantwortlich. Der Marktchef mußte die verschiedenen Reisarten, Fleisch und Gemüse herbeischaffen. Nach der Fertigstellung des Essens trugen die Bediensteten auf dem Kopf sämtliche Tabletts zu den einzelnen Räumen der Palaststadt. Für Soliman wurde stets extra gekocht. Seine tägliche Mahlzeit bestand in der Regel aus Schwertfisch, Stör und Hummer aus dem Bosporus sowie aus Wild aus den Jagdrevieren. Dazu trank er Wein.

Der zweite Hof umfaßte die Bauten des Diwan („Kubbe Alti") und die Zahlkammer („Inneres Schatzhaus"). Unter den Zypressen des Hofes grasten zahme Gazellen. Der Hof war den politischen und wirtschaftlichen Geschäften des Diwans vorbehalten. Unter Soliman trat der Diwan viermal in der Woche zusammen. Dann füllte sich der große Hof mit zahlreichen Würdenträgern des Reiches, die mit kostbaren Gewändern bekleidet waren. Wenn fremde Gesandte empfangen wurden und die Janitscharen angetreten waren, herrschte eine Stille, die jeden Europäer beeindruckte.

Der Baukomplex des Diwan besteht aus dem Saal des Rats oder dem eigentlichen Diwan, dem zweiten Saal für Urkunden, Register und Protokolle und aus den Amtsräumen des Großwesirs. Der Saal des Rats und der Saal für Urkunden sind durch einen Bogendurchgang miteinander verbunden. Kuppeln überwölben die beiden Gebäude. Auf drei Seiten des Diwan-Saales befanden sich Sofas, die mit Teppichen bedeckt waren. Hier berieten sich die Mitglieder des Diwan. Bei den Ratssitzungen saß der Großwesir in der Mitte, die anderen saßen, der Reihenfolge ihres politischen Ranges gemäß, zu beiden Seiten. Über dem Sitz des Großwesirs ist ein, mit einem Gitter versehenes Fenster, angebracht. Dahinter befand sich ein kleiner Turmraum. In ihm konnte der Sultan, falls er nicht an den Sitzungen des Diwan teilzunehmen wünschte, ungestört den Gesprächen zuhören.

Die Zahlkammer (oder „Inneres Schatzhaus") ist ein langer Raumtrakt mit vier Kuppelpaaren. In ihm und in den Kellerräumen darunter wurde der Reichsschatz aufbewahrt, aus dem die Janitscharen und Staatsbeamten ihre Gehälter bekamen. Heute kann der Besucher eine prachtvolle

Sammlung von Waffen und Rüstungen der Sultane im „Inneren Schatzhaus" bestaunen. Dazu gehören einmalige Beutestücke aus dem Orient und aus Europa. Erwähnenswert sind ebenfalls noch die Quartiere der sogenannten „Schmachtlock-Hellebardiere", das Totentor, auch die Marstallungen des Sultans.
Die „Schmachtlock-Hellebardiere" wurden nach ihren beiden Quasten bekannt, die ihnen von ihren hohen Hüten vor den Augen ins Gesicht hingen. Diese etwas lästige Kopfbedeckung sollte bewirken, daß die Hellebardiere, die Feuerholz in den Harem trugen, sich nicht von den Reizen der Odalisken (weiße osmanische Haremssklavinnen) verführen ließen. Ob sie nun ihren Zweck erfüllt hat, wissen wir nicht. Durch das Totentor wurden die Leichname derer hindurchgetragen, die im Serail verstarben.
Vom Totentor gelangt man zu den privaten Marstallungen des Sultans. Die Besir Aga Moschee, die auf dem Wege liegt, wurde erst im 18. Jahrhundert erbaut. Im „Has Ahir", den Stallungen des Sultans, waren durchschnittlich 25 ausgesuchte Pferde untergebracht. Der noch unter Mehmet Fatih errichtete langgestreckte Trakt bestand aus zwei Teilen: den eigentlichen Stallungen und dem Raum des Großstallmeisters, sowie der Rüstkammer, wo Prunksättel und edelsteinbesetztes Zaumzeug aufbewahrt wurden.
Zum zweiten Hof gehört auch ein mächtiger Küchentrakt, der zehn hohe Räume mit Kuppeln umfaßt; man sieht den Bau, wenn man sich der Küste im Marmarameer nähert. Jeder Küchenraum hatte seine besondere Verwendung. Während in einem nur für Soliman, in einem anderen für seine Mutter gekocht wurde, bereitete man in den übrigen die Mahlzeiten für die Eunuchen, die Mitglieder des Diwan und für die Haremsdamen zu.
Heute kann der Besucher in diesen Küchen eine wundervolle Sammlung von chinesischem und kostbarem Porzellan und Gläsern aus Europa bestaunen. Vieles davon kam bereits unter Selim I. und Soliman dem Prächtigen zusammen.
Durch das „Tor der Glückseligkeit" („Bab-üs Saadet") gelangt man in den dritten Hof, zu Solimans Privatgemächern. Das Tor wurde schon unter Mehmed dem Eroberer erbaut. Gleich hinter ihm liegt der Thron-

und Audienzsaal („Arz Odasi"). Hier saß Soliman auf dem mit Smaragden geschmückten Goldthron, wenn er an hohen Feiertagen die Huldigungen seiner Würdenträger und Untertanen entgegennahm. Hier auch gab der Herrscher Audienzen, nahm die Berichte des Großwesirs und der Wesire über die im Diwan getroffenen Entscheidungen entgegen. Sie konnten ohne sein Einverständnis nicht in Kraft treten.

Das höfische Zeremoniell setzte sich nach strengen Regeln in Szene. Die Gesandten, die in Istanbul ihre Länder vertraten, wurden in dem Saal zu Antrittsbesuchen empfangen und verabschiedet, wenn sie von ihren Posten abberufen wurden.

Mit Ausnahme des Thronraumes, des Pavillons des Heiligen Mantels und des Gewölbes des großherrlichen Privatschatzes gehörten alle Gebäude des dritten Hofes zur Palastschule. Sie verfügte über insgesamt sechs Abteilungen: zwei für die Grundschulung; – hier befanden sich ebenfalls die Quartiere für die weißen Eunuchen und ihre Agas, der die Schule leitete – sowie vier für die elitäre Auslese. Die höchste Schule des Reiches war die der Elite und trug den Namen „Privatkabinettraum", wo die Berufenen für den persönlichen Dienst des Sultans ausgebildet wurden.

Diese Eliteschule versetzte alle europäischen Reisenden in Staunen. Es gab nichts dergleichen in der christlichen Welt. Die Schüler waren auserlesene Kinder – ausgerechnet – christlicher Minderheiten des Reiches, sowie Knaben, die während der Feldzüge in Europa aufgegriffen wurden. Beim Eintritt in die Palastschule waren sie zwischen 12 und 18 Jahre alt. Nach ihrem zwangsweisen Übertritt zum Islam wurden sie zwar geistig und leiblich im Sinne der Lehre des Propheten erzogen, doch war ihr Unterricht mehr weltlich ausgerichtet, um sie auf die Übernahme eines hohen Staatsamtes würdig vorzubereiten. Die intellektuelle Effizienz der Palastschule hing von der Autorität des jeweiligen Sultans ab. Unter Soliman dem Prächtigen stand sie in hohem Ansehen.

Auf der Ostseite des dritten Hofes liegt der Pavillon („kösk"), von Mehmet Fatih erbaut. Hier gab Soliman ebenfalls Audienzen. In den darunterliegenden Gewölben lagen die privaten Schätze der Sultane.

Weil unter Soliman eine gewaltige Kriegsbeute nach Istanbul floß, wurden auch die oberen Räumlichkeiten des Pavillons zur Unterbringung benutzt.
Im dritten Hof befindet sich ebenfalls der „Pavillon des Heiligen Mantels" („Hirka-i Saadet Dairesi"): mit dem Privatgemach des Sultans. Der Name erklärt sich daher, daß in dem Gebäude der Mantel und verschiedene Gegenstände des Propheten Mohammed aufbewahrt werden. Solimans Vater, Selim I., brachte den Mantel 1517 aus Ägypten in das Serail mit. Der Sultan besuchte oft den mit vier kuppelüberspannten Räumen ausgestatteten Pavillon, um ehrfürchtig die kostbare Reliquie zu bewundern.
Auch die Moschee der Agas, in dem gleichen Hof, ist ebenso sehenswert wie der sogenannte „Beschneidungsraum". (Durch Ibrahim „den Wahnsinnigen" 1641 errichtet.) Obwohl die Beschneidung im Islam nicht unbedingt vorgeschrieben ist, verzichtet doch kein Muslime darauf. Unter den Sultanen war dieses Ritual, wenn es bei den eigenen Söhnen vorgenommen wurde, stets mit öffentlichen Festen verbunden.
Schließlich ist noch ein Gebäude zu erwähnen: der „Rewan Köskü". Es wurde erst im Jahre 1636 unter Murad IV. – zur Erinnerung an die Eroberung von Rewan, dem heutigen Eriwan – erbaut.
Der vierte Hof ist eigentlich eher ein großer Garten, mit terassenartigen Abstufen und durch Pavillone bereichert, die teilweise noch von Solimans Nachfolgern errichtet wurden.
Um zu dem für alle ausländischen Besucher wohl interessantesten Gebäude des „Topkapi Sarayi", dem Harem, zu gelangen, kehren wir noch einmal in den zweiten Hof zurück. Jahrhunderte lang beflügelte eine bestimmte, recht spektakuläre Vorstellung vom Harem die Phantasie der europäischen Reisenden, zumal er ihnen nicht zugänglich war. Nur wenige konnten einen flüchtigen Blick in sein Inneres werfen. Einer von ihnen war der englische Orgelbauer Thomas Dallam, der im Harem eine Orgel – ein Geschenk der Königin Elisabeth I. – aufzustellen hatte. Was er da zu sehen bekam, wissen wir nicht.
Umso mehr waren die unzähligen Bücher und Kolportagen bei den leichtgläubigen, sensationslüsternen Lesern in Europa gefragt, in denen nach Art der Voyeure über die angeblichen Unsitten im Harem, über die

Vielweiberei und das „traurige Sklavenlos" der Frauen berichtet wurde. Alle diese Schriften vermitteln frei erfundene Behauptungen und erweisen sich angesichts der Realität als Lügen.

Was also ist ein Harem wirklich? Die Bezeichnung leitet sich von dem arabischen Wort „Harim" ab, das einen „geweihten, unverletzlichen Ort" meint. Im Osmanischen Reich waren darunter sowohl die Wohnung der orientalischen Familien, als auch die Räume der „Frauenabteilungen" in den Serails zu verstehen. Das Haremswesen scheint eine uralte Tradition zu haben. Schon unter den Achämeniden, einem altpersischen Königsgeschlecht (um 770–330 v. Chr.), hat es eine Rolle gespielt.

In der Ära der Abbasiden, einer arabisch-islamischen Herrscherdynastie – sie entriß 749/750 n. Chr. den Omaijaden das Kalifat und hatte es bis 1258 inne – gab es Frauenhäuser, in denen nicht nur die Haupt- und Nebenfrauen des Herrschers, sondern auch die weiblichen Verwandten lebten. Im Laufe der Zeit wuchs die Zahl der Haremsinsassen – zusammen mit den Kindern, Sklavinnen und Eunuchen – auf mehrere hundert, ja über tausend Personen an. Der Harem von Istanbul muß mit seinen dreihundert Zimmern ein monumentales Gebäude gewesen sein. Aber er war nicht allein den Frauen vorbehalten. Hier befanden sich auch die Privatgemächer des Sultans („Selameik"). Wir haben an anderer Stelle bereits darüber berichtet. Ergänzend zu der Einrichtung des „Haremlik" – dem Wohnbereich der Frauen – sei noch darauf hingewiesen, daß hier auch die „schwarzen" und die „weißen" Eunuchen wohnten. Die einen amtierten als Haremswächter, die anderen versahen als Türhüter in dem Palast ihren Dienst.

Unter Soliman vergrößerte sich der Einfluß der schwarzen Eunuchen. Sie bewachten nicht mehr nur die Frauen, sondern auch die Schatzkammern; überdies hatten sie wichtige Nachrichten zwischen dem Sultan, dem Haremlik und der Außenwelt zu übermitteln. Der schwarze Obereunuch, der „Herr der Mädchen" („Kizlar Agasi") gehörte zu den wichtigsten und einflußreichsten Personen im Sultans-Palast. Er führte, im Gegensatz zu den anderen Eunuchen, ein aufwendiges Leben. Auch war er stets in die Intrigen des Palastes verwickelt. Zentrum des Selamlik war der prachtvolle Thronsaal, wo der Sultan seine Freunde und Gäste

empfing. Zum Selamlik hatten nur die Familie des Sultans, die Walide Sultan (Sultanin Mutter), die Erste Frau des Herrschers, die Favoritinnen und die Kinder Zutritt.
Manchmal wurden hier Theaterstücke aufgeführt oder das Orchester der Haremsdamen erfreute den Sultan mit Musik. Niemand durfte in den Haremlik, wo der schwarze Eunuch nach Gutdünken schaltete und waltete. Die in der Hierarchie höchststehende Frau im Harem aber war die Walide Sultan, die Mutter des Sultans. Sie war die eigentliche Herrscherin im großherrlichen Harem.
Während der Entwicklungsperiode des Osmanischen Reiches waren die Sultansmütter in der Regel Prinzessinnen benachbarter christlicher und arabischer Staaten, später dann immer nur Sklavinnen. Bis zu Soliman dem Prächtigen war die Macht der Sultanin Mutter im politischen Bereich kaum zu spüren. Erst nach dem Tod dieses mächtigen Sultans begann ihr politischer Einfluß zu wachsen.
Die meisten Harems-Mädchen stammten aus Tscherkessenfamilien oder kamen aus Georgien. Durch großangelegte Razzien osmanischer Korsaren unter Soliman gelangten ebenfalls Europäerinnen in den Harem. Zuerst wurde die „Kandidatin“ dem Sultan persönlich vorgestellt, der dann entschied, ob sie in den Harem aufgenommen wurde. Wie bei den Janitscharen war auch hier die Auslese streng. Nach dieser Audienz brachte sie der schwarze Obereunuch zur „Bas Kalfa“, zur sogenannten General-Erzieherin, die für die Ausbildung der Harems-Mädchen zuständig war, die von der Begabung abhing.
Sodann kümmerte sich die „Kücük Kalfa“, eine „Assistentin“ der Bas Kalfa, um die weitere Erziehung der Mädchen; sie war streng, aber ausgezeichnet und hatte das Ziel, die jungen Damen „salonfähig“ zu machen – obschon nicht alle Sultane auch „salonfähig“ waren . . .
Großer Wert wurde bei alledem auf die Sauberkeit gelegt. Nach der Grundausbildung, die sich in der Hauptsache auf Zimmer- und Küchendienst, Wäschepflege, Hausarbeiten und Reinigen von Kerzenhaltern beschränkten, begann die sogenannte zweite Phase: Ausbildung zur Palastdame. Die junge Dame wurde in den zahlreichen Hofgepflogenheiten eingeführt. Von nun an brauchte sie nicht mehr mit den anderen in einem Saal zu schlafen, sondern sie erhielt ein eigenes

Zimmer und wurde bedient. Wenn ein Mädchen danach nicht mehr im Harem bleiben wollte, um zu heiraten, bekam sie in der Regel die Erlaubnis dazu. In diesem Fall suchte der schwarze Obereunuch einen „geeigneten" Mann aus, und der Sultan sorgte für ihre Aussteuer. Sofern sie im Harem blieb, mußte sie sich für alle persönlichen Dienste des Sultans bereit halten. Wenn eine Haremsdame mit dem Sultan beischlief, verlor sie ihre Unschuld nicht, denn in den Augen seiner Untertanen war der Herrscher heilig. In der Regierungszeit von Mehmed Fatih gehörte der Harem nicht zum eigentlichen Serailkomplex. Es war seine Absicht gewesen, das Topkapi Sarayi zur Ausbildungsstätte für hohe Staatsbeamte und zum Mittelpunkt der Staatsgeschäfte zu machen, während er selbst seinen Wohnsitz im Eski Sarayi – auf dem dritten Stadthügel – beibehielt. Erst Soliman der Prächtige gestattete seiner Frau Roxelane (türkisch: „Haseki Hürrem"), im Topkapi Sarayi zu wohnen. Sicherlich lebte sie in einem der schönsten Holzpavillone in der Nähe ihres Gatten.

Übrigens wurden die ersten Bauten des Harems unter Selims Sohn Murad III. (1574–1595) begonnen und fertiggestellt.

Nachwort

Wir haben Einblick in eine Epoche genommen, die in Politik, Religion und Geographie Maßstäbe gesetzt hat, die bis in unsere Zeit fortwirken. Dabei ist es vor allem ein Herrscher gewesen, dessen Persönlichkeit uns besonders faszinierte: Soliman II. Bekannt ist er auch unter den Namen Suleiman und – in der Sprache seines Landes – Süleyman geworden. Das Abendland gab ihm den bezeichnenden Titel „Der Prächtige“, während er im Andenken seines Volkes als Kanuni, „der Gesetzgeber“, fortlebt. Er führte das noch junge Haus Osman zum Gipfel der Macht; das Osmanische Reich, das er schuf, erstreckte sich vom Dnjepr über die Donau, über Euphrat und Tigris bis zum Nil. Er beherrschte eine Vielzahl von Völkern und zwang ihnen seinen despotischen Willen auf. Aber er verstand es auch, in den Wirren des 16. Jahrhunderts eine beispiellos gefestigte Macht- und Prachtentfaltung zu demonstrieren. Auf dem Porträt des Flensburger Malers Melchior Lorichs treten seine Charakterzüge in eigentümlicher Deutlichkeit hervor. Da sehen wir einen recht müde wirkenden Aristokraten, der finster und geistesabwesend unter einem gewichtigen Turban in die Welt blickt. Die Adlernase gibt der blassen, schlanken Gestalt einen geradezu aufsässigen Akzent. Doch es ist nicht das Konterfei eines Despoten; eher das eines sanftmütigen, friedfertigen Träumers. Wir wissen, daß er, der so viele Schlachten schlug, das Kriegshandwerk nicht liebte und sich zu musischen Kunstfertigkeiten hingezogen fühlte.

Soliman regierte 46 Jahre: eine für damalige Verhältnisse unglaublich lange Zeit. Seine schätzungsweise 35 Millionen Untertanen lebten auf drei Kontinenten. Alle waren sie – ob Türken, Bosnier, Griechen, Bulgaren, Rumänen, Armenier, Ukrainer, Syrer, Ägypter oder Perser – ihrem obersten Herrn zu Istanbul zu Gehorsam und Huldigung verpflichtet. Von ihm allein ging alle Macht und Herrlichkeit aus, er bestimmte das politische Handeln im Reich. Seine erstaunlichen Erfolge erklären sich aus einer unangefochtenen Autokratie. Die Beamten wurden einzig von ihm ernannt, abgesetzt, verbannt oder hingerichtet, sofern sie sich gegen die Gesetze vergangen hatten. Der Sultan duldete keinen Widerspruch, aber er ließ seine Untertanen in Frieden, solange sie ihn respektierten und ihre Steuern zahlten.

Niemand mußte sich zum Islam bekennen, wenn er nicht wollte. Im Gegensatz zu europäischen Königreichen, wo die Bürger zur Unterwerfung unter den Katholizismus gezwungen wurden, war Soliman Andersgläubigen gegenüber tolerant; – was wir von seinem despotischen Gegenspieler Karl V. nicht behaupten können.

Die zentralistisch ausgerichtete Verwaltung des Reiches funktionierte recht gut. Der Regent hatte das Glück, sich auf überaus fähige Großwesire verlassen zu können: Ibrahim, Rüstem, Sokoli. Sie residierten zuzsammen mit den Wesiren und Paschas in den Provinzen des weiträumigen Imperiums und sorgten für die Einhaltung der Gesetze. Überdies verfügte die Hohe Pforte über eine der stärksten Armeen des 16. Jahrhunderts. Die waffentechnische Ausrüstung, besonders der mittleren und schweren Artillerie, war vorzüglich. Davon konnten sich besonders die christlichen und persischen Heere überzeugen. Die Flotte wurde von den tüchtigsten und wagemutigsten Korsaren angeführt: dem berüchtigten Cheyreddin Barbarossa, Murad und Dragut. Die Janitscharen führte Soliman zumeist persönlich in den Kampf; und immer, wenn er gegen die christlichen Heere marschierte. Die Disziplin der Soldaten soll bei weitem besser als die der Gegner gewesen sein. Doch war der Sultan nicht nur mit überragenden Führungseigenschaften als Feldherr gesegnet, sondern auch als Friedenspolitiker. Er erneuerte und erweiterte die Handelsabmachungen und Privilegien mit Ancona, Ragusa, Ägypten, Venedig und der Toscana; und schloß Friedensverträge mit Polen, Ungarn, Österreich und der Dogen-Republik. Sein Freundschaftsabkommen mit Franz I., dem eigenwilligen König des katholischen Frankreichs, wurde für immerhin zwei Jahrhunderte ein bedeutendes, folgenreiches Bündnis in der europäischen Politik.

Trotz der dreizehn kriegerischen Exkursionen, die er gegen seine Feinde in Europa, Asien und Afrika führte, vernachlässigte er nicht seine Aufgaben als Landesvater. Das soziale und künstlerische Niveau der Bevölkerung wurde von ihm durch zahlreiche Maßnahmen verbessert. Er machte Istanbul durch den Bau prachtvoller Moscheen, Türben und Medresen zur glanzvollen Hauptstadt eines recht wohlhabenden Reiches. Die überlieferten Gesetze paßte er einer toleranten Lebensform an, die jedem Muslim noch genügend Möglichkeiten für die persönliche Entfaltung einräumte.

In den 46 Jahren seiner Regierungszeit war Soliman II. Augenzeuge höchst entscheidender politischer und religiöser Ereignisse in Europa: der Reformation in Deutschland, des Entstehens der portugiesischen und spanischen Kolonialreiche, des Großen Bauernkrieges, der Krise des Protestantismus und der beginnenden Gegenreformation, des Scheiterns der Reichspolitik Karls V., der Gründung der „Societa Jesu" und des Konzils von Trient. . . . Einige der Begebenheiten nur, die es besonders hervorzuheben gilt. Doch sie hatten auf die Entwicklung im Osmanischen Reich nicht den geringsten Einfluß, obschon es durch die Eroberung Ungarns zum unmittelbaren Nachbarn der Christenheit geworden war.

Als Zeitgenosse bedeutender Herrscher vermochte Soliman doch immer seine Eigenständigkeit zu behaupten. Da gab es viele Regenten, zu denen er mehr oder weniger Beziehungen aufrecht erhielt: Karl V., Philipp II., Franz I., Heinrich VIII., Elisabeth I., Ivan IV., Friedrich I. von Dänemark und Norwegen, Christian II. von Schweden, Maximilian II., Ferdinand I., Johann Laski von Polen-Litauen, Sigismund von Polen, Johann III. von Portugal; schließlich die Päpste Paul III., Julius III., Marcellus II, Paul IV. und Pius der IV.

Namen, die in der Chronik der Geschichte plötzlich auftauchen und sich ebenso schnell wieder verlieren. Die so spektakulär in Szene gesetzte Abfolge von Macht und Ohnmacht: wir haben erfahren, was für ein Ränkespiel sich in Wahrheit dahinter verbirgt. Soliman wurde eigentlich nur von einem Herrscher fanatisch gehaßt: von der „allkatholischen" Majestät Karl V., der das Haus Habsburg zur Höhe seines Ruhmes führte, aber niemals bereit war, in eine religiöse Koexistenz mit den muslimischen Osmanen einzuwilligen.

Es erscheint bemerkenswert, daß es im Grunde nur wenige Persönlichkeiten gegeben hat, die zu ihrer Zeit wirklich geniale Herrscher gewesen sind und ihre Epoche prägten. Als Beispiele seien hier besonders erwähnt: Die Merowinger brachten Chlodwig I. hervor; die Karolinger Karl den Großen; die Kapetinger Ludwig XIV.; die Habsburger Karl V.; die Hohenzollern Friedrich II.; die Tudors Elisabeth I.; die Romanows Peter den Großen und Katharina die Große; die Moguln Aurangsib; die Azteken Montezuma I; die Inkas Pachacutec Yupanqui. Alle waren sie „berufen", – und wie wenige sind es, wenn wir die unzähligen, so unbedeutenden Thronfolger dagegen halten, denen es an überragenden Fähigkeiten mangelte. Allzu viele Nichtskönner, politische und militärische Versager sind in den Ahnentafeln der großen Dynastien verzeichnet.

Auch Soliman der Prächtige gehört zweifellos zu der Elite der Mächtigen. Als er in der Nacht vom 5. zum 6. September 1566 starb, ging eine Epoche des Wohlstandes und der politischen Stabilität zu Ende. Die Tragödie war sozusagen „vorprogrammiert": sie hatte ihre Ursache in dem skrupellosen Mord an Solimans hochbegabtem Sohn Mustafa, zu dem Roxelana, seine zweite Gemahlin, den Sultan angestiftet hatte. Mustafa stammte aus seiner ersten Ehe: er wurde das Opfer einer eifersüchtigen, machtbesessenen Frau.

So hatte Soliman – in einer schwachen Stunde – selbst den Anstoß für den Zerfall des Hauses Osman gegeben. Es gab keinen würdigen Nachfolger. Die Macht ging an die Großwesire; und unter Selim II. – „Der Säufer" ist sein bezeichnender Beiname – wurde zugrunde gerichtet, was zehn Sultane der Osmanischen Dynastie mit unermüdlicher Tatkraft geschaffen und Soliman der Prächtige vollendet hatte. Der Staat wurde zur Arena für die dreisten und erbärmlichen Schaustellungen der „Konjunkturritter". An die Stelle der Ordnung trat das egozentrische Fiasko: Korruption, Ämterverkauf, Machtanmaßung der Janitscharen, die Intrigen der „Lieblingsfrauen" im Harem. Renegaten und Stellenjäger bereicherten sich schamlos, während Solimans entarteter Sohn in Genuß und Nichtstuerei erschlaffte.

Aus der Distanz von über vier Jahrhunderten zeichnet sich noch ein anderer Aspekt von historischer Bedeutung ab. Zweimal hatte Soliman den Sturm auf Wien, die Bastion der abendländischen Kultur, gewagt:

in den Jahren 1529 und 1532. Er gab diesen Traum niemals auf. Bei seinem letzten Feldzug, der zweifellos die Eroberung von Wien zum Ziel hatte, ereilte ihn der Tod in seinem Zelt vor der Feste Szigeth, die von dem kroatischen Aristokraten Nikolaus Graf Zrinyi heldenhaft verteidigt wurde. Die osmanischen Belagerer nahmen ihn gefangen und enthaupteten ihn. Doch Wien, der Vorposten der Christenheit, blieb auch für Solimans Nachfolger uneinnehmbar.
Im Jahre 1683 marschierte der Großwesir Kara Mustafa noch einmal gegen Wien, mit einer Armee von 200 000 Mann. Noch im gleichen Jahr wurde er am Kahlenberge vernichtend geschlagen. Die Macht des Osmanenreiches war endgültig gebrochen, der Traum, in Europa Fuß zu fassen, löste sich in „Wohlgefallen“ auf. Während die Janitscharen Hals über Kopf die Flucht ergreifen, entfaltet sich in Wien – der Hauptstadt des Heiligen Römischen Reiches Deutscher Nation – der Barock zur höchsten Blüte.

Zeittafel der osmanischen Herrscher vor Soliman dem Prächtigen

Osman (1281–1326)
Orhan (1326–1359)
Murad I. (1359–1389)
Beyazit I. (1389–1402)
Murad II. (1402–1451)
Mehmet (der Eroberer) (1451–1481)
Beyazit II. (1481–1512)
Selim I. (1512–1520)

Literatur

Anderson, A.D. The Structure of the Ottoman Dynasty. Oxford University Press, 1956.

Barbel, N. Die Sultane. Frankfurt/Main, 1975.

Barthold, W. Histoire des Turcs d'Asie centrale. Paris, 1945.

Behrnauer, W. F. A. Solimans Tagebuch. Wien, 1856.

Brandier, M. The History of the Imperial State of the Grand Seigneur. London, 1635.

Busbecq, O. G. de Turkish Letters. Oxford University Press, 1927.

Creasy, Sir E. History of the Ottoman Turks. 2. Bde. London, 1878.

Davey, R. The Sultan and His Subjects. London, 1897.

Davis, F. The Palace of Topkapi. New York, 1970.

Duda, H. W. Vom Kalifat zur Republik. Wien, 1948.

Freeman, E. A. The Ottoman power in Europe. London, 1877.

Ganem, H. Les Sultans Ottomans. 2 Bde. Paris 1901/1902.

Garnett, Luce M. Turkey of the Ottomans. London, 1911.

Grosvenor, E. A. Constantinople. 2 Bde. London, 1895.

Hammer, J. von Geschichte des Osmanischen Reiches. Bd. 1–10, Pest, 1827–1835; Nachdr. Graz, 1963.

is Des Osmanischen Reiches Staatsverfassung und Staatsverwaltung. T. 1, 2 Wien, 1815. Nachdr. Hildesheim, 1963.

Inalcik, H. The Ottoman Empire, the classical Age, 1300–1600. London, 1973.

Jones, D. A complete History of the Turks. 3 Bde. London, 1701.

Iorga, N. Geschichte des Osmanischen Reiches. Bd. 1–5. Gotha, 1908–1913.

Karabacek, J. v. Zur Orientalischen Altertumskunde: Bd. 7. Geschichte Suleimans des Großen, verfaßt und eigenhändig geschrieben von seinem Sohn Mustafa. Wien, 1917.

Lamouche, L. Histoire de la Turquie. Paris, 1953.

Lamp, H. Suleiman the Magnificent. London, 1952.

Level, Fr. Die Einfälle der Türken in Krain und Istrien. Laybach, 1891.

Lewis, R. Everyday life in Ottoman Turkey. London, 1971.

Lybyer, H. The Government of the Ottoman Empire in the time of Soleiman the Magnificent. Cambridge (Mass.), 1913.

Mantran, R. Histoire de la Turquie. Paris, 1975.

Montagu, Lady M. Complete letters. Oxford University Press, 1965.

Penzer, N. M. The Harem. London, 1966.

Peters, R. Die Geschichte der Türken. Stuttgart, 1961.

Ranke, L. von Die Osmanen und die spanische Monarchie im 16. und 17. Jahrhundert. 1877.

Upham, E. History of the Ottoman Empire till 1828. 2 Bde. Edinburgh, 1829.
Urkunden und Aktenstücke zur Geschichte der Verhältnisse zwischen Österreich, Ungarn und der Pforte im XVI. und im XVII. Jahrhundert. Wien, 1840–1842. Herausgb. Anton v. Gevay.

Bildquellenhinweis: Privatbesitz, Türk. Staatsarchiv, U. Vogt-Göknil, Topkapi Saray Museum.

Glossar

Ağa	unterer feudaler und Offiziersrang
Aksham	Abendgebet
Aktsche	Asper, kleinste türkische Silbermünze
Altun	osmanische Goldmünze
Aqingi	leichte Reiterei
Arabas	zweirädriger Karren
Arpa Emini	Intendant der Gerste
Arzuhalci	Schriftleiter oder Redakteur von Bittschriften oder Gesuchen
Avlu	Vorhof einer Moschee
Aya Sofya	Hagia Sophia in Konstantinopel (Istanbul)
Bab-i-Salam	Tor des Heils (im Topkapi)
Bab-i-Saadet	Tor der Glückseligkeit (im Topkapi)
Bahsis	Zahlung, die ein osmanischer Hochgestellter seinem Untergebenen leistete
Bàsi Defterdar	Oberaufseher der Finanzen
Bedesten	gedeckter, geschlossener Basar
Cebeci	Waffenschmied
Defterdar	Finanzaufseher
Derwische	muslimische Gottesmänner sufischer Richtung, die ein dem Streben nach der Vereinigung mit der Weltseele gewidmetes Dasein führten.
Destan	erzählerische Poesie
Djami	große Moschee
Djeleb	
Kesch Keschan	Großkaufmann
Diwan	Bezeichnung der Sammlung der Gedichte eines Dichters; Bezeichnung für oberste Verwaltungsorgane; Regierung, wo der Großwesir den Vorsitz führte, die im 19. Jahrhundert im Reich der Osmanen im Ministerrat aufging.
Dragoman	Bezeichnung für Dolmetscher (italienisierte Form)
Düğün	Heiratskosten
Ebe Kadin	Hebamme
Efendi	Ehrentitel und Ehrenanrede im Reich des Sultans
Emir	Befehlshaber, Fürst, Gouverneur
Eskici	Althändler
Esnaf	Zünfte
Ev	kleines oder einfaches Haus
Eunuch	Aufseher der Frauenhäuser
Ezan	Gebetsruf

Fatih	Eroberer
Fetva	Urteil
Fromme Stiftung	siehe Waqif
Filuri	Goldmünze zur Zeit Solimans des Prächtigen
Gasel	kurzes (Liebes-)Gedicht
Gusl	große rituelle Waschung
Habib	Prediger
Hafiz	Koranansager
Hamam	türkisches Bad
Han	Herberge, mehrgeschossiges Gewerbehaus
Harb	Krieg, Kampf
Heramlik	„geweihter, unverletzlicher Ort", Frauenabteilung im Serail, Wohnbereich in einem orientalischen Haus, das den Frauen vorbehalten ist.
Hatib	Prediger
Heiliger Krieg	Kampf gegen Ungläubige, nicht unbedingt Krieg; er gilt im Islam als verdienstvolles Werk, für das die Aufnahme ins Paradies in Aussicht gestellt ist.
Hekim Başi	offizieller Arzt im Serail (zu Istanbul)
Hidschra	Auswanderung des Propheten von Mekka, September 622
Hisar	Burg
Hodscha	Lehrer
Ihram	besonderer Weihezustand
Iftar	Fastenunterbrechung
Ikindi	Nachmittagsgebet
Imam	Vorbeter bei einer rituellen Gebetsgemeinschaft, oberster Leiter der islamischen Gemeinde, geistiges Oberhaupt von Richtungen, Schulen.
Imaret	Armenküche
Janitscharen	„Neue Truppe", die aus Beständen der „Knabenlese" ausgewählt, in scharfem Drill und im islamischen Glauben geschult wurden.
Kadi	Richter, der nicht allein eine richterliche Funktion aber auch der keineswegs nur richterliche Aufgaben hatte.
Kadi Asker	Militärrichter
Kafes	Rolladen
Kafir	Ungläubiger
Kalligraphie	Schönschreibkunst
Kalfa	Arbeiter
Kalkan	Steinbutt
Kapali Carsi	großer Basar
Kapi Kullari	Diener (oder „Sklave") der Hohen Pforte
Kapudar Pascha	Großadmiral der osmanischen Flotte
Karagheuz	Schattentheater
Kaside	ziemlich langes Gedicht, das formal durch den Gebrauch eines Versmaßes und Endreims gekennzeichnet ist.
Katib	Sekretär

Kaymakan	Amtsvertreter
Kefal	Merresche
Kethüda	Beigeordneter, Leutnant des Schejchs, später Leiter der Zunft
Kisok	Art Pavillon, als selbständiger Bau oder als Bestandteil großer Paläste
Kismet	Anteil, Zuteil, Schicksalsschlag, Glücksfall
Kizla Agasi	oberster Eunuch
Knabenlese	in Form eines Tributs durchgeführte gewaltsame Abtrennung von Kindern der christlichen Untertanen der Hohen Pforte von ihrer religiösen, ethnischen und kulturellen Umgebung und Verpflanzung in die osmanisch-islamische, wo sie im Palast-, Staats- und Militärdienst Verwendung fanden
Kol oghlantari	Agent des Muthesib
Konak	bürgerliches Haus, das in der Regel wohlhabenden Osmanen gehörte
Koran	heilige Schrift des Islams
Kule	Turm
Küllieye	Moscheenbezirk
Lala	Lehrer (privat)
Levrek	Seebarsch
Medrese	„ein Ort, an dem man liest, studiert“, öffentliche Schulen in der in erster Linie islamisches Recht gelehrt wurde
Mektep	Grundschule
Mescit	Betraum
Mether	Militärkapelle
Mewlewije	türkischer Derwischorden, der von dem Mystiker Mewlana Galaladdin gegründet wurde
Mevlud	religiöser Gesang, der sich auf die Geburt des Propheten bezog
Mihrab	leere Nische in der Wand der Moschee, die Kibla, die die Richtung nach Mekka angibt
Minarett	Turm der Freitagsmoschee für den Gebetsaufruf
Minbar	Kanzel, auf der die Freitagspredigt gehalten wurde
Misir Carsi	Gewürzbasar
Moschee	„Ort, an dem man zum Gebet niederfällt“, islamischer Kultbau
Muallim	Lehrer
Müderris	Professort in einer Medrese
Muezzin	der Gebetsaufrufer, der vor den 5 täglichen Gebeten vom Minarett herab mit dem Gebetsruf die Muslimen zur Verrichtung ihrer religiösen Pflicht auffordert
Muhzi Ağa	Offizier, der eine Kompanie Janitscharen befehligte
Mufti	islamischer Rechtsgelehrter, der in Rechtsgutachten Fragen religiös-rechtlicher Natur beantwortet
Muthesib	Marktinspektor
Osmanen	türkische Herrscherfamilie, die vom Dynastiegründer Osman gegründet wurde und ihr den Namen gab
Pascha	Titel hoher osmanischer Würdenträger

Pilav	Reis
Qada	Frist
Ramadan	Fastenmonat
Raki	hochprozentiger Schnaps
Sahaf	Buchhändler
Saka	Wasserträger
Serail	Palast
Schejch ül-Islam	Ehrentitel für bedeutende islamische Theologen, unter den Osmanen ausschließlich das Amt des Mufti von Istanbul
Sebil	Brunnenhaus
Sehir Emini	Stadtpräfekt
Selamlik	persönliche Gemächer des Sultans, Teil des Hauses für Männer
Sis Kebap	Fleischspießchen
Spahis Ağa	Oberkommandierender der Reiterei
Sünnet	Beschneidung
Sure	Abschnitt des Koran
Surta	Polizei
Tekke	Derwischkloster
Tschirak	Lehrling
Tufenkhane	Waffenschmiede
Türbe	Grabmal
Ulema	Sammelname für islamische Gelehrte, die als Kenner der Religion und des Gesetzes des Islam galten
Usta	Meister
Valide Sultan	Mutter des regierenden Sultans; sie leitete den großherrlichen Harem
Wesir	Hoher Titel in der Verwaltung fast aller muslimischer Staaten
Wesir Azem	Großwesir, höchster Minister unter den Osmanen
Yali	Sommervilla am Bosporus
Yatsi	Gebet nach Sonnenuntergang

Inhalt

Vorwort 5
Der geographische Schauplatz 9
Von Ertogrul über Osman und Mehmet II. Fatih bis zu Selim I. – Vom Herrscherclan zum Großreich 13
Jugend und Thronbesteigung 33
Feldherr wider Willen: Belgrad, Rhodos, Mohacs und Wien . . . 44
Solimans Krieg auf See gegen die Christenheit: Tunis, Korfu, Prevesa, Algier. Barbarossa Cheyreddin, der Begründer der osmanischen Seemacht 70
Dreimal Persien, Abessinien, Ungarn und kein Ende – Die große Belagerung von Malta, Sziget und das Ende des großen Feldherrn 80
Staat und Gesellschaft im Reich der Osmanen 100
Das wirtschaftliche Leben in der Hauptstadt 151
Das städtische, soziale und wirtschaftliche Milieu der Hauptstadt des Reiches 174
Nachwort 211
Zeittafel 216
Literatur 217
Glossar 219

Das Osmanische Reich unter Orhan

(Mitte des 14. Jahrh.)